2018年度教育部人文社科青年基金项目：精准扶贫战略下农村老年贫困治理研究（18YJC710097）

2018年闽江学院人才引进项目：新时代农村老年贫困精准治理的多维路径研究（MJY18002）

新时代中国农村老年贫困精准治理研究

——基于马克思主义反贫困理论

张赛玉◎著

世界知识出版社

图书在版编目（CIP）数据

新时代中国农村老年贫困精准治理研究：基于马克思主义反贫困理论 / 张赛玉著 . —北京：世界知识出版社，2018.7

ISBN 978－7－5012－5786－7

Ⅰ.①新… Ⅱ.①张… Ⅲ.①农村—老年人—贫困问题—研究—中国 Ⅳ.①F323.8

中国版本图书馆 CIP 数据核字（2018）第 167611 号

责任编辑	龚玲琳
责任出版	王勇刚
责任校对	马莉娜
书　　名	新时代中国农村老年贫困精准治理研究：基于马克思主义反贫困理论 Xinshidai Zhongguo Nongcun Laonian Pinkun Jingzhun Zhili Yanjiu：Jiyu Makesizhuyi Fanpinkun Lilun
作　　者	张赛玉
出版发行	世界知识出版社
地址邮编	北京市东城区干面胡同 51 号（100010）
电　　话	010－65265923（发行）　010－85119023（邮购）
网　　址	www.ishizhi.cn
经　　销	新华书店
印　　刷	北京市金星印务有限公司
开本印张	710×1000 毫米　1/16　17 印张
字　　数	250 千字
版次印次	2018 年 11 月第一版　2018 年 11 月第一次印刷
标准书号	ISBN 978－7－5012－5786－7
定　　价	62.00 元

目　录

图表目录

"问题就是时代的口号，是它表现自己精神状态的最实际的呼声。"①
当今，我们关注农村老年贫困问题，如果不能闻其饥寒为之哀，见其劳苦
为之悲，不能落实精准扶贫之方略，齐力吹响脱贫攻坚之号角，那么我们
的思考与努力必定是苍白与乏力的。

——题记

导　论

　　人口老龄化席卷全球，世界各国都在应对老龄化带来的问题，老年贫
困问题亦成为棘手难题。在社会转型、人口流动和农村保障制度存有缺陷
等背景下，农村老年人更易陷入贫困状态。农村老年贫困问题由来已久，
改革开放以来，中国始终致力于贫困治理，在不同的发展阶段实施了与国
家经济社会发展相适应的贫困治理战略，取得了举世瞩目的伟大成就，有
关贫困问题的研究领域在不断拓宽。但诸多研究主要集中于宏观层面的国
家贫困或地区贫困问题，鲜少从微观层面考察贫困问题，聚焦于农村老年
贫困问题的研究更是少见。目前，中国的贫困治理已进入啃硬骨头、攻坚
拔寨、攻克深度贫困的关键期，靶向农村老年贫困治理对打赢脱贫攻坚战
意义深远，因此要重视与深化对农村老年贫困问题的研究。本书基于马克
思主义反贫困理论，从精准扶贫视域出发，对农村老年贫困治理问题进行
深入探究，以期取得突破。

---

　　①　马克思恩格斯全集：第 40 卷［M］．北京：人民出版社，2016：289 - 290.

第一节　研究背景与意义

一、研究背景

中国共产党人始终不忘初心，牢记使命，高举中国特色社会主义伟大旗帜，立足于全面建成小康社会和实现中华民族伟大复兴的奋斗目标，在2015年10月的中国共产党第十八届中央委员会第五次全体会议上立下"到2020年中国贫困县全部摘帽，现行标准下农村贫困人口实现脱贫"的脱贫军令状。在2015年11月27日至28日在北京召开的中央扶贫开发工作会议上，习近平总书记强调，消除贫困、改善民生、逐步实现共同富裕，是社会主义的本质要求，是我们党的重要使命；全面建成小康社会，是我们对全国人民的庄严承诺；脱贫攻坚战的冲锋号已经吹响，我们要立下愚公移山志，咬定目标、苦干实干，坚决打赢脱贫攻坚战，确保到2020年所有贫困地区和贫困人口一道迈入全面小康社会。2015年底习总书记进一步强调："到2020年稳定实现农村贫困人口不愁吃、不愁穿，义务教育、基本医疗和住房安全有保障。实现贫困地区农民人均可支配收入增长幅度高于全国平均水平，基本公共服务主要指标接近全国平均水平。"[①] 为如期完成任务，必须"坚持精准扶贫，提高扶贫成效。扶贫开发贵在精准，重在精准，必须解决好扶持谁、谁来扶、怎么扶的问题，做到扶真贫、真扶贫、真脱贫，切实提高扶贫成果可持续性，让贫困人口有更多的获得感"[②]。同时对实施精准扶贫方略与健全精准扶贫工作机制做出了具体安排。在中国共产党第十九次全国代表大会上，习近平总书记强调全党同志一定要永远与人民同呼吸、共命运、心连心，永远把人民对美好的向往作为奋斗目标；指明要坚决打赢脱贫攻坚战，重点攻克深度贫困地区脱贫

---

① 中共中央国务院关于打赢脱贫攻坚战的决定 [M]. 北京：人民出版社，2015：2.
② 中共中央国务院关于打赢脱贫攻坚战的决定 [M]. 北京：人民出版社，2015：5.

任务，做到脱真贫、真脱贫，让贫困人口和贫困地区同全国一道进入全面小康社会是党的庄严承诺。①

　　进入 21 世纪，中国人口老龄化不断加剧，严峻的老年人口态势引发了各界的普遍重视。中国老年人口比重不断提高，人口老龄化呈现明显的区域性特征，城乡人口老龄化倒置现象不断凸显。从 1982 年的第三次全国人口普查、1990 年的第四次全国人口普查、2000 年的第五次全国人口普查以及 2010 年的第六次全国人口普查的结果来看，中国的人口老龄化不但出现了城乡之间的明显差距，并且这种差距呈现倒置化和扩大化的态势：从人口老龄化的比重看，城镇低于农村，在 1982 年，城镇 60 岁及以上老年人的比率是 7.4%，农村是 7.8%，仅仅高出 0.4 个百分点；但自此之后，这种差距持续拉大，在 2000 年与 2010 年，这种倒置化的差距分别达到 0.84 个百分点与 3.5 个百分点。从 2010 年的全国人口普查数据看，中国农村 60 岁以上的老年人口数量为 9928 万，占农村总人口的 15%，与 2000 年相比提高了 4.1 个百分点；农村老年人口数量是城镇老年人口数量的 1.3 倍②。

　　受到工业化、城镇化以及城乡二元结构等因素的影响，农村老年的经济来源单一且缺乏保障，长久以来，农村老年难以获取持续性的支持性资源，与城镇老年相比更容易陷入贫困状态。根据 2014 年中国老年社会追踪调查（CLASS）发现③，高达 35.88% 的中国农村老年人每天收入不足 1.9 美元，换言之，三分之一的农村老年人生活处于绝对贫困状态，二分之一的农村老年人生活处于相对贫困状态。根据 2010 年不变价的 2300 元为现

---

　　① 习近平. 决胜全面建成小康社会　夺取新时代中国特色社会主义伟大胜利——在中国共产党第十九次全国代表大会上的报告［R］. 北京：人民出版社，2017：47.

　　② 资料来源：1982 年和 2000 年数据引自邬沧萍、杜鹏. 中国人口老龄化：变化与挑战［M］. 北京：中国人口出版社. 2010 年数据根据第六次全国人口普查汇总数据计算而得。

　　③ 中国老年社会追踪调查（China Longitudinal Aging Social Survey，CLASS）是一个由中国人民大学中国调查与数据中心负责进行的大型社会调查项目。通过定期、系统地收集中国老年人群社会、经济背景数据，掌握老年人在衰老过程中面临的各种问题和挑战，评估各项社会政策措施在提高老年人生活质量方面所取得的实际效果，为中国老龄问题的解决提供重要的理论和事实依据。该调查具有全国性、权威性与连续性的特征，其调查样本的整体年龄分布与 2010 年的第六次全国人口普查结果较为接近。

行扶贫标准，有35%的农村老年人低于此标准，是2014年国家统计局发布的农村贫困发生率7.2%的5倍。按照2010年60岁及以上的老年人口总数9928万人计算，约有3306万的农村绝对贫困老年人，4964万的农村相对贫困老年人。由此可见，重视并解决中国农村老年贫困问题，吹响农村老年贫困治理冲锋号，迫在眉睫。

二、研究意义

要顺利实现到2020年中国贫困县全部摘帽，现行标准下中国农村贫困人口全面脱贫的目标，时间紧、任务重。农村贫困老年人是农村贫困人口的主要群体，切实推进农村老年贫困精准治理，成为各地政府衡量贫困治理工作实效的重要标尺。然而由于种种原因，在贫困治理理论与实践的研究中，对农村老年贫困问题的关注较少。本书在马克思主义反贫困理论的指导下，从精准扶贫的视角研究农村老年贫困问题，具有重要的理论与实践价值。

（一）理论意义

1. 拓展马克思主义理论体系的研究空间

恩格斯说："一个民族要想站在科学的最高峰，就一刻也不能没有理论思维。"[1] 习近平总书记在哲学社会科学工作座谈会上强调："坚持以马克思主义为指导，是当代中国哲学社会科学区别于其他哲学社会科学的根本标志，必须旗帜鲜明加以坚持。"[2] 马克思主义吸收了人类文明发展的精髓，是博大精深的理论体系，具有鲜明的特性。首先，马克思主义理论体系具有阶级性。马克思主义自诞生之日起，就公然申明是为无产阶级谋福利，是无产阶级争取自身和全人类解放的科学理论。中国共产党与国家的利益和广大人民群众的利益是一致的，以马克思主义理论为指导的中国共产党始终以全心全意为人民服务为宗旨，将消除贫困与改善民生作为党的

---

① 马克思恩格斯全集：第20卷［M］. 北京：人民出版社，2016：384.
② 习近平：在哲学社会科学工作座谈会上的讲话（全文）［EB/OL］. 新华网. http：//www. wenming. cn/djw/sy/jjq/tt/201605/t20160519_ 3370540_ 1. shtml.

重要使命，对扶贫问题不断进行总结和深化，提出了大力实施精准扶贫的工作模式，力求全体人民共享改革发展成果，不但体现了马克思主义鲜明的阶级性，同时丰富和拓展了马克思主义的反贫困理论体系。

其次，马克思主义理论体系具有鲜明的实践品格。"强调理论对于实践的依赖关系，理论的基础是实践"[①]，以精准扶贫为重点的中国特色社会主义贫困治理理论是以马克思主义的世界观与方法论为指导，从中国的现实国情出发，在贫困治理的具体实践中生成，在理论高度上对具有中国特色社会主义贫困治理实践的回望与概括。20世纪70年代中后期以来，中国开展了较大规模的贫困治理行动，取得了举世瞩目的成就，当前国家贫困治理已步入攻坚克难的关键阶段，新时代新形势新挑战要求中国必须在既有的贫困治理成果之上寻找新突破新思路，方能顺利打赢脱贫攻坚战，这不仅彰显了中国特色社会主义贫困治理的实践性蕴涵，也是对马克思主义理论体系的充实与提升。

最后，马克思主义理论体系拥有开放性品格。任何一种真正科学的理论都具有开放性品格，保持高度的开放性是科学理论与时俱进、不断发展的重要条件。就某种科学理论而言，所谓的开放性蕴含两层含义：一指其随着研究对象的发展变化而不断吐故纳新，即扬弃；二指吸收其他学科或学派的研究方法或研究成果，从而使自身在研究方法或研究成果上得以发展与完善。正如中国古语所言：山不辞微尘，所以成其高；海不绝细流，所以成其深。马克思主义作为一种科学理论，就具有鲜明的开放性品格，尤其在丰富和发展的过程中充分体现了开放性品格。它以开放的态度密切关注新实践与新形势，根据新实践与新形势进行新的理论概括，这种开放性决定了它永葆活力，马克思主义反贫困理论体系亦是如此。中国加强贫困治理领域的国际交流与合作，互学互鉴，共享成果与经验，不断为马克思主义理论体系注入新鲜的血液。

2. 夯实中国特色社会主义与贫困治理结合的基础研究

贫困是一种特定的社会经济现象，从第二次世界大战结束以来，减缓

---

① 毛泽东选集：第1卷［M］. 北京：人民出版社，1991：283-284.

或消除贫困，成为世界各个国家的共同任务。长期以来，理论界围绕贫困问题的本质、贫困的主要成因、贫困演变的规律以及如何有效地减缓贫困，从不同的视角进行了分析与研究，并据此基础上提出了各自不同的见解与主张。就总体而言，西方学界主要针对发达国家的贫困问题展开了较为系统而深入地研究，形成了丰富的贫困治理理论，而对发展中国家贫困问题的理论研究则稍显薄弱，往往滞后于贫困治理行动。中华人民共和国成立初期，"一穷二白"是对新中国贫穷落后面貌的形象描述，中国面临严峻的贫困形势，因此，减贫脱贫成为中国政府的重要任务。历经几代人的摸索与努力，终于开辟出一条立足于中国实际、体现中国特色的贫困治理道路，使七亿多人口摆脱了贫困，贫困群体的生活水平得到了明显的改善。联合国所定的千年发展目标①，中国在 2015 年已近乎实现，为全球的贫困治理事业做出了积极贡献，但对于贫困问题的理论研究而言，却在改革开放之后才开始启动。从既有的研究成果看，虽取得了一定程度的实质性进展，由于受到发展经济学、制度经济学等学科的影响，中国学者主要采用实证分析的手段，侧重从宏观视角研究农村地区的贫困问题，而基础性研究却明显滞后于实证研究，研究的广度有待拓展，研究的深度也亟待深入。

基于精准扶贫的农村老年贫困治理研究，立足于当下，着眼于打赢脱贫攻坚战、决胜全面建成小康社会和夺取新时代中国特色社会主义伟大胜利的宏伟目标，时刻把握时代的脉搏和中国特色社会主义的发展方向，力求统筹处理好一般和特殊、历史和现实、理论和实践、国内和国外、微观和宏观、横向和纵向等关系，始终坚持以马克思主义理论为指导，运用制度经济学、福利经济学等学科的基本理论和研究工具，对农村老年贫困问题力争展开系统而深入的研究，从多维视角构建中国特色社会主义的农村

---

① 联合国千年发展目标是联合国全体 191 个成员国一致通过的一项旨在将全球贫困水平在 2015 年之前降低一半（以 1990 年的水平为标准）的行动计划。2000 年 9 月，在美国召开了以"我们能够消除贫穷"为宣传标志的联合国千年首脑会议，会上世界各国领导人就消除贫穷、饥饿、疾病、文盲、环境恶化和对妇女的歧视，商定了一套有时限的目标和指标，并产生了由 189 个国家签署的《联合国千年宣言》，正式做出此项承诺。

老年贫困治理理论。这有助于把握贫困治理和中国特色社会主义的关系，在贫困治理理论研究和实践探索中坚持中国特色社会主义减贫路线，对如期完成 2020 年农村贫困人口整体脱贫的任务，夯实中国特色社会主义贫困治理的基础理论体系将产生一定的影响。

3. 推动农村老年贫困治理理论研究的整体深入

在人口结构大幅变动和人口老龄化持续加速的背景下，中国快速进入未富先老的社会状态。老年人口是一个特殊群体，与其他群体相比，更容易陷入贫困状态。对于农村老年人群而言，由于农村社会保障制度不完善，农村福利供给制度缺失，家庭保障作用式微，土地的保障作用逐渐消解，以及农村老年自身的适应能力和调整能力弱化，农村老年贫困的态势尤其严峻。目前，中国的区域性贫困治理已然取得卓著的成效，进入新时代，面临新的贫困问题，大规模减缓贫困人口的贫困治理成果难以再现。中国贫困治理进入纵深攻坚的关键时期，随着贫困的发生形态变化，贫困治理策略也需做出相应的调整，扶贫脱贫仍然是社会经济发展中不可忽视的突出短板。

以当下的贫困问题为导向，务必将贫困治理的理论与实践集结到规模越来越大、态势越来越严峻的弱势群体——农村贫困老年人上。但既有的理论与实践研究均表明，农村老年贫困问题一度被边缘化，有所呈现的研究主要从宏观视角介入，深度的质性研究匮乏，对农村老年贫困的生成机理与治理政策的研究往往忽视了农村老年群体的特殊性，盲视农村老年人群致贫返贫的复杂性与严峻性，导致农村贫困治理的整体效率低下。贫困治理贵在精准，重在精准，成败之举也在于精准，习近平总书记指出："必须在精准施策上出实招、在精准推进上下实功、在精准落地上见实效。"① 本书以"精准扶贫"与"农村老年贫困治理"作为研究的着力"点"，以此推动理论研究的深入，具有一定的理论创新价值。

---

① 中共中央宣传部. 习近平总书记系列重要讲话读本（2016）［M］. 北京：学习出版社、人民出版社，2016：220.

（二）实践意义

1. 有助于切实增进农村老年贫困人群的获得感

2017年10月10日，国家统计局局长宁吉喆在出席国务院新闻办召开的新闻发布会时表示，中国共产党第十八次全国代表大会以来，中国居民生活水平不断提高，中国民生改善成效卓著，精准扶贫精准脱贫成效显著，发展成果惠及全民。"按每人每年2300元（以2010年不变价计）的农村贫困标准计算，2016年农村贫困人口4335万人，比2012年减少5564万人；贫困发生率下降到4.5%，比2012年下降5.7个百分点。"① 虽然"十二五"脱贫工作圆满收官，但仍有难啃的4335万贫困人口的"硬骨头"，为数不少的农村老年贫困人群劳动能力弱，非残即病即弱，属于"贫中之贫""困中之困"的群体，中国贫困治理进入了攻坚区、深水区。

习近平总书记强调，抓民生要抓住人民最关心、最直接、最现实的利益问题，抓住最需要关心的人群，脚踏实地地向前进。对农村老年贫困群体而言，实实在在的"获得感"是他们最关心最直接最现实的利益问题，也更贴近民生、体贴民意。农村老年有没有"获得感"是检验农村贫困治理成效的重要标准，因而，增进农村老年"获得感"是贫困治理的出发点与落脚点。基于精准扶贫的农村老年贫困治理，试图将贫困治理的宏观方面和微观方面、理论和实践内在地结合起来，着眼于最需要关心的农村老年贫困人口，从精准扶贫的视角出发，在马克思主义反贫困理论导向下，审视农村老年贫困现状，厘析农村老年贫困生成的内外因素，从瞄准机制、制度保障、具体对策等角度探索农村老年贫困精准治理的思路，为切实改善农村老年生活状况，提高农村老年贫困治理成效，增进农村老年获得感，提供有价值的参考。

2. 有助于打赢脱贫攻坚战，决胜全面建成小康社会

实现贫困县摘帽与全体贫困人口脱贫是决胜全面建成小康社会的关键性指标之一，如期全面建成小康社会，是中国共产党对全国人民许下的庄

---

① 国家统计局：2017年上半年居民人均可支配收入同比实际增长7.3% ［EB/OL］. 新华网. http://finance. people. com. cn/n1/2017/1010/c1004 - 29578108. html

严承诺。习近平总书记指出："小康不小康，关键看老乡"，如果宣布建成了全面小康社会，但同时还有大量贫困人口尚未脱贫，那么国家在人民面前的权威，中国在国际社会上的认可度都将大打折扣。全面小康的特征是无人掉队的、不留贫困死角、惠及所有民众的小康，目前建设全面小康社会面临的最严峻的挑战是规模又大、程度又深、致贫返贫率高的农村贫困人口，其中占比多数且规模愈来愈大的农村老年贫困人口，成为新时代新形势下贫困治理工作的"硬骨头""大难题""深水区"。如何切实增进农村贫困老年人的获得感与幸福感，以及如何提升贫困治理效率成为扶贫攻坚和决胜全面建成小康社会的一个具有现实性、重要性和紧迫性的课题。国际在贫困治理层面积累了较丰富的理论成果与实践资源，中国可以从中汲取可资借鉴的部分。同时，总结中国贫困治理事业取得巨大成就的经验，反思与总结贫困治理历程中的不足，充分结合中国的现实国情，坚持马克思主义反贫困理论的指导地位，依循精准扶贫战略，积极探索具有本土化特征与充分彰显中国特色的农村老年贫困治理策略，从而为如期完成脱贫攻坚的艰巨任务，为决胜全面建成小康社会，为夺取新时代中国特色社会主义的伟大胜利尽一份绵薄之力。

第二节　基本概念界定

本书是在马克思主义反贫困理论的指导下研究中国农村老年贫困问题，并尝试依托马克思主义反贫困理论在中国发展的最新成果——精准扶贫战略，开展农村老年贫困治理，因此，要对相关概念进行基本的界定，明确这些概念的准确定义，方能更好地开展研究。

一、新时代

经过中国几代人长期的共同努力，中国特色社会主义进入了新时代，这是中国发展最新的历史方位，根据习近平总书记在中国共产党第十九次全国代表大会上所作的报告，关于"新时代"的定义可以从五大层面展开解读：一是要努力实现"两个百年"目标的时代，即要决胜全面建成小康社会与全面建设社会主义现代化强国的时代；二是全体中国人民齐心协力、努力奋斗、创造美好生活与实现共同富裕的新时代；三是中华民族实现"强起来"的时代，即要实现中华民族伟大复兴中国梦的时代；四是中国日益走进世界舞台的中央，为人类发展贡献中国智慧，提供中国方案，做出更大贡献的时代，即继续体现中国对世界进步与发展的意义；五是在新的历史条件下继续夺取中国特色社会主义伟大胜利的时代。

二、马克思主义反贫困理论

马克思主义反贫困理论是马克思主义理论的重要组成部分，它既包括马克思主义经典作家，即马克思、恩格斯以及列宁的反贫困思想，也包括当代中国对马克思主义反贫困理论的发展与贡献。马克思、恩格斯、列宁等经典作家始终坚持辩证唯物主义和历史唯物主义的观点与方法，从无产阶级的立场出发，在长期的革命实践历程中，非常关注无产阶级、贫苦工人的贫困问题，提出了一系列关于贫困与反贫困的观点、思想与方法，形成了马克思主义经典作家反贫困理论，以及当代中国对马克思主义经典作家反贫困理论的不断发展与创新共同构成了马克思主义反贫困理论。中国共产党领导人坚持以马克思主义反贫困理论为指导，结合本国的具体国情，关注民生疾苦，反贫困实践实现了一次又一次的飞跃，取得了举世瞩目的贫困治理成果，同时不断丰富与发展马克思主义反贫困理论，分别形成了各具特色的毛泽东反贫困治理理论、邓小平反贫困治理理论、江泽民反贫困治理理论、胡锦涛反贫困治理理论以及习近平反贫困治理理论。其中，精准扶贫战略是习近平总书记对马克思主义反贫困理论的最新贡献与最新实践。

三、农村老年贫困

要对农村老年贫困的概念做出界定，首先要梳理贫困的概念。理解贫困的概念可以从外延与内涵两个层面着手。一方面，从贫困的外延来说，可以划分为绝对贫困和相对贫困，绝对贫困是指基本生活无法得到保证，无法维持简单再生产，无法满足最低生存需要，是一种生存性贫困；而相对贫困是指基本解决了温饱问题，可以开展简单地再生产，但普遍处于社会公认的基本生活水准之下，是一种发展性贫困。另一方面，从贫困的内涵来看，可划分为广义贫困与狭义贫困，广义贫困包括经济、社会、文化等方面的贫困，比如收入贫困、物质贫困、能力贫困以及资源贫困等；狭义贫困主要指从经济层面上理解的物质贫困。不同学者对贫困持不同的看法，有的学者还将贫困区分为区域性贫困与非区域性贫困等。

本书所提的农村老年人是指生活在农村的且年龄在 60 岁及 60 岁以上的老年人群。农村老年贫困是指农村老年人的温饱问题尚未解决，生存性需要无法得到满足，基本生活水平低于国家最新扶贫标准（即低于每年 2300 元）的一种生存性贫困状态。农村贫困老年是指生活在农村、生活水平低于国家扶贫标准的农村老年人群。农村老年贫困与农村贫困老年的概念有本质上的相通之处，前者表达的是一种贫困状态，后者突出了处于贫困状态的老年群体。农村老年贫困从不同层面可分为有劳动能力和无劳动能力的农村贫困老年人，健康状况良好和处于不良健康状态的农村贫困老年人，失去家庭赡养支持和家庭可以提供一定的赡养功能但仍然贫困的农村贫困老年人等。在农村老年贫困精准治理的对策探讨上，将会针对农村老年贫困的具体状况采取靶向治疗，对症下药。

四、精准扶贫

精准扶贫是粗放扶贫的对称，是指针对不同的贫困主体状况，针对不同的贫困环境与区域，运用合理科学的程序对贫困主体施行精准帮扶的贫困治理方式。具体就要在扶持对象精准、项目安排精准、资金使用精准、措施到户精准、因村派人精准、脱贫成效精准上想办法、出实招、见真效。在政策实施上要做到精确识别、精确帮扶、精确管理等。精准扶贫是中国共产党领导人立足于当前贫困形势，回应经济发展新常态，反思传统扶贫模式，而做出的扶贫战略调整与升级，充分体现了中国共产党立党为公执政为民的政治追求，又是对马克思主义反贫困理论的新贡献与新实践。它是新时代中国共产党和中国贫困治理工作的精髓和亮点，是决胜全面建成小康社会与实现中华民族伟大复兴中国梦的重要保障。

第三节　研究综述

人类社会出现特征分明的穷人和富人两种阶级、阶层或群体，从而致使贫困成为一种社会问题，这是历史的产物（谭诗斌，2012）。[①] 由于贫困对人的尊严和体面生活权利的剥夺，以及贫困的外部性使贫困问题成为引发诸多经济、社会、生态和稳定等问题的重要根源，贫困成为当今世界突出的社会问题之一，也成为各国政府和国际组织垂注的热点议题。研究贫困问题是国内外学界长期关注的热点"问题域"，这股热潮不仅源于理论的进展和学者的良知与责任，同时也是对新时代新形势下贫困问题的深刻反思。

一、国外研究述评

诺贝尔和平奖获得者穆罕默德·尤努斯（Muhammad Yunus）[②] 曾说："我整日研究的经济学理论……不能用经济学知识去帮助穷人消除贫困是经济学家的耻辱！"国际上的学者们立足于主体意愿与个人偏好、社会诉

---

① 谭诗斌认为："按照卢梭《论人类不平等的起源和基础》、恩格斯在《家庭、私有制和国家的起源》中的观点，以及马歇尔·萨林斯在《石器时代经济学》中的观点，贫困作为一种社会问题并不是从来就有的，它是在氏族社会解体后，人类社会进入以社会大分工和财产私有制为主要特征的阶级社会或不平等社会以后而产生的。"详可参阅谭诗斌. 现代贫困学导论 [M]. 武汉：湖北人民出版社，2012：5.

② 穆罕默德·尤努斯是孟加拉国经济学家、大学教授，孟加拉乡村发展银行（Grameen Bank，又译格莱珉银行）的创始人，有"穷人的银行家"之称。他开创了专门提供给穷人的"小额贷款"服务。鉴于他为社会底层推动经济和社会发展的努力，尤努斯被授予诺贝尔和平奖。如今，由他倡导的小额贷款运动已经遍布世界各地，上亿人正从中受益。

求与时代发展需要，从不同视角对贫困问题展开了深入的探讨，产生了具有标志性和重大影响的研究成果。

（一）贫困研究的发展轨迹

早在古希腊，柏拉图（Plato）就抨击当时雅典社会出现的两极分化，强调："这样的城邦必然是两个而不是一个，一个是富人的国家，一个是穷人的国家。"① 他在《法篇》中提出通过立法消除城邦国家贫富分化的设想，但从理论层面看，真正对贫困问题开始进行深入研究的应当是早期的空想社会主义者和英国的托马斯·莫尔（St. Thomas More）及其著作《乌托邦》。托马斯·莫尔写道："私有制存在一天，人类中绝大的一部分，也是最优秀的一部分将始终背上沉重而甩不掉的贫困灾难担子。"② 他们认为只有消灭财产私有制，建立公有制社会，才能解决贫困问题。18世纪末，托马斯·罗伯特·马尔萨斯（Thomas Robert Malthus）从人口学视角阐明了贫困问题的形成机理以及导致持续性贫困的深层机理，他提出了"人口法则"③，认为贫穷是人口法则的必然性产物，马尔萨斯对贫困问题的认识既包括人口数量致贫亦包含人口素质致贫。

19世纪中叶，资本主义处于萌芽与发展的阶段，是资本与贫困集结的最具代表性的阶段，同时更是穷苦工人大面积失业与周期性经济危机经常发作的典型阶段。在这样的背景下，弗里德里希·冯·恩格斯（Friedrich Von Engels）在《英国工人阶级状况》、卡尔·海因里希·马克思（Karl Heinrich Marx）在《资本论》等著作中涉及了大量的触目惊心的贫困问题，做出了关于资本主义积累一般规律，无产阶级贫困积累规律及改变无产阶级贫困命运，绝对贫困与相对贫困，未来社会消灭贫困、实现共同富裕构想等理论研究。

19世纪末20世纪初，英国反贫困研究专家本杰明·西博姆·朗特里

---

① ［古希腊］柏拉图.理想国［M］.郭斌和、张竹明译，北京：商务印书馆，1997：21.

② ［英国］托马斯·莫尔（St. Thomas More）.乌托邦［M］.戴镏龄译，北京：商务印书馆，1982：43－44.

③ 马尔萨斯认为人口是按几何级数上升，而生活资料是依循算术级数增长。因此，造成贫困与失业的原因是人口上升与生活资料增加的不相适应性，以及由此产生的绝对人口过剩。

（Benjamin Seebohm Rowntree）对英国伦敦和约克郡的工人家庭进行了一次大型家计调查，研究成果体现在1901年的《贫困：城镇生活研究》一书中。他认为贫困是"总收入水平不足以获得仅仅维持身体正常功能所需的最低生活必需品"[①]，这里的最低生活必需品含吃、穿、住等，据此界定，他约莫计算得出贫困线，并且按照这一贫困线计算得出贫困人口的规模与比率。朗特里所做的贫困界定与最基本的生存性物质需要挂钩，因而这种贫困又叫做绝对贫困，他开创性地厘定贫困概念并将其量化，为此后的贫困研究打下了基础。

到了20世纪中后期，关于第二次世界大战后发展中国家产生贫困的机理与如何减缓贫困的议题，发展经济学层面的先导们构建了著名的模型与理论，其中较具典型性的有：罗格纳·纳克斯（Ragnar Nurkse）的"贫困恶性循环理论"、刘易斯（W. A. Lewis）的"二元经济模型"、西奥多·W. 舒尔茨（Thodore W. Schults）的"人力资本理论"等。[②]尽管有不足之处，但在当时的历史背景下，这些政策主张和理论模型都对推进经济增长、资本形成、工业化以及减缓国家贫困或地区贫困做出了重要的贡献。20世纪70—80年代，国际理论界开始概括总结发展的性质与含义，摸索经济增长模式与贫困、失业、不平等之间的关系，对贫困的测量方法、相对贫困、非收入性贫困等进行了研究。

在20世纪80年代初，阿玛蒂亚·森（Amartya Sen）提出用可行能力对个人福利和生活质量进行测度，开创了"能力分析路径"评价个人福利之先河。此后，阿玛蒂亚·森先后在《生活水准》（1987）、《不平等之再考察》（1992）、《贫困与饥荒——论权利与剥夺》（2001）、《以自由看待发展》（2002）等著作中，继续完善他的可行能力理论，提出了提升可行能力作为发展的首要目标。阿玛蒂亚·森认为，基于可行能力理论，人们对贫困的界定不应该仅仅限定于收入水平低下，还必须含括在基本可行能

---

① 郭熙保、罗知. 论贫困概念的演进 [J]. 江西社会科学，2005（11）：38 – 43.

② 陈端计. 构建社会主义和谐社会中的中国剩存贫困问题研究 [M]. 北京：人民出版社，2006：22 – 26.

力层面的被剥夺与丧失，这些应当成为判定贫困与否的重要尺度。围绕贫困理论的演变，阿玛蒂亚·森的能力分析路径直接推动学界在贫困概念的界定和反贫困政策的制定上发生重大转变，是对传统收入贫困理论体系的颠覆。从联合国开发计划署（UNDP）在 1990 年第一次明确指出"人类发展"（Human development）的概念以来，"人类发展"理念深刻影响着人们关于发展与贫困的思维模式，也在一定程度上推动了各国关于发展和减贫的政策议程。

（二）贫困问题的形成机理

1. 从经济视角解释贫困问题

安格斯·麦迪森（Angus Maddison）（2009）在《世界经济千年统计》中，结合现实数据论证"国穷民必穷"这一命题，揭示了国家发展滞缓、资源匮乏短缺与广大人民贫困之间的联系。[①] 冈纳·缪尔达尔（Karl Gunnar Myrdal）在《世界反贫困大纲》（1991）中说明，贫困与缺失平等之间存在多维负面的关联，社会失公与经济不平等是导致国家陷入贫困的主要因素之一。从减缓贫困的视角看，不断促进更大程度的平等是国家减缓或摆脱贫困的基本前提之一，缪尔达尔还运用循环积累理论分析认为，由于发展中国家收入水平低下造成了日趋加剧的贫穷问题。

与之不同的是，罗格纳·纳克斯（Ragnar Nurkse）于 1953 年在《不发达国家的资本形成》（1966）一书中指出，国家在经济发展过程中产生的一系列互相影响与作用的恶性循环因素，是导致发展中国家陷入长期贫困的主要因素，而不是因为资源匮缺的原因。继纳克斯之后，纳尔逊（Richard Nelson Jones）（1956）引入了数学模型，运用此模型提出了致使贫困处于持续状态的另一种循环过程和机制，即"低水平均衡陷阱"理论。[②] 与纳尔逊所持理论相类似，在 1957 年，哈维·莱宾斯坦（Harvey

---

① 应当说，这一问题在亚当·斯密（2013）《国富论》、戴维·兰德斯（2010）《国富国穷》以及杰弗里·萨克斯（2007）《贫穷的终结》中等，都已经有了现成答案。

② 安春英. 非洲的贫困与反贫困问题研究 [M]. 北京：中国社会科学出版社，2010：21.

Leeibenstein）提出了"临界最小努力"理论。① 胡俊芳（2004）、胡均民（2004）、钟超（2005）认为以资本主义性质为特征的经济全球化不但不能消除贫困，反而加剧了贫困化趋势，主要表现为发达国家与发展中国家之间以及发展中国家之间的贫富分化，这是由经济全球化的本质特征决定的。甫玉龙等（2015）提出经济周期的变化与经济结构的调整影响了贫困率的高低与贫困人口数量的变化。②

2. 从结构维度探讨贫困问题

空想社会主义者在研究资本主义制度背景下的贫困现象时，把造成贫困的原因归结为资本主义私有制。譬如约翰·格雷（John Gray）（1984）在《人类幸福论》中从资本主义制度存在缺陷的角度探讨了英国广大劳动者处于极度贫困状态的原因是：资本家之间展开的相互竞争，资本主义私有制剥夺了无产阶级手中的绝大多数生产资料。马克思和恩格斯（1980）在空想社会主义理论的基础上，从穷人和富人之间的关系出发，揭示了资本主义制度下无产阶级贫困化的根源，因为"私有制的规律——自由、平等、所有权，即对自己劳动的所有权和自由支配权——变成了工人没有所有权和他的劳动让渡出去，而工人对自己劳动的关系，变成了对他人财产的关系。"③

保罗·萨缪尔森（Paul A. Samuelson）从市场和政府失灵的角度出发，认为即使竞争性市场机制能够实现资源上的帕累托效率，但也可能产生严重的贫困问题和不平等现象，当政府不能公正地进行收入再分配时，其结果可能加剧不平等现象或贫困问题。④ 2004 年李军将贫困的原因归结于社会结构和社会制度，认为只要原有的社会结构和社会制度继续运转，贫困就将继续存在。⑤ 阿玛蒂亚·森（1981）在《贫困与饥荒——论权利与剥

---

① 哈维·莱宾斯坦认为，基于低收入和贫困之间的恶性循环，必须首先保证足够高的投资率，以使国民收入的增长超过人口增长。

② 甫玉龙、刘杰、鲁文静. 马克斯·韦伯社会分层理论视角下的美国贫困原因剖析 [J]. 中国行政管理，2015（4）：134－139.

③ 马克思恩格斯全集：第 42 卷 [M]. 北京：人民出版社，1980：187.

④ 转引自谭诗斌. 现代贫困学导论 [M]. 武汉：湖北人民出版社，2012：236－239.

⑤ 李军. 中国城市反贫困论纲 [M]. 北京：经济科学出版社，2004：51.

夺》中提出权利贫困的理论，[①] 他认为只有既考虑到交换权利与所有权形式，又看到蕴含在其中的深层次因素，才能够感悟到所出现的饥饿、饥荒与贫困。刘玉亭等（2003）认为在社会群体的利益争夺中，必然产生弱势群体，而资本主义社会的阶层中存在的有失公平与合理的权力机构容易使弱势群体陷入窘迫的生活状态而沦落为相对固化与稳定的贫困阶层。陈柳钦（2002）分析得出，现实中存在的制度悖论使发展中国家走出贫困陷阱的希望一片渺茫。[②] 甫玉龙等（2015）研究发现不同政党对福利所持的不同态度直接影响国家贫困发生率的高低，贫困治理策略的有限性是导致无法根除贫困的重要原因之一。

3. 围绕文化层面探讨贫困问题

美国人类学家奥斯卡·刘易斯（Oscar Lewis）（1959）在《贫困文化：墨西哥五个家庭实录》首次提出"贫困文化"的概念。刘易斯围绕社区与贫困家庭开展实证调研，认为社会文化状况是生成贫困问题的重要动因，而逐渐严重的贫困问题，主要是由于在双亲以及穷困人群生活的氛围中习得了导致贫困或安于贫困现状的生活观与价值观。与刘易斯的观点相似，英国主管健康和社会保障的国务大臣 K. 约瑟夫爵士（K. Joseph）提出了"剥夺循环论"，国家建立了比较完善的福利制度和提供了大量的救济资金，但仍然存在贫困，主要是剥夺循环所致，即由于在社会下层人群和穷人中，出现剥夺的因素被持续不断地再生产出来，因而贫困就世代相传。[③] 甫玉龙等（2015）从儿童贫困和贫困的流动性两个视角，通过分析数据论证了产生贫困的机理，以及较长时间生活于穷困家庭的儿童之所以很难向上流动，在一定程度上主要是受到代代相传的隐性文化的影响。

4. 从地理环境视角阐述贫困问题

德国地理学家、自然科学家 F. 拉采尔第一次提出了人类生存空间

---

①　森所指的权利包括四个方面：以贸易为与以生产为基础的权利，劳动的权利以及继承和转移权利，他从权利角度观察贫困问题，把贫困归咎于社会因素。穷人陷入能力贫困是因为机会与权利缺失，而致使穷人处于长期贫困的则是因为能力贫困。详可参阅 Amartya Sen, Poveryt and Famines: An Essay on Entitlemengt and Deprivation [M]. Oxford University Press, 1981, p2.

②　陈柳钦. 发展中国家跨越贫困陷阱的道路研究 [J]. 东南学术, 2002 (6): 73 – 78.

③　安春英. 非洲的贫困与反贫困问题研究 [M]. 北京：中国社会科学出版社, 2010: 26.

（Ledensraum）理论的概念，而"自然环境决定论"主要立足于该理论对产生贫困的原因进行分析，该理论坚持贫困的形成是由地理环境决定的。M. P. 托达罗（Todaro. M. P）（1988）在《第三世界的经济发展》中表明：从所处的地理位置看，绝大多数的第三世界国家都处在热带或亚热带区域，历史发展进程表明，所有经济发展成功的案例都产生于温带国家。热带国家与温带国家的这种差距确实不宜用巧合来解释，这表明，出现的某些特殊困境与差异性的气候条件和环境因素存在直接或间接的必然性联系。

美国的戴维·S. 兰德斯（David S. Landes）（2010）在研究中发现：倘若将南北赤道的两三千里宽的地带分割开来，我们将会看到，处于此地带的人民生活水平都不高，而且人均寿命较短，他们的国家不发达。[①] 贫困是一种匮乏性的生活状态，不利的地理环境对这种匮乏性生活状态的形成和强化发挥着关键性的作用。[②] 吕晨光（2013）从新视角出发探讨环境与贫困的互动关系，着重分析环境的恶化如何导致较低的生产率，以及较低的收入水平如何引发环境的恶化。[③] 刘玉亭等（2003）指出，当代社会的地理学者对城市贫困的解释充分体现了地理学的综合性和区域性特征。[④]

5. 从个人因素解释贫困问题

詹姆斯·麦吉尔·布坎南（James Mcgill Buchanan）（1962）将个人主义方法论引入到经济与政治问题的研究中，他认为是"选择、运气、努力和出身"决定了人们在市场经济中的分配份额，这里的运气与个人选择以及个人环境有关，而努力与否从本质上也属于个人的主观选择。[⑤] 这种思

① ［美国］戴维·S. 兰德斯（David S Landes）. 国富国穷 ［M］. 门洪华译，北京：新华出版社，2010：5.
② 谭诗斌. 现代贫困学导论 ［M］. 武汉：湖北人民出版社，2012：215.
③ 与传统的贫困恶性循环理论相比，新视角下贫困的恶性循环理论将环境因素考虑在内。参见吕晨光. 发展中国家贫困问题研究——基于环境与人口增长的视角 ［J］. 经济问题探索，2013（12）：144 – 148.
④ 刘玉亭、何深静等. 国外城市贫困问题研究 ［J］. 现代城市研究，2003（1）：78 – 86.
⑤ 王志刚、郭凤林、张憬. 西方学者对詹姆斯·布坎南学术贡献的若干评价 ［J］. 经济学动态，2013（6）：117 – 121.

路正契合罗纳德·M. 德沃金（Ronald Myles Dworkin）的观点。德沃金（2012）强调人们的命运是由他们的选择和他们的环境①决定的，这里的"他们的选择"体现了他们的个性。此个性蕴含有抱负和性格两个层面，由抱负和性格等选择因素所造成的结果不平等是合理的、正当的，人们必须对自己的选择承担责任；而由所处的环境以及所拥有的不平等资源所导致的结果不平等，则是不合理的、不正当的，人们对此不应承担责任，这就是德沃金所主张的"敏于抱负、钝于禀赋"的资源平等理论。② 谭诗斌（2012）认为既然一个人的命运由他的选择（抱负和性格）和他的环境（人格资源与非人格资源）所决定，那么个人选择就成为影响个人命运的决定性因素之一，或者说，也可能成为某一个体或某个家庭陷入贫困的重要因素之一。③ 刘俊文（2004）认为造成贫困的原因之一：穷人是有缺陷的，这类观点把贫困的原因归结于个人的缺陷、限制和不适应。④

（三）贫困治理研究

通过对贫困现状以及产生贫困问题的形成机理展开的分析和测度，从总体看，国际贫困治理不仅重视从宏观层面进行联合国减贫战略的调整以及政府职能转变的调适，中观上发挥各类组织团体的贫困治理作用，也有研究成果转向强调微观贫困主体在减缓贫困中的积极意义。

首先在宏观层面，联合国在制定国际减贫战略方面发挥了主导性的作用，通过召开两个史无前例的重要会议——1995年哥本哈根的"社会发展世界首脑会议"和2000年的"联合国千年首脑会议"，这两次会议产生了重要的成果：《哥本哈根社会发展问题宣言和行动纲领》和《联合国千年

① 德沃金认为人格资源和非人格资源构成了"他们的环境"，人格资源是生理和精神健康及能力，非人格资源是指能够从这人转移给那人的资源。可以看出，德沃金说的"他们的环境"是一种资源禀赋或资源条件。

② 高景柱. 平等的资源主义分析路径的内在张力——罗纳德·德沃金的化解及其困境 [J]. 政治思想史，2012（1）：139-155.

③ 谭诗斌. 现代贫困学导论 [M]. 武汉：湖北人民出版社，2012：214.

④ 刘俊文认为关于个人与贫困二者关系的阐释包含三个层面：遗传人、（非）经济人、问题人。第一，遗传人认为很大程度受⊆物遗传影响的智力决定了一个人的教育、收入等；经济人认为一个人在市场经济体制中的失败是导致贫困的原因。参见赵俊文. 超越贫困陷阱——国际反贫困问题研究的回顾与展望 [J]. 农业经济问题，2004（10）：23-28.

发展目标》，① 这些是指导全球性减贫事业的纲领性文件和行动指南。多数研究认为，不同国家应该根据本国的国情，采取适合的减贫政策。一些亚洲国家为弥补传统救助制度的缺陷，创新救助制度与改善制度环境，采取"有选择的救助制度"② 助力反贫困行动。

非洲国家探索益贫式的增长路径③，大力提高国家经济发展水平，从而为贫困治理打下基础，此基础建立在发达而强劲的经济发展的量的积累与质的积淀上；在发展自然资源上，加大转移支付与管控力度，重视农业领域的发展，加快工业化进程，不断提升出口产品的整体竞争力，深入推动非洲国家的一体化进程，逐步形成以贸易带动发展，以此带动贫困治理的发展模式。④ 通过健全农村金融制度促进贫困治理的国家有：德国、法国、孟加拉国、印度尼西亚等，美国、智利等国多次修改、补充和完善社会安全法案，完善社会保障机制，大幅降低了贫困发生的可能性，竭力为贫困人口构筑安全网。

其次在中观层面，学界普遍认为国际组织、非政府组织、企业、公益机构等在贫困治理中发挥重要的作用。国际劳工组织提出"体面劳动议程"，世界银行在《2008 年世界发展报告》中提出"以农业促发展"，亚洲开发银行以实现"没有贫困的亚太地区"为使命发布《2020 战略》。⑤ 樊怀玉等（2002）总结，积极利用国际援助（包括国际组织援助及国家间的双边援助）和吸收国际性资源开展贫困治理行动是一条重要的途径，如韩国和印度尼西亚借助国际援助推动经济增长和减缓贫困问题；西班牙面

---

① 首脑会议确认"消除贫穷、增加就业和促进社会融合"是人类社会走向 21 世纪的最优先事项，并确定 1997—2006 年为联合国第一个消除贫困十年。《千年宣言》提出了一套以减贫为主旨的、具体的、有时限的发展目标，这些目标被置于全球发展议程的核心，统称为千年发展目标（MDGs）。《千年宣言》的一致通过和签署，标志着进入 21 世纪后，国际启动实施的影响力最大、涉及范围最广的减贫战略行动，正式拉开了帷幕。

② 这种制度强调对特定目标群与有效传递方式的选择，尤其认为后者的选择极为关键，被看作是成功经验的精华所在，如孟加拉国的"乡村银行"就是这种制度的成功案例。

③ 益贫式增长理论源于对 20 世纪 70 年代以来一些经济学家提出的经济增长扩散效应或涓滴效应的反思与判别。详可参阅安春英. 非洲的贫困与反贫困问题研究 [M]. 北京：中国社会科学出版社，2010：268 – 269.

④ 安春英. 中非减贫领域经验及互鉴 [J]. 亚非纵横，2009（6）：54 – 58.

⑤ 谭诗斌. 现代贫困学导论 [M]. 武汉：湖北人民出版社，2012：309 – 318.

对大量的失业人口和贫困人口，以及不断涌现的社会问题，如果单纯性地依赖政府的财政力量，这些问题已难以得到根本性的解决。因此，该政府积极支持社会合作联盟组织，同时借助宗教的影响，利用"富人帮穷人"的社会认同文化观念，推动各类社会合作组织的发展，通过集结社会合作组织的力量解决政府和其他组织难以解决的就业、贫困、治安等问题。项秀（2011）指出，发达国家针对贫困群体的具体状况，通常支持由政府组织、企业及公益机构实施的旨在提高困难群体的就业率和收入水平的各种反贫困计划。①

最后在微观层面，世界银行在重申《1990年世界发展报告》直面穷人扶贫理念的基础上，充分应用了该行于20世纪90年代后期开展的参与式贫困评价（PPA）的研究成果，在《2000/2001年世界发展报告》中提出了与贫困做斗争的三个相互关联的"三位一体"减贫战略框架，这就是"扩大经济机会——促进参与赋权——加强安全保障"。② 与之相似的是，樊怀玉（2002）分析目前各国贫困治理行动的共同趋势是强调贫困人口的参与，根据亚洲各国的经验，穷人的能力建设包括：建立主体意识、建立参与组织、开展资源动员、获得技术支持和管理技能。③ 此外，樊怀玉（2002）还集中探讨了影响穷人的信息因素，总结了政府和国际开发机构同穷人一起努力解决这些问题的具体措施有：倾听穷人的意见，改进获得信贷和保险的途径等。

研究表明，不管何种政策与措施，都必须从一国的国情出发，根据贫困现状与致贫原因，采取与经济社会发展水平相适应的贫困治理行动，一旦背离了这种匹配性，就会降低贫困治理的效果。由于各国国情不同，社会经济发展状况也各异，贫困问题的形成机理和测度手段也在发生相应的

---

① 项秀. 国外反贫困经验及其对中国的启示［J］. 学理论，2011（4）：73 - 74.

② 扩大经济机会包括两方面：一是扩大穷人的市场机会，以增加他们的劳动收入；二是增加穷人资产积累，消除社会分配不公。参见谭诗斌. 现代贫困学导论［M］. 武汉：湖北人民出版社，2012：302 - 303.

③ 能力建设的第一件事就是树立穷人对现实的批判意识，明白自己才是主宰自己命运的主体；建立参与组织是穷人改变命运的重要手段；建立组织为有效地进行内部资源动员提供了组织保证。

变化，因而，如何适应这些不确定性，从而建立有效的贫困治理策略仍需努力探索。

二、国内研究述评

中国的近现代史，在某种程度上，可以说是一部奴役与反奴役、贫困与反贫困的斗争史。相较于西方国家对贫困问题较为完整而深入的研究，以及产生的丰富的反贫困理论研究成果，中国在贫困问题与反贫困理论层面的研究尚待加强。从20世纪70年代中后期起，中国才开始对贫困问题展开理论研究，很多研究吸收了西方学者的代表性观点，产生了某些实质性的进展，取得了某些颇具价值性的学术收获。

（一）贫困研究的理论流变

在改革开放以前，尽管中国人民都普遍生活在贫困之中，但学术界进行的研究基本避开了贫困问题。而现存数量很少的研究成果，多来自于西方国家的学术著作，这给后人留下了难以填补的学术空白。中国对贫困问题的理论研究，确切地说，开始于20世纪80年代中期。1986年，国家所办刊物《经济开发论坛》陆续发表的资料显示：20世纪80年代中期以来，在全国范围内开展了有计划、大规模的扶贫开发活动，同时不断反思并调整扶贫的方式方法，先后实行了救济式扶贫、开发式扶贫、开放式扶贫等。众多学者和研究机构对贫困概念做出了界定，代表性的有国家统计局的《中国城镇居民贫困问题研究》课题组和《中国农村贫困标准》课题组（1990）、童星和林闽钢（1993）、董辅礽（1996）、吴理财（2001）等。吴海涛、丁士军（2013）认为人们的思想观念容易受到实践与空间的影响而发生变动，因此贫困是一个具有地域性、历史性与动态性特征的概念。[1]

针对中国贫困的整体现状与生成贫困问题的因素，朱凤岐等（1996）、王大超（2004）、陈端计（2006）等将贫困理论与实践相结合，从宏观和微观视角对中国的反贫困行动做出总结。王国良和赵俊超（2005）、范小

---

① 吴海涛、丁士军. 贫困动态性：理论与实践［M］. 武汉：武汉大学出版社，2013：3.

建（2011）、郑志龙（2012）以及张琦等（2015）着重于完善国家扶贫的政策与机制，汪三贵还从中国特色社会主义的维度探索反贫困道路以及反贫困的未来政策取向。[①] 唐均（1998）、李军（2004）、姚建平（2011）针对城市贫困问题开展研究，刘玉亭（2005）、袁媛（2014）、林顺利（2015）专门从社会空间维度论述中国城市的贫困问题，陈永杰和李伟俊（2012）从养老保险制度对城市老年贫困做出分析，[②] 白睿等（2013）、李二敏（2013）等从城市老年贫困治理的政策支持层面进行了总结。[③] 国家统计局住户调查办公室（2015）通过扎实与规范化的统计调查，全面、准确、及时地反映了农村贫困状况和变化趋势，编写《中国农村贫困检测报告》，继续做好农村贫困监测工作。[④] 徐勇（2015）也针对中国的农村扶贫调查与实践进行了成果整合，其中王琳和邬沧萍（2006）、王增文（2010）、仇凤仙（2014）等侧重关注农村老年群体的贫困问题。着重从贫困测度与方法进行实证分析的有：张建华（2010）、王小林（2012）、吴海涛（2013）等。国家行政学院编写组（2016）、王艳慧等（2015）还对中国精准脱贫做出阐释，而谭诗斌（2012）的《现代贫困学导论》则首次尝试构建现代贫困学学科体系。

（二）贫困问题的形成机理

贫困问题是一个世界性的难题，对国家的社会经济政治影响之深，已成为学术界共识。纵观理论界对贫困问题形成机理的既有探索，学者们众说纷纭。

---

① 汪三贵. 中国特色反贫困之路与政策取向 [J]. 毛泽东邓小平理论研究，2010（4）：17－21.

② 陈永杰、李伟俊. 城市老年贫困人口与养老保险制度——以广州城镇老年居民养老保险制度为例 [J]. 学术研究，2012（4）：41－67.

③ 白睿、乔东平、徐月宾. 城市贫困老年人的政策支持——基于北京市西城区的案例研究 [J]. 北京社会科学，2013（2）：120－126.

④ 本报告主要包括：一是住户收支与生活状况调查，用于反映全国和分省农村总体情况及贫困状；二是国家农村贫困检测调查，用于反映贫困地区包括集中连片特殊困难地区和国家扶贫开发工作重点县的贫困状况；三是分县（市）社会经济基本情况统计，为贫困检测提供区域发展年度背景资料。参见国家统计局住户调查办公室编. 2015 中国农村贫困监测报告 [M]. 北京：中国统计出版社，2015 年.

1. 从经济滞后阐释贫困问题

赵俊超（2005）认为资金短缺是发展中国家普遍存在的问题，而贫困地区更突出，大部分农村集体经济薄弱，个人集资困难重重，经济发展困难，导致农村贫困持续化。① 陈端计（2006）、陈俊（2012）认为贫困地区不利的经济环境是造成贫困的重要根源，经济发展不平衡致使农村的扶贫开发仍然面临着严峻的挑战。② 李瑞华（2013）运用二元经济结构理论分析认为，单一的经济结构致使部分农牧民遇到市场价格大幅波动之时，无力应付这种局面而出现返贫或致贫的现象。③

王琳、邬沧萍（2006）针对农村老年群体进行研究，认为分析农村老年贫困的生成机理应放置于特定的社会经济发展的背景之下。农村经济发展滞后、城乡收入差距的持续扩大、收入来源的单一化与不稳定以及代际转移支付能力下降等导致农村老年贫困的传统因素仍在发生作用。在社会经济发展的转型期，农村产业结构调整致使农村老年人处于劣势，容易加剧贫困程度。④ 仇凤仙（2011）基于排斥理论分析指出，造成中国农村老年贫困的物质资本因素有：土地资源收益被剥夺，农村贫困老年人被排斥于土地资源之外，缺乏交换资源——贫困老年人被排斥于市场交换之外；⑤ 仇凤仙、杨文健（2014）还从特定的场域分析入手，认为农村贫困老年人被多种因素形塑成一个特殊的场域，在该场域内，现代化的生产方式、理性化的生活方式消解了农村老年人的经济来源和社会参与的场域。⑥

2. 从资源匮乏分析贫困问题

中国农村贫困地区的区域资源状况与环境条件特征，对贫困人口的生

① 赵俊超. 扶贫开发理论与实践 [M]. 北京：中国财政经济出版社，2005：52-53.
② 陈俊. 新世纪以来中国农村扶贫开发面临的困境 [J]. 学术界，2012（9）：227-234.
③ 李瑞华. 贫困与反贫困的经济学研究：以内蒙古为例 [M]. 北京：中央编译出版社，2013：134.
④ 王琳、邬沧萍. 聚焦中国农村老年人贫困化问题 [J]. 社会主义研究，2006（2）：68-70.
⑤ 仇凤仙. 社会排斥与贫困：农村老人贫困——以安徽省泗县大李村调查为例 [J]. 山东农业大学学报（社会科学版），2011（1）：40-44.
⑥ 仇凤仙、杨文健. 建构与消解：农村老年贫困场域形塑机制分析——以皖北 D 村为例 [J]. 社会科学战线，2014（4）：173-178.

存与发展构成了严峻的约束，是引致贫困的极其重要的因素。陈端计（2006）则认为贫困地区与发达地区相比，相对不利的自然环境是生成农村贫困的不可忽视的重要因素。① 张蕴萍（2011）对陈端计的分析做了拓展性的推进，她根据马克思主义理论体系中的内因与外因相互作用的原理，认为中国农村贫困的形成机理也应从内因与外因两个层面进行分析，造成农村贫困的外部因素主要有：公共基础设施落后、自然生态环境恶劣、基础设施薄弱、土地资源流失等。②

付志鸿、陈标平（2013）则认为扶贫资源和自然生态发展的不可持续性禁锢了农村经济社会的协调发展，阻碍了反贫困的发展进程。赵俊超（2005）、李瑞华（2013）、罗庆与李小建（2014）等认为生态环境脆弱、资源禀赋低下是生成农村贫困陷阱的重要因素。阿布都外力·依米提（2010）则通过分析新疆农村的贫困人口数据与耕地数据得出，虽然新疆开垦耕地的数量逐年增加，但这些耕地主要集中在少数的种植大户手上，农村地区因人口增加而人均耕地下降，外加自然环境恶化，导致贫富差距持续扩大。

3. 从制度机制缺陷辨识贫困问题

陈柳钦（2002）从宏观层面强调，对低效制度的路径依赖是发展中国家难以跨越贫困陷阱的重要原因。③ 在各个历史时期，不同的农业经济政策制度与农村贫困人口的增减存在直接的相关性。白睿等（2013）通过对15户北京城市贫困老年人的深度访谈分析发现，相关部门对社会救助制度和老年福利政策的宣传不到位，医疗保障政策与现实需求的差距使贫困老年人的生活压力更大。④ 而孙文中（2011）则基于对12名农村老年人的访谈总结得出，不完善的农村社会保障体系是造成农村老年贫困的原生性因

---

① 陈端计. 构建社会主义和谐社会中的中国剩存贫困问题研究 [M]. 北京：人民出版社，2006：114－115.

② 张蕴萍. 中国农村贫困形成机理的内外因素探析 [J]. 山东社会科学，2011（8）：33－37.

③ 陈柳钦. 发展中国家跨越贫困陷阱的道路研究 [J]. 东南学术，2002（6）：73－78.

④ 白睿、乔东平、徐月宾. 城市贫困老年人的政策支持——基于北京市西城区的案例研究 [J]. 北京社会科学，2013（2）：120－126.

素，张爽（2013）、曾学华与王三秀（2016）与孙文中持相似的看法。①

蒲川等（2010）、程杰（2012）、柯卉兵与周荣超（2014）认为中国的医疗保障在政策设计和管理制度上无法实现新型农村合作医疗和其他医疗保障制度的无缝衔接，导致农村贫困人口卫生服务的可及性低下。② 孙文中（2013）还从新发展主义视角分析发现，政府财政的承受能力与解决贫困问题需求间的张力，官僚化的扶贫作风，以及不健全的扶贫机制是导致扶贫成效不理想的重要原因。③ 魏淑艳、田华文（2014）认为扶贫效果整体喜人，但存在明显的区域化失衡现象，究其原因，与扶贫政策本身的功利性、扶贫政策缺乏针对性以及扶贫政策落实不力等因素有关。④

4. 从个人因素探索贫困问题

陈端计（2006）、付志鸿与陈标平（2013）认为产生贫困的根本原因是内归因，即贫困地区不发育的贫困主体是导致贫困的关键因素。赵俊超（2005）认为贫困地区人才的"孔雀东南飞"现象比较严重，人才外流导致的人才短缺严重制约了贫困地区的经济发展和脱贫致富。⑤ 李瑞华（2013）进一步指出，由于贫困地区交通不便，信息闭塞，贫困人群文化水平低，技能不足，观念保守落后，很容易落入"贫困—低受教育水平—人口素质低下—更加贫困"的恶性循环之中。⑥ 李小勇（2013）根据能力贫困理论，认为导致农村贫困治理效率低下的原因主要体现在农民缺失防

① 详可参见张爽. 关于农村老年妇女贫困问题的研究 [J]. 社会学研究，2013（2）：16 - 17；曾学华. 农村老年贫困的成因及对策研究 [J]. 生产力研究，2016（2）：86 - 89；王三秀. 积极老龄化与中国老年贫困治理路径新探索 [J]. 江淮论坛，2016（1）：132 - 137.

② 柯卉兵、周荣超. 社会保障计划在减轻老年贫困中的作用 [J]. 中国社会保障，2014（8）：34 - 35.

③ 孙文中. 创新中国农村扶贫模式的路径选择——基于新发展主义的视角 [J]. 广东社会科学，2013（6）：207 - 213.

④ 魏淑艳、田华文. 中国农村贫困形势与扶贫政策未来取向分析 [J]. 社会科学战线，2014（3）：188 - 192.

⑤ 赵俊超. 扶贫开发理论与实践 [M]. 北京：中国财政经济出版社，2005：54 - 55.

⑥ 李瑞华. 贫困与反贫困的经济学研究：以内蒙古为例 [M]. 北京：中央编译出版社，2013：135.

御贫困的一系列能力。①

　　黄承伟、沈洋（2013）则在人力资本理论范式下分析贫困致因，介于人力资本投资必须建立在一定的教育水平和物质积累的基础之上，而贫困者由于资金不足，教育基础薄弱，整体人力资本低下状况致使贫富差距不断扩大。② 徐勤、魏彦彦（2005）从社会性别视角出发，认为女性老年人的年龄大小、健康水平、婚姻状况、受教育程度、职业情况以及子女赡养老年人的具体状况是影响女性老年贫困的重要因素。王晶、刘彦喆（2012）则从更微观的视角分析造成农村丧偶女性贫困现象的个人因素主要有：文化低下，因病致贫，"抚养、赡养"家庭代际交换关系的失衡，逝者的医疗债务向遗孀及子女的横向转移。③

　　综上可见，生成贫困问题的因素是多方面的，既有国家经济发展状况与贫困治理政策体制机制的宏观因素，也有贫困者主体的微观因素，不同因素将对贫困产生差异化的影响，且这些差异化因素之间又处于彼此影响与作用的状态，并伴随着社会经济政治的变动而催生新的影响因素。因而，对产生贫困问题的具体机理进行考察时，必须梳理作用于贫困的多元化因素以及各个因素之间的相互关系，同时，也要从具体的社会状况、地理环境等出发，展开动态化地探索。

　　（三）贫困治理研究

　　中国是世界上最大的发展中国家，如何有效应对中国严峻的贫困问题是一个极具挑战性的难题。中国共产党第十一届中央委员会第三次全体会议召开以来，中国开辟了一条具有本国特色的贫困治理道路，积累了不少宝贵的经验。关于如何开展有效的贫困治理，理论界开展了深、广、实的研究，从多维视角审视贫困现象，并发表各自见地。

---

　　① 李小勇. 能力贫困视域下中国农村开发式扶贫的困境与超越［J］. 理论导刊，2013（2）：81-84.

　　② 黄承伟、沈洋. 完善中国新型农村扶贫开发战略的思考［J］. 甘肃社会科学，2013（3）：139-142.

　　③ 王晶、刘彦喆. 农村丧偶老年女性贫困原因的社会学分析［J］. 东北师大学报（哲学社会科学版），2012（1）：201-206.

1. 发挥政府的贫困治理作用

缓解和消除农村贫困问题，推动城乡协调发展是中国政府的长期奋斗目标，因此，应采取综合性的反贫困策略，打破原有的循环体系，跳出贫困陷阱（黄海燕，2010）。① 刘荣章等（2012）在论证海峡西岸经济区背景下福建农村扶贫政策时，提出要以政府为主导，实施开发式扶贫；实施公共服务均等化，夯实扶贫基础；拓展资金来源的渠道，稳步提升扶贫动力。② 冯斌（2012）针对生态脆弱区和民族文化区的特殊状况，强调在开发式的扶贫进程中，政府必须注意保持开发和保护二者之间的平衡，开发的重点是建设当地的基础设施，科学利用自然资源等，③ 同时，还要修正发展规划，增强中国特殊贫困地区的后发竞争力（孟昌、刘琼，2011）。

从微观层面考察老年贫困问题的学者认为，预防农村老年相对贫困化是一项庞大的工程，需要在政府的主导下，整合社会各界力量（王琳、邬沧萍，2010），④ 就得破除农村老年之养老习惯，建构农村老年贫困的生活场域，强化攻克农村老年贫困的社会实践（孙文中，2011）。⑤ 陈友华、苗国（2015）认为，在人口老龄化加速和社会大转型的宏观背景下，应对中国老年贫困问题，需依照本国的国情国力，通过加强社会救助，努力从"补缺型福利"向"普惠型福利"转变。⑥ 而李跃、韩振燕等（2015）则进一步提出要提高贫困老年人的现金救助水平，完善失能老年人的评估标准体系，逐步建立非缴费型农村老年津贴，将农村家庭养老纳入到法制化轨道上，加强对农村社区服务和家庭养老的引导和扶持（李委沙，2008）。

① 黄海燕. 对中国农村反贫困的思考 [J]. 人民论坛，2010（9）：172 – 173.

② 刘荣章、陈志峰、翁伯琦. 海西背景下福建省农村扶贫开发的挑战与对策 [J]. 东南学术，2012（3）：97 – 104.

③ 冯斌. 贫困人口问题治理思路探析——以四川省茂县为例 [J]. 北京大学学报（哲学社会科学版），2012（3）：152 – 157.

④ 王琳、邬沧萍. 聚焦中国农村老年人贫困化问题 [J]. 社会主义研究，2006（2）：68 – 70.

⑤ 孙文中. 场域视域农村老年贫困问题分析——基于闽西地区 SM 村的个案调查 [J]. 华中农业大学学报（社会科学版），2011（5）：67 – 73.

⑥ 陈友华、苗国. 老年贫困与社会救助 [J]. 山东社会科学，2015（7）：104 – 113.

2. 完善贫困治理的机制模式

在宏观层面上，要以科学发展观为指导实现扶贫机制的创新（张蕴萍，2011），① 其中，构建高效准确的贫困对象甄别机制，是扶贫开发工作顺利进行的前提和基础（陈潇阳，2014），同时要重视完善中国共产党和中国政府领导的农村扶贫开发工作的组织动员机制（韩广富、王芳，2012），② 而面对新形势下复杂化的农村贫困问题，需要强化执行监督机制，构建农村反贫困的长效治理机制（范永忠、范龙昌，2011）。陈前恒（2011）通过分析指出，在加大农业补贴空间受限的形势下，通过创新扶贫开发机制，才可能完成贫困地区农民收入增长高于全国平均水平的艰巨任务。③ 黄承伟、沈洋（2013）重视"三维资本"的重要性，强调完善新型农村反贫困机制需发挥物质资本的基础性作用、人力资本的智力支持作用以及社会资本的效应提升作用。④

刘荣章等（2012）从中国福建省省情出发，强调农村扶贫开发要着重创新扶贫机制，提高扶贫成效。⑤ 而王三秀（2016）针对老年群体提出建立健全老年人能力贫困治理的具体机制。从完善贫困治理的模式上，强调实施"输血与造血协同互动"的模式是有效治理农村贫困问题的较好选择（谭贤楚，2011）。⑥ 李红琴（2013）也认为构建参与式扶贫模式有助于提高农村贫困地区的扶贫效率。付志鸿、陈标平（2013）创新性地提出采取"三位一体"⑦的城乡统筹协调的扶贫模式。邓俊森（2014）建议将农村合作经济组织嵌入到小额信贷机构与贫困农户二者之间，加强农村合作经

① 张蕴萍. 中国农村贫困形成机理的内外因素探析 [J]. 山东社会科学，2011（8）：33－37.
② 韩广富、王芳. 当代中国农村扶贫开发的组织动员机制 [J]. 理论月刊，2012（1）：5－10.
③ 陈前恒. 体制创新：农村扶贫的关键 [J]. 人民论坛，2011（11）：46－47.
④ 黄承伟、沈洋. 完善中国新型农村扶贫开发战略的思考 [J]. 甘肃社会科学，2013（3）：139－142.
⑤ 刘荣章、陈志峰、翁伯琦. 海西背景下福建省农村扶贫开发的挑战与对策 [J]. 东南学术，2012（3）：97－104.
⑥ 谭贤楚. "输血"与"造血"的协同——中国农村扶贫模式的演进趋势 [J]. 甘肃社会科学，2011（3）：226－228.
⑦ "三位一体"是指城乡的人力资源、扶贫资源以及生态扶贫的"三体均衡"。

济组织在关系、结构、技术和业务等方面的嵌入，构建组织嵌入式减贫模式，以期提高小额信贷推动减贫的成效。

3. 健全贫困治理的政策制度

陈柳钦（2002）认为通过制度创新摆脱对低效制度的路径依赖是发展中国家跨越贫困陷阱的关键，而"利他主义"① 企业家是推动制度创新的重要力量。② 中国农村贫困形势依然严峻，虽然国家扶贫政策仍以开发式扶贫为主，但表现出一些新的政策取向（魏淑艳、田华文，2014）。张新文（2010）提出以发展型社会政策为导向的创新路径。③ 肖云、严茉（2012）提出要提升扶贫政策的满意度，提高扶贫政策与相关政策的衔接力度，加强"内生式"扶贫，完善帮扶与监管措施。罗庆、李小建（2014）引入以地域为基础的研究方法和相关数量分析手段，分析相关性的地理基础，进而为扶贫政策的制定提供科学依据。④ 在确定农村贫困的方法上，应以生活水平基本一致为原则，努力探索地区间可比性的贫困标准，贯彻落实农村居民最低生活保障制度（苏树厚、徐刘芬，2010）。⑤

蒲川、游岚、张维斌（2010）进一步提出必须在政策设计和管理制度上实现新型农村合作医疗和其他医疗保障制度的无缝衔接，推动政府救助和社会互助之间的联动，逐步解决农村贫困人口的医疗保障问题。王三秀（2010）也提出，针对目前最低生活保障在扶贫开发中所扮演的角色，必须大胆突破传统的思路，其功能不能仅仅体现在为扶贫开发工作提供低保对象的劳动能力信息，更要在农民可持续生计、农村最低生活保障与扶贫

---

① 利他主义是伦理学的一种学说，泛指把社会利益放在第一位，为了社会利益而牺牲个人利益的生活态度和行为的原则。

② 陈柳钦. 发展中国家跨越贫困陷阱的道路研究 [J]. 东南学术，2002（6）：73-78.

③ 发展型社会政策主要包括减少社会资本、反排斥的劳动力政策、农村生计的发展、医疗政策的优化以及个人账户建设等。参见张新文. 中国农村反贫困战略中的社会政策创新探讨 [J]. 南京社会科学，2010（6）：58-63.

④ 罗庆、李小建. 国外农村贫困地理研究进展 [J]. 经济地理，2014（6）：1-7.

⑤ 苏树厚、徐刘芬. 新时期中国农村贫困标准的重新审视 [J]. 中国特色社会主义研究，2010（3）：66-69.

开发三者之间建构配套性的制度架构。① 孙婧芳（2013）针对边缘化贫困现状，要实施以社会救助为主的扶贫政策，提高政策的针对性。为了改善贫困老年人的生存环境，应当架构有助于弱化贫困老年人遭遇的社会排斥力度与向度都并行不悖的政策路径（仇凤仙，2011）。② 王晶、刘彦喆（2012）强调必须加强社会保障，完善新型农村养老保险和合作医疗保险制度，同时使各种卫生资源向老年女性特殊群体倾斜。

4. 大力实施精准扶贫方略

国家行政学院编写的《中国精准脱贫攻坚十讲》（2016）紧密结合党中央、国务院关于打赢脱贫攻坚战的决策部署，首部系统阐述了精准扶贫、精准脱贫战略。汪三贵、郭子豪（2015）提出，必须围绕制度、政策以及贫困治理系统等方面把握精准扶贫的理论指南。③ 在精确识别的基础上对症下药、联动帮扶，加强分类化管理和动态化考核，注重外联配合、内生转型以及干部队伍建设，才能扎实推动常态化的精准扶贫（李鹍，2015），还应该尽早开展国家级和省级的贫困普查，采取由下而上和由上而下相结合的贫困对象识别和帮扶机制，并进行分类管理，不能过度地依靠地方性配套，从而实现精准扶贫的目标（邓维杰，2014）。④

庄天慧、陈光燕、蓝红星（2015）提出五位一体的扶贫模式，既需要开创大扶贫格局，形成全社会扶贫的合力，又需要通过扶志和扶智以增强脱贫的内生力（易棉阳，2016），在精准扶贫工作中，通过发动与参与、对话与沟通、反馈与纠错、原则与变通等多重机制协商扶贫的对象、标准、措施等，将协商与精准扶贫结合起来（吴晓燕、赵普兵，2015）。⑤ 为了提高民生福利，须基于保障生存权的视角，瞄准贫困对象，统筹规划，

① 王三秀. 可持续生计视角下中国农村低保与扶贫开发的有机衔接［J］. 宁夏社会科学，2010（4）：73-77.

② 仇凤仙. 社会排斥与贫困：农村老人贫困——以安徽省泗县大李村调查为例［J］. 山东农业大学学报（社会科学版），2011（1）：40-44.

③ 汪三贵、郭子豪. 论中国的精准扶贫［J］. 贵州社会科学，2015（5）：147-150.

④ 邓维杰. 精准扶贫的难点、对策与路径选择［J］. 农村经济，2014（6）：78-81.

⑤ 吴晓燕、赵普兵. 农村精准扶贫中的协商：内容与机制——基于四川省南部县A村的观察［J］. 社会主义研究，2015（6）：102-110.

树立依法扶贫的理念，切实做到"扶真贫、真扶贫、治本扶贫"（杨秀丽，2016）。[1] 同时，构建农民需求响应性机制，完善扶贫资源科学配置制度，提升农村扶贫开发资源配置的有效度和精准度（郑宝华、蒋京梅，2015）。[2] 王昶、王三秀（2016）强调老年精准扶贫的策略框架应包括老年人扶贫需求的精准识别与精细分层，其关键路径是促进老年人的主体性参与和建构根本的制度保障。

5. 增强贫困主体能力

钱箭星强调发展中国家的反贫困战略与可持续发展是并驾齐驱的，应努力为穷人和穷困地区的发展和减贫提供制度保障，创设尽可能多的发展机会，提升他们的发展能力，充分调动贫困群体参与扶贫开发的主动性（韩广富、王芳，2012）。[3] 在开发式扶贫中，提升生态脆弱区和民族文化区贫困人口的自我发展能力是扶贫开发的重点之一（阿布都外力·依米提，2010；冯斌，2012），因此，提高贫困者自身与农村社区参与扶贫的程度，并真正成为扶贫的主体（郑宝华、蒋京梅，2015），更多地关注贫困主体的自我发展功能（许凌志，2013），[4] 形成民主参与式的扶贫机制（张蕴萍，2011），孙文中（2013）还强调通过教育扶贫、移民开发、劳动力转移、开发农村市场以及参与式扶贫等途径，努力从缓解贫困转变为增强生计、提升农村贫困居民自我发展的能力。[5] 王三秀（2016）则从老年贫困治理的视角出发，提出树立以激发内生动力、侧重治理能力贫困为主

① 杨秀丽. 精准扶贫的困境及法制化研究 [J]. 学习与探索，2016 (1)：108 - 110.

② 郑宝华、蒋京梅. 建立需求响应机制提高扶贫的精准度 [J]. 云南社会科学，2015 (6)：90 - 96.

③ 韩广富、王芳. 当代中国农村扶贫开发的组织动员机制 [J]. 理论月刊，2012 (1)：5 - 10.

④ 许凌志. 论新时期广西大石山区贫困农村扶贫开发理念的转变 [J]. 学术论坛，2013 (8)：93 - 96.

⑤ 孙文中. 创新中国农村扶贫模式的路径选择——基于新发展主义的视角 [J]. 广东社会科学，2013 (6)：207 - 213.

要目标的老年贫困治理理念，将贫困老年人置于贫困治理的主体性位置。①

综上所述，国外研究主要从国家经济发展状况、社会结构和制度建构情况以及国家所处的地理区位等角度研究贫困问题，在贫困治理上，主要呈现的是国际组织、国家、非政府组织的减贫态度与具体行动，很少研究具体的国别贫困状况以探索贫困治理的机制与政策，难以求解新形势下各国贫困问题的精细化、高效化治理措施；国内研究主要以农村贫困为整体研究对象，侧重于从经济滞后、资源匮乏、制度机制缺陷等分析农村贫困的发生机理，在对策上，聚焦于政府扶贫作用、扶贫模式机制、扶贫政策制度的探讨上。

总体上，目前中国学界的研究对微观贫困主体的垂注不够，理论建设尚待加强，已有的研究主要聚焦于贫困状况的短期探索，对贫困动态趋势缺乏长期性的追踪，深入具体透析贫困治理策略也甚少，关于微观贫困主体的全方位、宽领域、系统性的研究更属少见。在贫困治理的具体实施路径上，中国学界的研究主要是针对农村贫困、阶段性贫困、特定省域的贫困以及单一性贫困治理主体的探讨，缺乏长期性的政策指导与制度设计，聚焦于数量庞大又与日俱增的农村老年贫困人口的研究尤其少见，这种现状制约了关键性贫困群体的整体脱贫攻坚成效。鉴于现阶段及未来贫困治理的复杂性、动态性及严峻性，重视农村老年贫困问题，将农村老年贫困治理纳入精准扶贫轨道中，求解农村老年贫困治理的新制度、新政策、新机制以及新路径，切实提升农村老年贫困治理的成效，尚需更深、更广、更实地的研究。

---

① 王三秀. 积极老龄化与中国老年贫困治理路径新探索 [J]. 江淮论坛，2016（1）：132 - 137. 积极老龄化既包括健康老龄化，又表达了比健康老龄化更加广泛的含意。按照世界卫生组织的界定，积极老龄化是指老年群体为了提高生活质量，尽可能地获得最佳的健康、参与和保障的机会。

第四节　研究方法与本书框架

　　服务于人类，推动社会问题的解决是学术研究的重要指向。本书的研究对象是农村老年的贫困治理问题。以深度透析 20 世纪 70 年代中期以来中国的贫困问题为起点，以反思与总结该阶段以来实施的贫困治理策略为基点，毋庸置疑，马克思主义反贫困理论对深入认识中国农村老年贫困问题和治理农村老年贫困将具有重要性的指导性价值，马克思主义政治经济学、发展经济学、福利经济学、新制度经济学、精准扶贫理论、人力资本理论和社会科学理论等研究方法和手段，将大力助推中国农村老年贫困问题的探索。因而，本课题的研究主要借助于以上的相关理论而展开。诚然，由于受制于中国农村老年的现实状况以及长期以来农村老年贫困治理的现实特性，在对中国当前农村老年贫困治理如何展开系统化与完整性的研究，以及如何产生高信度与高效度的论断上，没有既有的、相对完善的理论资源可供借鉴。因而，透析中国农村老年贫困的具体情况，研判贫困治理的相关理论与实践，将愈显重要，唯有如此，才能深入探索新时代新形势下的中国农村老年贫困治理问题。

一、研究思路

　　2016 年 5 月 17 日，习近平总书记在哲学社会科学工作座谈会上强调："无论时代如何变迁、科学如何进步，马克思主义依然显示出科学思想的伟力，依然占据着真理和道义的制高点。"① 马克思主义深刻揭示了自然界、人类社会、人类思维发展的普遍规律，为人类社会发展进步指明了方向。在中国，不坚持以马克思主义为指导，哲学社会科学就会失去灵魂、迷失方向。因而，本书坚持以马克思主义反贫困理论为指导，以新制度经

---

　　① 习近平：在哲学社会科学工作座谈会上的讲话（全文）［EB/OL］. 新华网 . http：// news. xinhuanet. com/ttgg/2016 － 05/18/c_ 1118891128_ 2. htm.

济学、发展经济学等作为分析研究的工具，以"粗放式扶贫→农村老年贫困→影响脱贫攻坚进程→国外老年贫困治理透视→农村老年贫困精准治理"为逻辑链条。由于中国农村老年贫困问题的复杂性、动态化与特殊性、现有扶贫政策的有限张力，因此极有必要围绕马克思主义反贫困理论的主要论断开展更加透彻、更加稳实的梳理与研究，不断提升马克思主义反贫困理论的现实指导能力，为实现可能的创新埋下伏笔。本书将从新形势下的农村老年贫困现状入手，探查农村老年贫困治理的困境，建立严谨的马克思主义理论分析框架，以及总结农村老年贫困治理困境的形成机理，探讨国内与国外已有的老年贫困治理理论与实践的经验与教训，引介当代马克思主义新视界下的精准扶贫方略，建构基于精准扶贫的农村老年贫困治理的理论基础与实践路径。

二、研究方法

《论语》曰"工欲善其事，必先利其器"，要做好学术研究，完善研究方法是先决条件。但是，"如果不把唯物主义方法当作研究历史的指南，而把它当作现成的公式，按照它来剪裁各种历史事实，那它就会转变为自己的对立物。"① 故而，以辩证唯物主义和历史唯物主义方法论作为本书研究的指南，力求做到定性研究与定量研究相结合，通过宏观和微观两个视角，对中国农村老年贫困问题进行全面系统地研究，以达成预期的研究目标。

（一）实证研究与规范研究相结合的方法

马克思曾说："在思辨终止的地方，在现实生活面前，正是描述人们实践活动和实际发展过程的真正的实证科学开始的地方。"② 新时代新形势下的农村老年贫困问题研究也应坚持这样的研究精神，从现实状况出发，以客观正确地描述农村老年贫困问题为起点。规范研究与实证研究二者相互联系，实证研究是规范研究的基础，并为规范研究提供理论依据。本书

---

① 马克思恩格斯文集：第 10 卷 [M]．北京：人民出版社，2009：583.
② 马克思恩格斯文集：第 1 卷 [M]．北京：人民出版社，2009：526.

坚持将二者的研究相契合，从宏观与微观角度审视贫困理论与实践，将农村老年贫困问题与贫困治理战略的变化同社会经济发展、制度演变、机制变化、模式调整相连接，以动态化、多维度的思路审视农村老年贫困问题全过程，力争保持理论逻辑和现实逻辑的内在统一性。本书将使用已有的中国农村老年统计数据，借助贫困测量方法，以农村特殊贫困群体——贫困老年人为研究对象，梳理和检验农村老年贫困问题形成机理的主流看法，为规范研究提供可靠扎实的实证根基；同时，对农村贫困老年个体进行访谈，获得第一手的研究资料。力求对产生农村老年贫困治理困境的主要因素进行严谨地厘析，锚定多元贫困治理主体的职责边界，力争完善贫困治理的制度、政策、机制、模式，以期形成农村老年贫困的精准治理路径。

（二）文献研究法

恩格斯认为，马克思的深刻洞察力和伟大创造性的一个表现，就是"在前人认为已有答案的地方，他却认为只是问题所在"，[①] 恩格斯说："一个人如果想研究科学问题，首先要在利用著作的时候学会按照作者所写的原样去阅读这些著作……"[②] 树立问题意识，丰富研究资料，就必须从浩瀚的典籍中收集与整理不同时代以及国际国内与贫困理论和实践相关的著作、论文、报告等，并对这些资料进行研读、辨析，系统地把握贫困理论与治理实践前沿，形成研究命题，确定研究主旨，构建分析框架。

（三）比较分析的方法

本书采用了纵向比较分析与横向比较分析相结合的方法。中国自改革开放后取得了卓著的扶贫成效，只有对不同阶段的贫困特征、形成机理、政策措施进行对比分析，才能科学辨识贫困治理的经验规律和发展趋势。世界各国的贫困状况、形成机理与防范治理在不同时期也都呈动态特征。因此，研究中国农村老年贫困问题也要有国际化视野，对代表性发达国家与发展中国家的贫困治理理论与实践展开对比与透析，梳理与总结国外老

---

① 马克思恩格斯文集：第6卷 [M]．北京：人民出版社，2009：21.
② 马克思恩格斯全集：第25卷 [M]．北京：人民出版社，2016：26.

年贫困治理的规律与取向。在纵横向的比较研究中，探寻农村老年贫困治理的道路。

（四）多学科交叉互补的研究方法

多学科交叉互补研究方法通常源于对单一学科无法进行研究的认识，学科间的交流互补是研究向纵深发展的重要路径。农村老年贫困问题具有动态性、复杂性、特殊性等特征，涉及经济、政治、社会、文化、心理等层面，坚持多学科理论和方法研究并举，多维透视农村老年贫困问题，有助于突破单一学科之瓶颈，进而更严谨系统地把握农村老年贫困治理的基础理论，实现农村老年贫困问题研究的拓展和深化。

三、技术路线

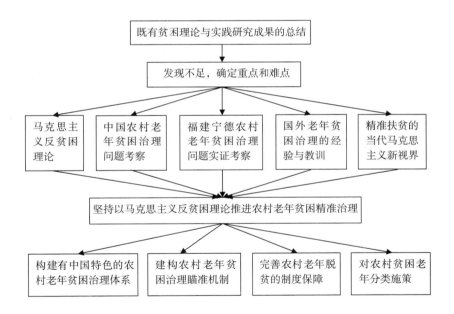

四、创新之处及有待解决的问题

（一）从马克思主义反贫困理论的视角，探讨农村老年贫困问题

目前，有关中国农村贫困治理的理论与实践研究成果已相当丰富，但

在长期的扶贫历程中，农村老年贫困问题往往被忽视，相应地，以农村老年贫困为研究对象进行系统化研究的贫困治理成果也很少见，从马克思主义反贫困理论的视角分析农村老年贫困问题的成果更少。在马克思主义反贫困理论视阈下研究农村老年贫困问题，既要深刻认识到造成农村老年贫困的主要因素——制度贫困，又要从加强人文关怀，强化农村老年贫困治理的实践性，以及提高农村老年贫困治理的效率等层面透析农村老年贫困问题，在一定程度上拓展了农村贫困治理理论与实践的研究视域。

（二）从精准扶贫的视角，提出农村老年贫困精准治理的思路

贫困治理贵在精准，重在精准。精准扶贫是中国共产党立足于当前贫困的新形势、回应经济新常态以及反思传统扶贫模式做出的扶贫战略调整与升级，既充分体现了中国共产党立党为公，执政为民的民本诉求，又是对马克思主义反贫困理论的新贡献与新实践。从精准扶贫的视界探索农村老年贫困治理的路径，不但要建构农村老年贫困治理的瞄准机制，加大力度夯实农村老年的"兜底性"制度保障，还要针对农村老年贫困群体的个体差异性，对农村老年贫困群体开展分类施策，因致贫返贫原因施策，因地因贫困类型施策，因农村老年类别施策，因农村老年性别施策，使农村老年贫困精准治理真正做到"脱真贫""真脱贫"。

由于受到诸多因素的制约，致使研究还存在很多不完善、不成熟之处。首先，受限于相关数据的可及性，因此在数据的整理分析中，唯有充分利用国家统计局、国家农村贫困监测以及国家民政部等相关数据，而无法全面性、系统性地呈现农村老年贫困状态；其次，由于无法对农村老年贫困个体进行具体、微观、大量的考察，更无法实现连续性、长期性的追踪研究，加之难以实现宏观贫困问题的微观视角与微观农村老年贫困问题的宏观视角二者之间的跨越，这些直接影响了本书的效度；最后，因没有参与贫困治理一线工作，从理论层面上所提的制度、政策、机制、模式，以及如何把握速度、力度、深度开展落地操作，仍有待深耕。总之，本书提出的一系列政策建议，或显粗糙，或显陈旧，或显稚嫩，但它呈现了此段时间笔者对农村老年贫困问题的所学所思所得。

第一章 马克思主义反贫困理论及其在当代中国的发展与创新

贫困是了解社会的重要信号。在马克思、恩格斯毕生的研究中，涉及了大量的贫困与反贫困理论，在时代的变迁中，这些理论依然释放着真理的光芒。中国共产党历代领导人以马克思主义反贫困理论为基石，结合中国的国情，从理论和实践上不断丰富、发展、创新马克思主义反贫困理论，形成了具有中国特色的社会主义贫困治理理论。

第一节 马克思主义经典作家的反贫困理论

马克思、恩格斯、列宁立足于现实社会状况，通过对资本主义经济社会的变动态势展开深度剖析，形成了马克思主义经典作家的反贫困理论。从通常情况看，学术界把贫困问题的世界观与方法论体系归纳为两大方面——贫困理论与反贫困理论。而事实上，马克思主义贫困理论在深层逻辑架构上已嵌入到反贫困体系中，是反贫困理论的重要元素和主要遵照，因此，可以直接统合在反贫困理论体系之中。

一、马克思恩格斯的反贫困理论

（一）历史与现实的反贫困：马克思、恩格斯反贫困理论的逻辑进路

科学理论总是以特定的方式生成于特定的历史语境中，形成科学严密的理论体系，展现其逻辑进路。马克思、恩格斯的反贫困理论也不例外，它体现在一系列缜密的逻辑演进中，既贯穿于历史长河，又密切关照历史事实，既批判和揭露以往贫困研究的缺陷，又聚焦于社会现实，还面向于未来世界，考察、反思与探究反贫困的本质和规律。因此，马克思、恩格斯的反贫困思想体现了反贫困逻辑的历史性与现实性的辩证统一。

从历史的逻辑进路上，马克思、恩格斯坚持历史唯物主义，以考察、反思既往学者对贫困的看法为逻辑认知要点。马克思对宿命论者的反贫困观点进行了批判。宿命论者认为无产阶级的贫困潦倒是命中注定的，是自然变化的结果。马克思对这种宿命论观点进行了批判，这些宿命论者对无产阶级疾苦和对资本主义生产都持漠视态度，他们只对在资本主义社会中获得财富的渠道作说明，从中总结出规律与范畴，并设法证明这些规律与范畴对增长财富的积极作用。对于马尔萨斯把贫困看成是永恒的自然规律，马克思认为他的理论为资产阶级对无产阶级所犯的罪恶找到了合理性的庇护，因此受到资产阶级的青睐，他把资产阶级对无产者的压迫与剥削视为一种自然现象，使他们能够悠然自得、恬不为怪地看着大量无产阶级挨饿，还坚持认为无产阶级遭受贫困是因为其自身的罪恶所致，所以要惩戒这些贫困阶级。恩格斯也表示，由于马尔萨斯理论将穷困人民视作多余群体和国家的累赘与祸害，认为"应当用饿死来惩罚他们"，甚至把他们"消灭掉"，[①] 为此马尔萨斯理论成为英国资产阶级受捧的理论。马克思认为人道学派只在乎资本主义生产关系中的消极因素，为了安抚资产阶级不安的良心，这个学派设法消解现实中无产阶级的窘困生活状态；建议资产阶级必须控制生产；为维持现实的资产阶级生产状况，他们规劝无产者少

---

① 马克思恩格斯全集：第 2 卷［M］．北京：人民出版社，2016：575．

生子女以保证良好的工作状态。马克思认为人道学派理论基本"建立在理论和实践、原理和结果、观念和应用、内容和形式、本质和现实、法和事实、好的方面和坏的方面之间无限的区别上面"①。在马克思恩格斯看来，宿命论者和人道学派都只看到贫困现象，而无法找到产生贫困的根源以及解决贫困的途径，他们把思维限定于资产阶级的囹圄内，体现了鲜明的资产阶级阶级属性。

马克思、恩格斯还侧重考察不同民族与不同国家的反贫困状况与历史轨迹。马克思在《资本论》中，从多元化维度以不同的形式对历史上的英、法、美等国家的无产阶级贫困状况进行了实证研究。以机器大生产的发展进程为历史线索，马克思发现机器是造成无产阶级由慢性贫困恶化为急性贫困的主要助推器。英国手工织布工人逐渐被淘汰甚至走向覆灭的悲惨境况，这是世界历史上最令人发指的现象之一。尤其在资本主义生产中，资产阶级迅速使用机器的生产领域，相应的也快速生成了急性贫困。东印度总督曾确认"织布工人的尸骨把印度的平原漂白了"②，纵然棉织业爆发的危机致使工人陷入了"短暂性"的贫困状态，但机器的快速波及导致这种贫困现象有增无减并且持续的时间更长。有压迫就有反抗，无产阶级对资本生产专制展开了诸如所爆发的周期性暴动罢工的对抗。面对无产阶级的反抗行为，也采取压制性的措施，而机器索然成为资产阶级最强有力的武器。因此，马克思"可以写出整整一部历史，说明1830年以来的许多发明，都只是作为资本家阶级对付工人暴动的武器而出现的"③。强大的机器是无产阶级生存的对立物，它们的发明、改进与不断完善的历史，就是无产阶级贫困不断加剧与艰难地反贫困的斗争史。

在现实逻辑的梳理上，以"现实的人"和"现实的生活过程与活动"为研究的出发点，坚持现实性与具体性的统一，是马克思、恩格斯在研究反贫困理论中一贯所持的基本原则。恩格斯在进行《英国工人阶级的状

---

① 马克思恩格斯文集：第1卷 [M]．北京：人民出版社，2009：651．
② 马克思恩格斯全集：第23卷 [M]．北京：人民出版社，2016：476．
③ 马克思恩格斯全集：第23卷 [M]．北京：人民出版社，2016：477．

况》一书的写作时就指出，无产阶级产生发展的历史进程，自然而然地成为从多视角考察无产阶级状况所必须遵照的内容。由于各国发展状况各异，要透视无产阶级的贫困状况，恩格斯强调必须结合各国具体的生活条件、政治制度、经济状况等。例如：英国工人用每天所挣到的工资可以购得牛肉，甚至是上好的烤肉，而在德国与法国却仅够支付一些土豆与面包的费用。纵然受到差异性国情的影响，但英国社会现状与资本主义生产发展的态势，势必"又使工人遭到普遍的贫困"①。在谈及资本主义相对繁荣时期的工资问题上，恩格斯认为所谓的最低工资也只是相对而言，资产阶级"为了赢得火腿，可以给工人香肠"②。但并非说工人已经逃离贫困苦海，因为每个国家的差异性生活水准，在现实社会中所产生的息息相关的所有的需要性物质现状，这些都会影响到无产阶级劳动价值的水平。

倘若对历史发展进程中每个阶段的不同国家抑或同一个国家的工资与劳动价值状况进行对比，就会得出这样的结论：工资与劳动价值是动态与变化的，而非一个定数。其实，不管资本积累呈现的是减少还是增长，无产阶级工资水平趋高抑或走低，在同一比例下，无产阶级终归摆脱不了更趋悲惨的生活境况，因此，资本越是集聚，无产阶级的贫困程度就更深。在资本主义社会，在财富不断积累的一方，在对立面，必然存在贫困、穷苦、奴役、折磨、粗暴、凄惨以及精神颓散等的不断积累。资本集聚与贫困积累的巨大反差，诸如种种悲惨的现实境况，越发强化了马克思、恩格斯反贫困理论的现实向度。

（二）制度性的反贫困：马克思恩格斯反贫困理论的根本出路

贫困问题与分配制度以及社会基本制度密切相关。工业革命之后，马克思和恩格斯对资本主义社会存在的贫困现象进行了深刻分析，既说明无产阶级贫困化的直接原因，又从制度层面揭露了贫困的根源，突出了贫困的制度批判，并通过制度创新探索反贫困的出路。在《政治经济学批判大纲》中，恩格斯表明，资本主义生产资料私有制导致劳动分化为活劳动与

---

① 马克思恩格斯全集：第1卷 [M]. 北京：人民出版社，2016：555.
② 马克思恩格斯全集：第2卷 [M]. 北京：人民出版社，2016：361 - 362.

积累劳动，同时积累劳动逐渐向资本转化，且使之和劳动相峙。而后，资本在生产的过程中出现了不变资本和可变资本，资本得到了增值，资本家收割了剩余价值。① 恩格斯已经深刻意识到，不管是资本还是利润，都是资本主义生产资料私有制下的产物。马克思进一步揭示了雇佣劳动制度给无产阶级带来的贫困化状况，资本家贪婪无情地向无产阶级攫取剩余价值，无论这些剩余价值流向何处，资本主义生产资料私有制和资本主义雇佣劳动制度的建立与发展，都内在地贯穿着资产阶级与无产阶级二者之间的关系。也就是说，无产阶级尽管无奈，但还是不断在做出并施行这样的决定：为资本家生产财富和剩余价值，同时不断地让自己跌入贫困的泥潭而难以自拔。

在资本主义私有制下，社会上产生了严重的两极分化，一边是极其富有但为数极少的资产阶级，另一边是贫困不断加剧、人口规模庞大的无产阶级。此外，对于这些大量的无产者、雇佣劳动者而言，除了出卖劳动力本身，无从谈及人生保障问题，这种对立使整个社会陷入一片死寂之中。面对资本主义私有制与无产阶级贫困化的现状，马克思断言："工人阶级处境悲惨的原因不应当到这些小的弊病中去寻找，而应当到资本主义制度本身中去寻找。"② 因为，资本主义私有制是生成无产阶级贫困化的根源，必须从资本主义制度本身去寻找反贫困的答案，也就是只有通过消灭生产资料私有制与消灭资本主义制度，力求突破反贫困的制度性壁垒，追求反贫困的制度发展与创新，方能为无产阶级摆脱贫困找到根本性的出路。

（三）相对与绝对的反贫困：马克思恩格斯反贫困理论的规律内核

尽管在马克思恩格斯的著作中并没有出现"绝对贫困化"与"相对贫困化"这两个提法，但在资本主义制度下考察无产阶级贫困状况时，却极具辩证性地将"绝对地""相对地"两大表述运用于马克思、恩格斯的一系列著作中。事实上，马克思、恩格斯是在绝对贫困和相对贫困两个层面进行了生动而具体的考察，充分展现了马克思主义反贫困理论的辩证思维

---

① 马克思恩格斯全集：第 1 卷 [M]. 北京：人民出版社，2016：610.
② 马克思恩格斯文集：第 1 卷 [M]. 北京：人民出版社，2009：368.

特质。从绝对贫困的视角看，马克思、恩格斯的绝对贫困指的是赤贫、一无所有的生存状态。在《乌培河谷来信》中，恩格斯对无产阶级所处的生存状况进行了较为宏观地描写，他看到了无产阶级普遍生活在令人恐惧的、无力改变的贫困境况之中。在资本主义生产资料私有制条件下，无产阶级除了自身的劳动力之外，其他的一无所有，这种劳动力是被资产阶级剥夺了生活与劳动资料的劳动力，是绝对贫困本身，劳动力是无产阶级有且只有能出卖的商品，"工人只是作为劳动能力与物质的、实际的财富相对立"。[①] 诚然，马克思、恩格斯从生产资料所有制的角度进行考察，在这样的制度下，所有的生产资料皆入资产阶级之囊中，无产阶级一无所有，两大阶级之间的强大反差，无产阶级的绝对贫困现象与悲惨境况是令人发指的。

从相对贫困的视角看，马克思、恩格斯所指向的贫困又是相对的，首先体现为与资产阶级相比较的结果。马克思在《资本论》中就曾提及，造成无产阶级状况不断恶化而使整个资产阶级系统的财富、剩余价值持续增加的途径是不断进行资本积累。同时，资本家借助不断改进的机器、更加精细的分工以及社会化的大生产，巧妙地延长相对剩余劳动时间，在资本主义生产中不知不觉地降低了无产阶级的工资水平，从而加剧了无产阶级的贫困化程度。马克思在讨论利润问题，以及分析劳动生产率的提高对工人的影响时指出，即使无产阶级的绝对生活水平不变，但与资产阶级进行对比，无产阶级的相对工资水平和社会地位状况却呈现明显的下降趋势。可见，无产阶级的贫困不仅体现为工资减少上的物质贫困抑或经济贫困，还体现在社会地位逐渐下降，所占有的社会财富在社会总财富中的比例的下降。伴随着资本主义的发展，无产阶级相对贫困化现象越趋恶化。

在马克思、恩格斯的反贫困理论中，无产阶级的绝对贫困内在地蕴含着无产阶级对生存底线贫困的抗争；无产阶级的相对贫困主要以社会生产力与物质财富增长为整体参照，体现为无产阶级对自身经济地位日趋下降

---

① 马克思恩格斯全集：第 47 卷 [M]．北京：人民出版社，2016：40.

所萌发出来的反贫困意识与行动。通过对无产阶级的贫困现象进行纵横向维度的动态分析，马克思、恩格斯的反贫困理念不单止于绝对反贫困的层面，还将反贫困的诉求推及于生存底线之上的抗争，也就是体现了在绝对反贫困基础上的更高层面的反贫困诉求。因而，绝对的反贫困是相对的反贫困的前提与基础，相对的反贫困是对绝对的反贫困的拓展，二者的辩证关系深刻揭露了马克思、恩格斯反贫困理论的内在规律。

（四）实现共同富裕：马克思、恩格斯反贫困理论的发展导向

马克思、恩格斯基于辩证唯物主义与历史唯物主义的观点，立足于无产阶级的立场，提出了实现共同富裕以及实现人的自由全面发展的伟大构想，对未来社会的反贫困指明了发展路向。在《资本论》中，马克思有力批判并抨击了资本主义制度，指出资本主义社会的漫长发展为未来共产主义社会的产生与发展创造了前提条件，这样的共产主义社会同时也是建立在全社会对土地等生产资料的共同占有之上，体现了按需分配生产资料的个人所有制。在这种全新的生产资料所有制之下，恩格斯相信，每个社会成员都是出于自觉自愿而开展脑力劳动与体力劳动，都拥有并享受着为自己、为社会付出劳动的权利，因为"生产劳动就不再是奴役人的手段，而成了解放人的手段"①，毋庸置疑，劳动成为一种享受与快乐，而非负担与折磨。人是自己生命的主宰，劳动变成了一种自觉自愿的行为。

在低级共产主义阶段，分配的原则是各尽所能，按劳分配，理所当然的会出现这种状况：在劳动成果和分配所得的份额都一样的情况下，人类中的个体实质上收获的多于另外一个个体，因而会更富于另外一个个体。②在这种状况下，就会产生实际上的不平等现象，也因而会出现贫困问题，只有当低级共产主义阶段发展到了高级共产主义阶段时，被动性的劳动与分工已然不存在，体力劳动与脑力劳动的相峙情况也不复存在之后，劳动本身已经成为生活的第一需要，而非仅仅作为谋生的手段。个体得到了全面而自由的解放与发展，社会上不断流淌着生产与壮大共有财富的各种源

---

① 马克思恩格斯全集：第 20 卷 [M]．北京：人民出版社，2016：334．
② 马克思恩格斯全集：第 19 卷 [M]．北京：人民出版社，2016：22．

流，"只有在那个时候，才能完全超出资产阶级权利的狭隘眼界，社会才能在自己的旗帜上写上：各尽所能，按需分配！"① 在对未来社会实现共同富裕做出合理地分析与科学地预测的基础上，马克思、恩格斯为未来社会力争反贫困提供了科学的发展导向，这也是马克思、恩格斯反贫困理论的终极指向。

二、列宁的反贫困理论

密切关注无产阶级和劳苦人民的贫困问题，同样贯穿于列宁的一系列著作之中。俄国十月革命取得胜利之后，在新的社会主义制度下，俄国面临更加严峻的反贫困问题。列宁始终坚定马克思主义信仰，坚决捍卫马克思主义的反贫困理论，坚持无产阶级的立场，坚持以人民利益至上为宗旨，敢于突破传统观念的束缚，从俄国的国情出发，勇于摸索，将马克思主义反贫困理论推向前进，产生了有特色、有思想、内容丰富的列宁反贫困理论。

（一）坚决捍卫马克思、恩格斯的反贫困理论

列宁非常重视马克思主义理论对俄国的指导意义，并将其置于科学理论的高度，因为只有具有战斗性、革命性与科学性的马克思主义理论才能够成为引领无产阶级运动不断向前发展的指导性理论，因此，"应该设法使这个理论继续发展并且实现，同时要保卫它，使它不至像许多'时髦理论'那样被歪曲和庸俗化。"② 在当时的历史条件下，不乏出现以伯恩施坦为代表的反马克思主义思潮。反马克思主义的主要代表宣扬马克思主义"过时论"，以各种借口批判否定马克思主义思想的科学性，针对部分工人的生活境况和劳动条件比马克思时代有所好转的状况，产生了一股反对马克思主义理论的思潮，这股思潮竭力扭曲、破坏与否定马克思、恩格斯基于资本主义生产资料私有制条件下所做的有关无产阶级贫困的论断。伯恩施坦首先对马克思、恩格斯的反贫困理论进行"发难"与攻击，列宁透过

---

① 马克思恩格斯全集：第 19 卷 [M]. 北京：人民出版社，2016：23.
② 列宁选集：第 4 卷 [M]. 北京：人民出版社，2012：157.

卡尔·考茨基的观点，肯定与发展了马克思、恩格斯关于无产阶级贫困化与反贫困路径的看法，对攻击马克思、恩格斯反贫困理论的伯恩施坦及其追随者的嚣张气焰与荒谬行为进行了有力地批判。

（二）在实践中不断发展马克思、恩格斯的反贫困理论

开放性是马克思、恩格斯反贫困理论的重要品格。随着社会历史发展的车轮不断滚滚向前，马克思、恩格斯反贫困理论的内容也得到了充实和发展。列宁强调，马克思主义理论只是为一种科学打下了坚实的根基，我们千万不可将马克思主义理论神圣化、固定化而变成永不变化与发展的东西，倘若我们想要发展与进步，就必须从各个层面完善马克思主义理论，不断将这门科学推向前进。列宁对马克思、恩格斯反贫困理论体系的发展与创新体现在多方面。

其一，马克思、恩格斯只使用"相对"与"绝对"的这一对范畴辩证地分析贫困问题，而列宁以此为理论根基，明确指出，无产阶级的贫困化是绝对的，换言之，他们吃不饱、穿不暖、住不踏实，有的还要蜗居在阁楼与地窖中，生活似乎越来越糟糕，而"工人的相对贫困化，即他们在社会收入中所得份额的减少更为明显"[1]。列宁第一次明确地提出了"相对贫困化和绝对贫困化"这两个范畴，表明要消除绝对化的生存线贫困以及最低生存线贫困之上的相对贫困的坚定立场与决心，这是对马克思、恩格斯反贫困理论的深化与贡献。

其二，列宁高度重视全体人民作为反贫困主体的重要性，他认为人民群众富有生机与活力的创造力是由人民群众内在生成的，而不是遵从于上级的指令而产生，也与所谓的官僚主义格格不入，这种创造力是新社会向前发展的基本构成要素。在进行反贫困的斗争进程中，列宁强调，"只有在无产阶级和贫苦农民能够表现充分的自觉性、思想性、坚定性和忘我精神的情形下，社会主义革命的胜利才有保障"[2]，同时也唯有相信与依靠人民群众的人，唯有与人民群众站在同一战线并切身投入到充满生机的人民

---

① 列宁全集：第 18 卷 [M]. 北京：人民出版社，1988：430－431.
② 列宁选集：第 3 卷 [M]. 北京：人民出版社，2012：495.

群众中去的人，才可能取得革命的胜利，从而掌握并巩固政权。因此，消除苏维埃俄国的贫困问题必须依靠人民群众的力量，激发人民群众在反贫困中的自觉性与积极性。

其三，加强反贫困领导主体的建设。虽然无产阶级革命在经济文化比较落后的俄国率先取得胜利，但面临严峻的贫困形势，列宁认为要开展卓有成效的反贫困行动，就必须始终坚定不移地拥护布尔什维克党的领导，重视领导主体的力量，不断提升无产阶级政党建设的水平。为了取得实质性的成就，就应当告别过去，下定决心改进党的所有工作，发挥布尔什维克党应有的领导作用。特别要加强布尔什维克党对经济建设的领导力度，为经济建设注入生机与活力，以期获得真正的建设成效。功夫终不负艰难摸索的有志之士，列宁在领导苏维埃俄国进行社会主义建设期间，注重提升布尔什维克党组织的建设水平与党内成员的素养，而不是一味追求党员数量，取得了明显的成就。可见，创新思想，转变思路，重视党的建设，抓党员质量，不断改进党的作风，提高党的领导能力，拥有一股强有力的领导力量将深刻影响俄国的反贫困历程。

其四，制定反贫困目标。制定合理的目标是实践主体发挥主观能动性的重要指向。在俄国，列宁从人民的根本利益出发，经历曲折，排除万难，才确定了一个稳妥的以改善人民生活水平为主要反贫困目标的思路，开启了在社会主义制度条件下反贫困的伟大实践。1917 年 11 月 7 日十月革命后，苏俄为了把仅有的人力物力集中起来用于战胜敌人，在 1918 ~ 1920 年间，苏维埃政府实行一些临时性政策，这些政策也称为"战时共产主义"，在战时共产主义的早期、中期与晚期分别设定了具体的目标。为了尽快实现社会主义发展的目标，列宁提出了"直接过渡到社会主义""通过全民的计算和监督"的发展方案，但由于对国家的贫困现状认识不足，这种方案缺乏一定的合理性和科学性；在新经济政策时期，列宁深入认识现阶段的本国国情，在反贫困目标的设定上逐渐走向客观、理性。他从本国的实际状况出发，指出俄国现有各方面的发展水平尚与社会主义的目标相差甚远，因而，只能付出更大更多的努力，不断提高生产力发展水平，才能逐步解决贫困问题，从而实现反贫困的预期目标。

其五，列宁指出了反贫困的策略与方法。从马克思、恩格斯的世界观和方法论出发，指明"人民的贫困化"是可以消灭的，它是一个变化发展的"过程"，并增强工人阶级的信心，告诫他们没有克服不了的难关，因为大家都"必然是在成长、发展和壮大"。① 在《俄国社会民主工党第五次代表大会决议草案》中，列宁撰写了"无产阶级的经济贫困和无产阶级的经济斗争的尖锐化"一节，主张积极进行经济斗争，号召广大工人阶级开展具有组织性、纪律性、目标性的日常斗争，通过无产阶级革命和巩固无产阶级专政逐步实现反贫困的目标。

第二节　马克思主义反贫困理论的当代中国实践

全心全意为人民服务是中国共产党的根本宗旨。同贫困做斗争，加强贫困治理，增进人民福祉，逐渐实现共同富裕是中国共产党的使命与责任。中国共产党自诞生后，就置人民利益于首位。在革命战争时期，中国共产党历经流血牺牲，推翻了三座大山，拔除了中国贫困落后的根源。中华人民共和国成立后，历届中央领导人坚持马克思主义思想的指导地位，始终不忘民生疾苦，切实推进贫困治理工作，为提高人民的生活水平而不懈努力。经过长期的探索，固然有得有失，"失"为后人提供了一份厚重的借鉴之资；在"得"上，反贫困的实践取得了一次又一次里程碑式的飞跃，极大地丰富了马克思主义反贫困理论的宝库，也逐渐形成了适合中国国情的贫困治理理论与实践体系。

一、毛泽东的贫困治理理论与实践

贫困与落后是近代中国最基本的国情。摆脱贫穷落后的面貌，让人民

---

① 列宁全集：第 16 卷［M］. 北京：人民出版社，1988：330 - 331.

过上好日子，这是毛泽东同志毕生的追求。毛泽东贫困治理理论是毛泽东思想的重要组成部分，是中国共产党人在贫困治理实践中的经验总结与理论结晶。纵然缘于贫困治理理论不足与实践失误，在历史上留下了一定的遗憾，面对新形势新情况，中国必须在贫困治理实践中进行更客观地审视和更深入地反思。毋庸置疑，毛泽东贫困治理理论开启了马克思主义反贫困理论中国化的第一个伟大的历史进程，为中国共产党在社会主义制度下领导中国人民开展贫困治理的伟大实践提供了宝贵的经验，指明了明确的方向。

（一）科学辨识产生中国贫困问题的根源

毛泽东同志在青年时代就以"改造中国和世界"为己任，在1925年的《政治周报发刊理由》中申明道："为什么要革命？为了使中华民族得到解放，为了实现人民的统治，为了使人民得到经济的幸福。"[①] 毛泽东同志受到马克思主义贫困与反贫困理论中的制度性贫困理论的熏陶，早在新民主主义革命时期，就深深体会到压在人民头上的"三座大山"是中国贫穷落后的根源。因此，在1948年的《在晋绥干部会议上的讲话》上，毛泽东同志首次对新民主主义革命的总路线做出了系统化地表述，并且明确提出，要努力消除旧的腐朽制度下所产生的普遍贫困现象。经历多年的浴血奋战，终于推翻了三座大山，迎来了中国革命的胜利。

中华人民共和国成立前夕，毛泽东同志在缔定国策的全国政治协商一届一次大会上许下了庄严的承诺，指明全国人民将要迎来的新中国将开展有组织、有计划、规模大的经济建设、政治建设与文化建设，将带领人民群众力排万难，清扫历史所遗留的贫困与落后问题，逐渐提高人民群众的物质文化生活水平。依据马克思、恩格斯的反贫困理论，社会主义国家不会存在贫困现象，但中华人民共和国成立初期，民生憔悴，恶性经济危机肆虐。中国共产党人面对严峻的现状，不忘曾经许下的承诺，终于在1956年完成了社会主义改造，正式建立了社会主义制度，但中国仍然面临严峻

---

① 毛泽东文集：第1卷［M］．北京：人民出版社，1993：21．

的贫困问题。科学辨识贫困问题，是顺利开展贫困治理的前提条件。中国虽然能在一夜之间改变社会制度的性质，但却无法在短期内实现彻底消除贫困的目标。三座大山已然被推翻，但其长期遗留的愚昧落后痼疾与深层贫困因素决定了中国贫困治理的复杂性、艰巨性与长期性。

（二）勇于设定实现共同富裕的贫困治理目标

在漫长的半殖民地半封建社会，整个中国长期处于积贫积弱的状态，新中国成立伊始，劳苦大众比任何时候都渴望改善生活窘境，过上好日子，但百废待兴，依然严峻的社会经济形势牵动着中国共产党人的心。毛泽东同志通过深入了解，提出了要让中国人民过上富裕生活的贫困治理战略设想，即要让人民群众迈入共同富裕的生活，而且富裕的程度与现在的富裕民众相比，有过之而无不及，同时，"让人民不断增长的需要能够逐步得到满足。"① 这里，毛泽东同志第一次明确提出"共同富裕"一词，而且在此前提下，他把贫富问题与国家以及人民群众相联结，强调要把中国建设成为富裕、强盛、有高度文化水准的社会主义国家，让数亿中国人过上好日子。同时，还要把中国建设成一个工业化的强国，因为"在农业国的基础上，是谈不上什么强的，也谈不上什么富的"②。在国民经济发展战略上，提出了"五年计划"，1953—1957 年是中国发展国民经济的第一个"五年计划"。到 1957 年，第一个"五年计划"超额完成，国民经济取得了迅速的增长，为发展国家工业化打下了一定的根基。在 1954 年召开的第一届全国人民代表大会上，首次表明中国要实现四个现代化，在 1964 年的第三届全国人民代表大会上还进行了再次确认，至此，中国共产党树立了"使中国经济走在世界的前列"的贫困治理发展目标③。在国强和民富二者的关系上，毛泽东同志尤其注重运用辩证法思维，始终保持人民群众切身利益与国家根本利益二者的一致性，这是由于中国共产党始终立足于占全

① 毛泽东文集：第 7 卷 [M]. 北京：人民出版社，1999：214.
② 共和国走过的路——建国以来重要文献选编（1953 - 1956）[G]. 北京：中央文献出版社，1991：302.
③ 周恩来选集：下卷 [M]. 北京：人民出版社，1984：439.

国绝大多数的人民群众的当下利益与长远利益之上，放眼于中华民族的伟大复兴上，誓将伟大的无产阶级革命进行到底。诚然，在社会主义三大改造①完成后，剥削阶级已然消失，国家的利益就是人民的共同利益，只有国家富强，人民群众才有望实现共同富裕。

（三）坚决走社会主义道路，大力发展生产力

在新民主主义革命时期，毛泽东同志就找到了导致中国贫穷落后的根源，并指明反贫困、求发展的路径，他指出："只有进到社会主义时代才是真正幸福的时代。"② 中华人民共和国建立初期，毛泽东同志通过生动地描述，分析了社会主义国家开展贫困治理的可能性。毛泽东同志认为，虽然中国目前拥有六亿多人口，但经济落后，处于一穷二白的贫困状态。犹如一张白纸，只要肯转变思维，肯下定决心大胆革命大胆干，就能谱写出前景无限且绚丽多彩的蓝图。随着对贫困问题认识的逐渐深入和贫困治理实践的日益积累，新中国建立之后，毛泽东同志多次强调中国要想摆脱贫困现状，只能走社会主义道路。因为走资本主义道路虽然也能实现发展，但明显是一种痛苦且漫长的抉择。因此他强调："我们不搞资本主义，这是定了的。"③ 只有社会主义性质的国家才会始终心系民生疾贫，只有社会主义才会始终代表人民群众的长远利益和整体利益，只有社会主义才能够救中国，"社会主义是中国的唯一出路"④，解放生产力、发展生产力是社会主义国家进行革命、开展工作的根本指向。

1956 年，中国顺利完成了三大改造，建立了社会主义制度，无产阶级和劳动人民成为自己和国家的主人。此时，毛泽东同志也意识到，社会主义国家发展的根本任务必须进行调整，应当将解放生产力努力向保护与发展生产力转变，但是社会主义制度下贫穷落后的中国面貌，不可能发生快速的、彻底性的转变，对此，毛泽东同志早有客观的认识与清醒的判断。

① 社会主义三大改造，即中华人民共和国建立后，由中国共产党领导的对农业、手工业和资本主义工商业三个行业的社会主义改造。

② 毛泽东选集：第 2 卷 [M]．北京：人民出版社，1991：683．

③ 毛泽东选集：第 5 卷 [M]．北京：人民出版社，1977：117．

④ 毛泽东选集：第 5 卷 [M]．北京：人民出版社，1977：403．

在 1957 年 2 月的一次讲话中，他强调，全国人民要经常意识到中国是一个贫穷落后的社会主义大国，要实现国强民富的目标，还需要付出长达几十年的努力与艰辛。毛泽东同志认为必须做好打持久战的思想准备，指明了必须坚定不移地走社会主义道路，大力发展生产力进行贫困治理，从而实现共同富裕的目标。

（四）积极探索贫困治理的具体策略

为了尽快改变中国积贫积弱的面貌，为了实现共同富裕的目标，为了不负全国人民的殷切期待，以毛泽东同志为代表的中国领导人，在经济政治社会等各方面发展不足、理论与实践储备匮缺的背景下，在贫困治理战略上进行了不遗余力的"上下求索"。第一，确立以农民脱贫致富为重点。在毛泽东心目中，"农民"是一个分量很重的概念，中国革命的主要依靠力量是农民。毛泽东同志对中国农民问题有切身的体会和独到的见解，他指出："中国有五亿多农业人口，农民的情况如何，对于中国经济的发展和政权的巩固，关系极大。"[①] 毛泽东同志认为，在当下，小农经济充满了不确定性与风险性，随时会出现两极分化的问题。如果农民的发展方向不明确，不坚持走社会主义道路，就有可能滋生资本主义的不良苗头，农村中的贫富差距就会逐步加剧。毛泽东同志非常担心贫富悬殊问题，因为一旦出现这种情况，势必将引发一系列的恶性影响。因此，他全力主张奔向共同富裕，希望在发展农业中开展社会主义改造运动，铲除富农经济与个体经济，带领全国人民逐步走上共同富裕之路。除了实行农业合作化，为了实现广大农民的脱贫致富，为了防止两极分化，毛泽东同志倡导实施土地改革与办人民公社。[②] 第二，重视发展工业化。毛泽东同志立志将中国建设成工业化国家，认为社会主义工业化是开展贫困治理工作的重要途径，因为在未来的几十年中，倘若在经济发展与技术进步上无法取得突破

---

① 毛泽东著作选读：下册 [M]. 北京：人民出版社，1986：773.

② 在毛泽东看来，农民问题的核心是土地问题，抓住土地问题是中国革命的关键。因此，中国共产党始终重视土地问题。同时，他坚持人民公社是"建成社会主义和逐步向共产主义过渡的最好的组织形式"。

性的进展，那么被动与挨打是必然的。为此，毛泽东同志做出了关于贫困治理的战略布局：通过优先发展重工业，并以此带动农业和轻工业的发展。第三，发挥人口在贫困治理中的作用。毛泽东同志批判马尔萨斯的"人口论"，认为中国之所以取得了革命战争的胜利，其关键性的因素是运用了"人民战争"的战术，因此，他坚持"人多力量大""团结就是力量"的思想。至1978年的十一届三中全会，中国的人口由六亿上升至十亿多，这对发展中国家而言，既能产生巨大的人口红利，同时也是一份十分沉重的负担。第四，初步创立城镇社会福利事业。中华人民共和国成立后，毛泽东同志在改造旧有官办、慈善事业福利机构与新建机构的基础上，正式创立了中国城镇社会福利事业，到20世纪80年代之前，这种被称为"传统福利模式"的主要特点是政府负责出资并具体组织实施，福利与救济紧密相连，大力发挥福利、救济等助力贫困治理的作用，成效显著。第五，树立勤俭节约、勤俭立国的思想作风。国家要实现真正的富强，需要长达几十年的艰苦奋斗，理当珍惜来之不易的成果，同时，还要调动一切党内党外、国内国外、直接的与间接的积极因素，为建设国强民富的社会主义国家添砖加瓦。①

二、邓小平的贫困治理理论与实践

根据新的世情、国情和党情，邓小平同志坚持一切从实际出发，秉持认真、严谨、扎实的态度，以解放思想、开动脑筋、实事求是为执行方针，对中国社会主义社会的贫困问题保持清醒的认识。他以马克思主义反贫困理论为指导，立足于中国的具体国情，站在社会主义本质的高度回应人们对中国贫困问题的困惑与诘问，发表了许多崇论闳议，产生了一系列极具前瞻性的反贫困思路与策略，为社会主义贫困治理体系的进一步发展打下了坚实的根基，在中国历史上实现了马克思主义反贫困理论的第二次历史性飞跃，为中国共产党攻克贫困难题，决胜全面建成小康社会提供了

---

① 毛泽东文集：第7卷 [M]. 北京：人民出版社，1999：44.

宝贵的理论与实践经验。

（一）认识社会主义社会的贫困问题是邓小平同志贫困治理理论的逻辑起点

邓小平同志从实际出发，强化问题意识，密切结合当前的形势和任务，层层深入、客观全面地分析社会主义初级阶段的贫困状况。

首先，邓小平同志对中国所处的社会背景与条件予以科学的界定，做出中国正处于社会主义初级阶段的论断，并强调存在贫困问题的客观必然性。邓小平同志强调，制订任何规划或战略，都要坚持从实际出发。在中共十三大前夕，关于中国所处的历史阶段，进行了客观地表述。他指明共产主义分为低级阶段的共产主义与高级阶段的共产主义，目前的中国不仅处在共产主义的初级阶段，而且还处在社会主义的初级阶段，事实上，就是不发达阶段。邓小平同志在国家性质和发展阶段上的说明，意味着中国在发展进程中存在贫困问题的必然性，一是因为"帝国主义、封建主义、官僚资本主义长时期的破坏，使中国成了贫穷落后的国家"①。诚然，与发达国家相比，作为发展中国家的中国在各方面都存在较大的差距，不可能快速、完全地消灭贫困现象，与贫困做斗争注定要打持久战。二是邓小平同志认为，落后的半殖民半封建制度和清政府的闭关锁国政策是导致中国贫困的历史根源，这种政策把中国从世界中孤立出来，因为没有把国际市场竞争摆在议事日程上，而是"在世界技术革命蓬勃发展中'睡大觉'"②；三是新中国成立后，造成中国贫困的主观原因之一就是对社会主义的本质认识不清，"左"的结果使社会经济发展缓慢，"搞平均主义，'吃大锅饭'实际上是共同落后，共同贫困"③；另外，"文化大革命"时期"四人帮"倡导"宁要贫困的社会主义"的谬论危害不轻，导致了在实践中忽视发展生产力的重要性。因此，现阶段的贫困问题是与中国所在的历史方位——社会主义初级阶段，以及国家的整体综合国力状况紧密相关的。

①　邓小平文选：第2卷［M］．北京：人民出版社，1993：163.
②　邓小平文选：第3卷［M］．北京：人民出版社，1993：290.
③　邓小平文选：第3卷［M］．北京：人民出版社，1993：115.

其次，贫穷不是社会主义。从制度层面的考察看，资本主义制度要逊色于社会主义制度，社会主义制度具有资本主义制度无可比拟的优越性，这里的"优越性"就"优"在社会主义能为生产力发展提供良好的制度条件。中华人民共和国刚成立时，国民经济落后，人民生活困苦，恩格尔系数居高不下，直到十一届三中全会提出施行改革开放政策，国民经济才逐渐恢复。之所以会出现经济社会发展的良好转向，其中的关键因素是始终坚持马克思主义不动摇。中国要发展，必须坚持马克思主义，中国的国家性质决定了中国只能走社会主义道路，只能发展社会主义，唯有如此，才能尽快扭转经济发展底子薄、科学技术水平低下等贫穷落后的整体态势，"所以，我们多次重申，要坚持马克思主义，坚持走社会主义道路"①。"必须在思想政治上坚持四项基本原则，这四项基本原则并不是新的东西，是我们党长期以来所一贯坚持的。"②只有坚持四项基本原则，只有坚持社会主义制度，全国民众团结一心，不断增强凝聚力，努力发展社会主义，才能尽快缩小贫富差距，才能从根本上摆脱贫穷的困扰，从而逐步走向共同富裕。

虽然社会主义制度具有优越性，但并不等同于没有贫困问题，同时也要全力批判所谓的贫穷社会主义的谬说。邓小平同志从中国革命的目的和实现四个现代化的目标出发，从实践上和理论上，批判了"四人帮"那种以极左面目出现的主张普遍贫穷的假社会主义，对社会主义社会是穷抑或富进行了果断地"拨乱反正"。"四人帮"胡诌共产主义社会主要体现为精神层面的富有，鼓吹中国要搞的是穷社会主义社会，对此，邓小平尖锐地抨击这是诞妄之词。1986年，邓小平同志在接见美国记者时说："不能有穷的共产主义，同样也不能有穷的社会主义。"③ 还掷地有声地强调："社

---

① 邓小平文选：第3卷 [M]．北京：人民出版社，1993：63．

② 坚持四项基本原则的具体内容是：第一，必须坚持社会主义道路；第二，必须坚持无产阶级专政；第三，必须坚持共产党的领导；第四，必须坚持马列主义、毛泽东思想。中共中央文献研究室．三中全会以来重要文献选编：上册 [G]．北京：中央文献出版社，2011：78．

③ 邓小平文选：第3卷 [M]．北京：人民出版社，1993：172．

会主义的特点不是穷，而是富"。①　当然，中国不是在喊口号，而是要付诸行动。在邓小平同志看来，消除贫困问题，逐步实现共同富裕是社会主义的应有之义，否则，就违背了搞革命、走社会主义道路的初衷，因此也就与马克思主义的观点、立场相背道而驰，终究无法实现预定的目标。

最后，治理贫困、消除贫困是社会主义的本质特征。邓小平同志从制度层面极富思想性地考察了贫困问题，他认为贫困与社会主义制度并不存在必然性的联系。他强调："社会主义的本质，是解放生产力，发展生产力，消灭剥削，消除两极分化，最终达到共同富裕。"②　此番界定不仅是对在社会主义认识问题上的"纠偏"，又是直接向贫困宣战。回溯中国的近现代史，我们就会清醒地意识到中国走资本主义道路是不可行的。诚然，走资本主义道路，也许有少数人能够过上富裕的生活，但绝大多数人民还会在贫困的泥潭中挣扎，社会就无法安定，国家就无法顺利发展。"一旦中国抛弃社会主义，……不要说实现'小康'，就连温饱也没保证。"③因此，中国必须通过走社会主义道路，发展经济，增强国力，从而解决数亿人的吃饭生存问题。着手开展贫困治理工作，想方设法摆脱贫困落后的状态，就得大力发展生产力，正如邓小平同志所说："搞社会主义，一定要使生产力发达，贫穷不是社会主义。"④　此外，邓小平同志还从马克思主义理论的高度展开论证："按照马克思主义观点，共产主义是物质极大丰富的社会。社会主义时期的主要任务是发展生产力，使社会物质财富不断增长，……为进入共产主义创造物质条件。"⑤

（二）贫困治理的战略对策

1. 坚持发展是硬道理的总方针

在贫困治理的战略上，邓小平同志非常重视经济、政治、社会等方面的综合协调发展。他认为，许多世界上其他国家之所以容易产生各种各样

---

① 邓小平文选：第 3 卷 [M]．北京：人民出版社，1993：264 – 265.
② 邓小平文选：第 3 卷 [M]．北京：人民出版社，1993：373.
③ 邓小平文选：第 3 卷 [M]．北京：人民出版社，1993：206.
④ 邓小平文选：第 3 卷 [M]．北京：人民出版社，1993：117.
⑤ 邓小平文选：第 3 卷 [M]．北京：人民出版社，1993：171.

的矛盾与问题，最根本的原因是经济落后。生产力的发展水平提不上去，人民群众缺衣缩食，生活水平无法得到切实地改善，也就是所谓的"国弱民穷"。在总结1956—1976年社会主义建设的经验教训的基础上，站在全球战略与国家形势的高度，邓小平同志在1992年南巡讲话中提出了"发展才是硬道理"的著名论断，坚持发展，大力发展，只有这样，才可能逐步摆脱长期贫困的沉重包袱。

2. 贫困治理首要解决的是"三农"问题

第一，中国贫困治理的关键是让农民富起来。在中国，"耕地少，人口多特别是农民多，这种情况不是很容易改变的。"① 中华人民共和国成立初期，农民占据中国人口的绝大多数，并且还是贫困人口的主体，"占全国人口百分之八十的农民连温饱都没有保障，怎么能体现社会主义优越性呢？"② 因此，只有农民的贫困问题解决了，中国才可能解决贫困问题。第二，农村是中国贫困治理的主战场。着眼农村，从农村入手，不仅是邓小平贫困治理战略的切入点，也是他进行改革开放的出发点，正如他在1987年会见南斯拉夫领导人科罗舍茨时所说："我们的改革和开放是从经济方面开始的，首先又是从农村开始的。为什么要从农村开始呢？因为农村不稳定，整个政治局势就不稳定。"③ 再者，发展农业是贫困治理的重要切入点。农业是农村与农民的根本，是国民经济和社会发展的基础，邓小平同志特别强调，中国的贫困治理要突出农业发展的重要性。如果农业发展得不好，就会拖工业发展的后腿，"工业越发展，越要把农业放在第一位"④。

3. 要允许一部分地区、一部分人先富起来，先富带动后富，最终达到共同富裕

实现共同富裕是社会主义国家贫困治理的目标导向，这也是社会主义制度的最大优越性。为了更快更好地实现共同富裕，邓小平同志主张：

① 中共中央文献研究室．三中全会以来重要文献选编：上册 [G]．北京：中央文献出版社，2011：78.

② 邓小平文选：第3卷 [M]．北京：人民出版社，1993：255.

③ 邓小平文选：第3卷 [M]．北京：人民出版社，1993：237.

④ 邓小平文选：第2卷 [M]．北京：人民出版社，1993：29.

"让一部分人、一部分地区先富起来，大原则是共同富裕。一部分地区发展快一点，带动大部分地区，这是加速发展，达到共同富裕的捷径。"①

4. 通过改革开放促进贫困治理

指明改革开放是中国贫困治理的重要出路，这是邓小平贫困治理理论的精华。通过深入剖析中华人民共和国成立后的国家仍然处于贫困落后的状态，他果断地主张中国"要发展就要变，不变就不发展"②，这里的"变"是"综合性的改革"，绝非传统意义上的"改良"或"变法"。中国如果"不改革就没有出路"，"改革是中国的第二次革命"，③ 但是改革并不是改变社会制度的性质，而是在坚持社会主义制度的前提下，对社会主义制度的不断发展与完善。同时，邓小平同志高瞻远瞩、深谋远虑，提出坚持对外开放的英明决策。因为开放性是当今世界的一大特点，如果"不加强国际交往，不引进发达国家的经验、先进科学技术和资金，是不可能的"④。总之，坚持改革开放是决定中国命运的关键一招。

5. 严格控制人口是贫困治理的重要环节

人口基数过大，人口增长过快是造成中国贫困面广的直接原因。十一届三中全会以来，邓小平同志重视计划生育工作。1979 年 3 月，在中国共产党的理论务虚会上，邓小平同志特别强调，在人口多的问题上要持辩证的看法，如果国家经济发展水平低下，综合国力弱，连最基本的吃饭、教育等都成为重大问题，那么就要开展计划生育工作。⑤ 邓小平同志基于对中国的未来发展趋势的研究与判断，从人民的最大利益、最根本利益出发，他指出："人口增长要控制，争取到 1985 年把人口增长率降到千分之十以下，在这方面，应该立些法，限制人口增长。"否则，中国的发展成果都将被吃掉，中国的贫困现状也无法得到较大的改善。⑥

---

① 邓小平文选：第 3 卷［M］. 北京：人民出版社，1993：155.
② 邓小平文选：第 3 卷［M］. 北京：人民出版社，1993：283.
③ 邓小平文选：第 3 卷［M］. 北京：人民出版社，1993：113.
④ 邓小平文选：第 3 卷［M］. 北京：人民出版社，1993：117.
⑤ 邓小平文选：第 2 卷［M］. 北京：人民出版社，1993：164.
⑥ 党史大事记：中国共产党大事记·1979 年［EB/OL］. 中国共产党新闻网. http：//cpc. people. com. cn/GB/64162/64164/4416113. html

6. 提出"三步走"的战略部署

邓小平提出的"三步走"这个战略即:第一,1981 年至 1990 年,人均国民生产总值翻一番,解决人民的温饱问题;第二,至本世纪末再翻一番,人民达到小康水平;第三,至下世纪中叶,人均国民生产总值达到中等发达国家水平,人民生活比较富裕,基本实现现代化。[①]

三、江泽民的贫困治理理论与实践

在以和平与发展为主题的时代,在世纪之交和攻坚式扶贫的新阶段,江泽民同志解放思想、开拓进取。江泽民同志既继承了社会主义现代化建设和改革开放的总设计师——邓小平的贫困治理成果,高举毛泽东思想、邓小平理论的伟大旗帜,汲取邓小平贫困治理理论的精髓;又突破"常规",高度重视贫困治理工作,将贫困治理事业与世界的发展以及未来的趋势相接轨。20 世纪 90 年代以来,以江泽民同志为核心的党中央领导集体领导全国人民开展贫困治理行动,[②] 中国的贫困状况得到了切实的改善,取得了令人瞩目的贫困治理成果,在丰富邓小平贫困治理理论的同时,也将马克思主义反贫困理论推到了一个新阶段。

(一) 深化对贫困治理重要性的认识

历经毛泽东同志的艰难开拓和邓小平同志改革开放的推进,在时代呼唤与实践深化的面前,中国共产党对贫困问题及贫困治理的认知已然达到了客观、科学的程度。

首先,贫困治理是中国共产党的根本宗旨。江泽民同志特别强调中国共产党以立党为公、造福于民为依归把握贫困治理的战略意义。中国共产党带领广大人民发展社会主义,就是为了提高生产力发展水平,让人民过上好日子。因此,将贫困治理摆在重要的位置,心中有群众,时时处处关心群众,一切为了人民群众的利益,踏踏实实地开展贫困治理工作,不断

---

① 邓小平文选:第 3 卷 [M]. 北京:人民出版社,1993:202.

② 江泽民. 江泽民论有中国特色社会主义(专题摘编) [M]. 北京:中央文献出版社,2002:733 - 740.

调整贫困治理策略，稳步提高贫困治理效率，为人民谋福利，这是中国共产党的宗旨。"打好扶贫攻坚战，是对各级干部特别是领导干部能不能坚持党的宗旨，实践党的根本工作路线的重大考验。"① 因此，回顾中国共产党的光辉历史，无不集结着历代领导人一以贯之地为治理贫困所做出的不懈努力。

其次，贫困治理是增进稳定的重要战略。江泽民同志继承了邓小平同志"稳定压倒一切"的思想，历来高度重视稳定问题。保持稳定的政治环境和社会秩序，具有极其重要的意义。没有稳定，什么事也干不成。但贫困问题往往成为影响一个国家或地区社会与政治稳定的不容忽视的问题。江泽民同志强调，中国是一个多民族的社会主义国家，许多少数民族都分布在边疆地区，保持这些地区的稳定和繁荣对整个国家的稳定与发展意义深远。而中国多数贫困地区分布在这些边疆地区、少数民族地区，如果这些地区经济得不到发展，人民生活水平得不到改善，就会叠加不稳定因素，成为影响国家安定的重大问题。"加强贫困地区的发展，……直接关系到国家的安定团结和长治久安。"② 因此，应将贫困治理作为关系到改革、发展与稳定的大事，进行长远地规划与布控。

再次，贫困治理是尊重与保障基本人权的重要途径。人权包括人的生存权、生命权、发展权、自由权等多元内容。生存权是最基本最重要的人权。按照马斯洛的需要层次理论，生存是第一需要，倘若连生存与温饱都无法得到保障，其他权利都为无稽之谈。中国是地球上人口最多的发展中大国，这样的国情警醒中国必须重视生存与发展问题，将广大人民的生存权与发展权放置于发展的首要的、基本的位置。自力更生、艰苦创业是中国的优良传统，历史证明，通过中华民族的奋力拼搏，中国让几亿贫困人口的温饱问题得到了基本解决，为广大人民发展其他权利打下了坚实的根基。这不仅为世界的人权事业做出了突出的贡献，也大力彰显了中国共产

---

① 中共中央文献研究室. 十五大以来重要文献选编：中册［G］. 北京：人民出版社，2000：859－860.

② 中共中央文献研究室. 十五大以来重要文献选编：中册［G］. 北京：人民出版社，2000：846.

党捍卫国民基本人权的重大决心和实际能力，更是对西方敌对势力在人权层面对中国进行种种蓄意污蔑与攻击的强力驳击。"实践证明，中国共产党和中国政府是中国人民基本权利最坚决最忠诚的维护者。我们根据自己国情确定的发展人权事业的方针，是完全正确的。"①江泽民同志将贫困治理工作与保障人权事业相契合，既提高了中国贫困治理的实际效度，又提升了贫困治理理论的高度，是中国共产党人对贫困治理认识的新飞跃。

（二）贫困治理的战略部署

1. 坚持均衡发展与可持续发展战略

20 世纪 90 年代，面临国内外的新形势，伴随中国共产党人对贫困治理理论与实践认识的渐趋深入，江泽民同志提出了"发展是党执政兴国的第一要务"的论断，继承、深化与发展了邓小平同志的"发展才是硬道理"的思想。但随着农村改革与贫困治理的深入推进，从整体上看，中国的发展不平衡不充分，区域性贫困问题以及各个贫困地区之间存在的差异性态势严峻，低收入人群中有相当一部分人无法维持基本的生存需要，中国农村发展的不平衡问题不容忽视。从微观层面看，中国农村人口众多，缺乏基本的教育医疗卫生等公共基础服务，公共资源匮缺，人均生活资源与农业资源水平低、质量差。大多数农村地区所处的地理位置偏僻，远离经济政治中心，基础设施落后，多种因素导致农业生产率低下，农民积贫积弱积病现象普遍，农业、农村、农民的可持续性发展能力不足。基于这些严峻的问题，立足于均衡发展、共同富裕与可持续发展的理念，江泽民同志主张："要坚持扶贫开发与计划生育相结合，控制贫困地区人口过快增长，尽快改变越穷越生、越生越穷的恶性循环状况。"② 不断探索将贫困治理纳入到统筹均衡、可持续发展的规划中，既着眼东西部之间与南北区域之间的协调均衡发展，又力争促进贫困地区发展与人口、资源、环境等多元因素相协调，提高贫困人口的脱贫效率，以期实现共同富裕。

---

① 江泽民论有中国特色社会主义（专题摘编）[G]．北京：中央文献出版社，2002：137.
② 中共中央文献研究室．中共十四大以来重要文献选编：下册 [G]．北京：人民出版社，1999：209.

2. 适时调整贫困治理战略

首先，施行有计划、有组织、大规模的开发式扶贫战略。由于一般性经济增长在一定时期内很难带动老少边穷等贫困地区的发展，以及地区性集中连片贫困的严峻态势，传统的救济式贫困治理无法对这些贫困地区形成较明显的内生动力和可持续发展能力。针对这些形势，江泽民同志对贫困治理策略进行了调整，提出中国现在应当走开发式扶贫的道路，增强自我造血功能。开发性扶贫战略最显著的特点是：一是以政府为主导实施开发式扶贫计划，二是实行区域性瞄准，三是主要针对没有解决温饱问题与生存有困难的绝对贫困对象。"通过实施一系列措施，从 1985 年到 1993 年再到 2002 年，中国农村绝对贫困人口相继从 1.25 亿下降到 8000 万以及后来的不足 3000 万，年均减少 679 万人，相应的贫困发生率由 14.8% 减少到 8.7%、3.2%，平均每年递减速度为 9.1%，略低于 1978—1985 年的水平。"①

其次，提出"国家八七扶贫攻坚计划"②。伴随农村改革与贫困治理的深入推进，虽然贫困人口逐年减少，但又呈现出新的贫困特征。为了加快贫困治理步伐，江泽民同志从发展与创新的思路出发，进一步推进开发式扶贫，于 1994 年制定并颁布实施"国家八七扶贫攻坚计划"。该计划的主要目标是：鼓励贫困地区广大干部、群众发扬自力更生、艰苦奋斗的精神，在国家的扶持下，以市场需求为导向，依靠科技进步，开发利用当地资源，发展商品生产，扶持贫困户创造稳定解决温饱的基础条件，加强基础设施建设，改变教育文化卫生的落后状况。该计划的特点是：通过调动全社会资源，鼓励全社会参与扶贫；继续通过瞄准区域以进一步瞄准贫困人口，覆盖更大比例的贫困人口；不但关注绝对贫困人口的生存问题或温

① 刘冬梅. 中国农村反贫困与政府干预 [M]. 北京：中国财政经济出版社，2003：47.

② 1994 年 4 月 15 日，国务院发出关于印发《国家八七扶贫攻坚计划》的通知。"八七"的含义是：对当时全国农村 8000 万贫困人口的温饱问题，力争用 7 年左右的时间（从 1994 年到 2000 年）基本解决。以该计划的公布实施为标志，我国的扶贫开发进入了攻坚阶段。该计划指出：20 世纪 80 年代中期以来，国家在全国范围内开展了有组织、有计划、大规模的扶贫工作，实现了从救济式扶贫向开发式扶贫的转变。

饱问题，还对生存环境、教育、医疗与内生发展能力等方面给予关注；不断加强贫困监测和评估工作等，力争到 2000 年底基本解决农村贫困人口的温饱问题。在这一时期，中国农村贫困人口"由 1993 年的 8000 万减少到 2000 年的 3209 万，大约减少 59.89%，平均每年的减少速度为 12.23%，与前一时期（1986—1993 年）平均每年 6.69% 的减贫速度相比，下降速度明显加快。"①

再次，实施西部大开发战略。改革开放之后，得益于邓小平同志"允许一部分地区先富起来"的政策和国家出台的一系列支持性政策，东部地区得到了迅速的发展，集聚了较高的发展水平和较强的经济实力。面对东部和西部之间逐渐扩大的经济发展差距，为了实现共同富裕的目标，江泽民同志指明，国家对中西部经济不发达地区要采取积极扶持的政策，因而，中国今后发展的重要战略规划之一是促进区域间经济的平衡协调发展，以不断缩小区域间的发展差距。1996 年 6 月，江泽民同志表示："加快中西部地区发展步伐的时机已经成熟，条件已经具备"②，并明确提出"西部大开发"战略，2000 年中央政府开始实施。西部大开发战略以西部经济作为发展中心，带动边缘地区或落后地区的发展，为解决贫困人口的温饱问题发挥了重要作用。这一战略是中华民族发展史上与世界开发史上的空前壮举，大幅推进了东西部地区的协调发展，加快了实现共同富裕的进程。

最后，实施《中国农村扶贫开发纲要（2001—2010）》。江泽民同志指出："我们党和国家开展扶贫开发，努力解决贫困人口的生产和生活问题，是我国社会主义制度优越性的一个重要体现。"③ 中国的国情决定了在社会主义初级阶段必须大力推进贫困治理工作。中国贫困问题的现实性、复杂

---

① 资料来源：唐平. 中国农村贫困标准和贫困状况初步研究［J］. 中国农村经济，1994 年第 8 期；国家统计局农村社会经济调查总队. 2002 中国农村贫困监测报告［M］. 国家统计局，国务院扶贫办提供的资料整理。

② 江泽民. 论有中国特色社会主义（专题摘编）［G］. 北京：中央文献出版社，2002：176.

③ 江泽民. 论有中国特色社会主义（专题摘编）［G］. 北京：中央文献出版社，2002：139.

性与艰巨性，也决定了中国开展贫困治理工作必须付出持久性的努力，同时还要探索合理科学的治理策略。为了集中力量加快贫困地区脱贫致富的进程，2001 年 5 月，国家出台《中国农村扶贫开发纲要（2001—2010）》，对未来十年的中国农村贫困治理工作做出了规划与安排，特别对农村贫困治理的方式与策略进行了调整。在关注贫困人口收入的同时，更强调贫困地区人力资源的开发，注重"造血式"扶贫；瞄准范围由贫困县向村部转移，坚持让最贫困的人口首先受益；江泽民同志还坚持"开发式扶贫加农村社会保障"并驾齐驱的方式，鼓励人民继续发扬自力更生、艰苦奋斗的优良传统；积极发挥社会主义制度的优越性，集聚政治优势，激发全社会参与扶贫开发的热情，形成多元主体参与扶贫的强大合力；还要进一步拓展贫困治理领域的国际交流与合作。

四、胡锦涛的贫困治理理论与实践

进入新世纪，面对的机遇与挑战前所未有，国家正在发生广泛而深刻的变革，中国的贫困问题也出现了新的特点。以胡锦涛为总书记的党中央高举中国特色社会主义伟大旗帜，也高度重视贫困问题。坚持解放思想、实事求是，围绕贫困的突出问题与主要矛盾，在继承前人贫困治理理论与实践的基础上，深入探索中国贫困治理的新突破，将贫困治理事业推向新阶段，为马克思主义反贫困理论中国化增添动力。

（一）贫困治理体现中国特色社会主义的本质属性

在建设社会主义和谐社会与全面小康社会的进程中，日益凸显贫困治理的重要性与紧迫性。开展贫困治理行动既是发展中国特色社会主义事业的重大历史任务，又是建设社会主义和谐社会的应有内容。近年来，中国的贫困治理事业虽然取得了长足的进步，但贫困人口规模还是很大，贫困人口的状况更加复杂，扶持贫困地区摆脱贫困的困扰仍需社会各界凝心聚力，贫困治理工作任重道远。胡锦涛同志心系民生，关注百姓疾苦，经常实地考察于穷乡僻壤之间。在中国共产党第十七次全国代表大会上，胡锦涛同志提出要加快发展社会事业的步伐，全面改善人民的生活水平，力争基本消除绝对贫困现象。争取在 2020 年实现全面建设小康社会的宏伟目标，同时对贫困治理工作提出了更高的目标与更具体的要求。胡锦涛同志对贫困问题的高度重视，彰显了中国共产党的历史使命，是中国特色社会主义制度优越性与中国特色社会主义本质属性的充分体现。

（二）坚持以人为本，赋予贫困治理新内涵

马克思、恩格斯关于人的自由而全面发展的思想是中国最高的价值追求，胡锦涛同志将马克思主义关于人的自由而全面发展的思想内化于心、外化于行，提出了以人为本为核心内容的科学发展观。坚持以人为本，首先要立足于广大人民群众的切身利益，想方设法谋发展，稳步提高人民群众的生活水准，维护好人民群众的切身利益，让全国人民共享发展成果。坚持以人为本，实现好、维护好、发展好最广大人民的根本利益，是中国推进改革开放和社会主义现代化建设的出发点和落脚点。这就要求在贫困治理工作中，必须以贫困人口的现实需求为导向，密切关注贫困人口的生存发展状态，切实加强人文关怀。胡锦涛强调"完善社会保障体系，加强扶贫开发工作，使人民群众不断得到实实在在的利益"[①]。在具体的贫困治理实践中，胡锦涛同志深入贫困地区，体察民疾，倾听民声，了解民意。他认为，在扶贫帮困的过程中，如果出现了百分之一的疏漏，也将会给贫困群众带来百分之百的困难，因此，我们必须将贫困治理工作落细落小落实。还要特别注重解决贫困人口的现实困难与当下问题，因为"群众利益无小事"。胡锦涛同志将以人为本的理念贯穿到贫困治理的具体实践中，为贫困人口输送切切实实的人文关怀，体现了鲜明的实践特质，流露出浓厚的民生情怀和强烈的宗旨意识，这种理念也对党和国家的各项事业产生了极其深远的影响。

（三）深化扶贫开发理论

自 2002 年中国共产党第十六次全国代表大会召开以来，以胡锦涛为总书记的党中央从国际形势与中国现实出发，站在新的理论高度，将贫困治

---

① 中共十六大以来重要文献选编：下册［G］．北京：中央文献出版社，2008：559.

理置于更高的要求与更深刻更复杂的背景之下，创造性地提出了科学发展观，构建社会主义和谐社会以及建设社会主义新农村的理论，为新时期开展贫困治理工作提供了强有力的理论与实践支撑。

1. 深化发展是开展贫困治理的前提条件

科学发展观的第一要义是发展，实现全面、协调与可持续的发展是科学发展观的基本要求，任何时候任何情况下都不能离开发展这个主题。多年来，中国减缓贫困的速度和规模虽远远领先于世界其他国家，农村贫困地区面貌也有所改善，但中国仍然处于社会主义初级阶段，与发达国家相比尚有较大的差距，个别地区的贫困问题仍很突出，区域之间与村级之间的发展仍不平衡，可持续发展的能力依然不足。深入贯彻落实科学发展观，就必须将贫困治理摆在重要的位置，千方百计地促进贫困地区的发展。胡锦涛同志强调，只有以经济建设为中心，聚精会神搞建设，一心一意谋发展，不断提高综合国力，紧紧抓牢执政兴国第一要务——发展，方能为贫困治理提供丰实的物质基础，才算真正落实科学发展观。①

2. 坚持统筹兼顾，提高贫困治理实效

科学发展观的根本方法是统筹兼顾，必须按照统筹城乡与区域发展的要求推进改革与发展，这就要求"继续加强扶贫开发工作，提高扶贫开发成效，加快贫困地区脱贫步伐"②。深入推进贫困治理的进程，继续健全农村最低生活保障制度，根据各地区的财力状况，适时适度地提高农村地区的贫困治理水平；不断完善民族地区、农村地区的医疗保障体系，加大对这些地区医疗卫生服务的财力支持与技术扶持力度，提高公共基础设施水平；坚持"造血式"贫困治理，加大对贫困县的扶持力度，为贫困地区群众的生产生活解除后顾之忧；在资源统筹方面，还要坚持公共资源向贫困地区、边远地区、少数民族地区倾斜等。

---

①　胡锦涛文选：第 2 卷［M］．北京：人民出版社，2016：240．
②　中共十六大以来重要文献选编：上册［G］．北京：中央文献出版社，2005：398．

3. 按照构建社会主义和谐社会和全面建设小康社会的要求切实推进贫困治理

胡锦涛同志强调："全面建设小康社会，一个重要内容就是要帮助贫困地区和欠发达地区加快发展，使群众尽早脱贫致富。"① 中国要实现社会主义和谐社会的建设目标，就必须扎实地开展贫困治理工作，关注贫困人群的现实问题，切实提高贫困人口的生活水平，积极营造贫困地区的和谐氛围，只有这样，才能持续性地保持社会的安定有序。胡锦涛同志还强调："实现全面建设小康社会宏伟目标，最艰巨最繁重的任务在农村，更在贫困地区。没有贫困地区的全面小康，就没有全国的全面小康。"② 因此，大力推进农村地区的贫困治理凸显重要性与紧迫性。

4. 将贫困治理融入建设社会主义新农村的战略之中

在中国共产党第十六届中央委员会第五次全体会议上，胡锦涛同志首次提出建设社会主义新农村战略。③ 但是，中国农村还存在严峻的贫困问题，成为制约社会主义新农村建设的主要掣肘，因而农村贫困地区也就成为新农村建设的重点和难点。中国历届领导人都非常重视"三农"问题，胡锦涛同志也不例外。因为"三农"问题事关社会主义现代化建设的大局，事关农村贫困地区能否实现顺利脱贫，"三农"问题务必作为当前工作的重中之重。在具体的操作层面上，必须加大对农村地区的贫困治理力度，因地因人施行贫困治理策略，对生活在生存条件薄弱地区的贫困人口以及丧失劳动能力的贫困群体开展针对性扶贫，提高贫困治理的瞄准度。在新时期的贫困治理行动中，胡锦涛同志还提出"一个加大、两个提高"④，确立了到2020年基本消除中国绝对贫困现象的奋斗目标，这为新时期的贫困治理工作提供了新挑战与新动向。事实上，农村贫困治理与新

---

① 刘坚. 扶贫开发：农村实现小康的重中之重 [J]. 党政干部文摘，2004（4）：10.

② 杨伟智. 胡锦涛扶贫开发思想的几个特点初探 [M]. 北京：中共中央文献研究室个人课题成果集，2012：695.

③ 社会主义新农村的基本内涵是"生产发展、生活宽裕、乡风文明、村容整洁"。

④ 即加大对革命老区、民族地区、边疆地区、贫困地区的发展力度，提高扶贫开发水平，逐步提高扶贫标准。

农村建设二者之间相辅相成，它们在对象、内容、目标等层面具有一致性，开展农村贫困治理是建设好社会主义新农村的前提条件，建设社会主义新农村是农村贫困治理的重要指向之一。因此，在新农村的建设进程中，不但要对贫困治理给予高度的重视，还应将其与社会主义新农村建设进行有机结合，坚持胡锦涛贫困治理思想在社会主义新农村建设中的导向作用。

第三节　习近平总书记对马克思主义反贫困理论的新贡献与新实践

中国共产党第十八次全国代表大会以来，以习近平为核心的党中央，源于政治责任和历史使命的勇于担当，源于理论思考和实践探索的高度自觉，怀揣坚定鲜明的人民立场与真挚炽烈的爱民情怀，高度重视贫困治理工作，把贫困治理工作纳入到"四个全面""五位一体"，决胜全面建成小康社会，以及实现中华民族伟大复兴中国梦的战略布局中。习近平总书记多次深入贫困地区考察调研，体察民情，直面贫困问题，提出了诸多新观点、新论断，做出了新要求、新部署、新安排，拓宽了新时期贫困治理的研究领域，对马克思主义反贫困理论做出了新贡献，成为新时期贫困治理和社会主义现代化建设发展的思想武器、行动指南与重要遵循。

一、习近平的贫困治理理论

问题是时代的强音，习近平贫困治理理论就是对新形势和新挑战做出的客观研判，在正视问题、解决问题的过程中形成的一系列思想，蕴含了丰富的内涵。

（一）消除贫困是社会主义的本质要求

中国共产党对社会主义本质的认识是一个不断探索、深化的过程。在2014 年 10 月的全国扶贫会议上，习近平总书记郑重地强调："消除贫困，改善民生，逐步实现全体人民共同富裕，是社会主义的本质要求，是我们党的重要使命。小康不小康，关键看贫困老乡能不能脱贫。"① 习近平总书记对消除贫困与社会主义本质二者关系的描述，是贫困治理理论的新内容。习近平总书记指出："如果贫困地区长期贫困的面貌长期得不到改变，……那就没有体现中国社会主义制度的优越性。"② 中华人民共和国成立以来，中国共产党持续向贫困宣战，贫困地区的面貌发生了根本的变化。"足寒伤心，民寒伤国"，中国共产党第十八次全国代表大会以来，以习近平为核心的党中央始终把贫困治理挂在心上、抓在手里、勇于探索，不断创新贫困治理方式，走出了一条具有中国特色的贫困治理道路，成功使近七千万农村贫困人口摆脱了贫困，贫困发生率从 2012 年的 10.2% 下降至 2017 年的 3.1%。从全球视界看，中国是减贫规模最大的国家，率先完成联合国千年发展任务，这足以体现社会主义的本质要求，也足以向世界证明中国特色社会主义制度的巨大优越性。

（二）思想脱贫是贫困治理的灵魂

1992 年 7 月，习近平总书记聚焦贫困治理工作的著作《摆脱贫困》首次出版，他在该书中多处强调，"弱鸟可望先飞，至贫可能先富，但能否实现'先飞''先富'，首先要看我们头脑里有无这种意识。""我们的党员、我们的干部、我们的群众都要来一个思想解放，观念更新，四面八方去讲一讲'弱鸟可望先飞，至贫可以先富'的辩证法。"③ 这一陈述虽然简短，但蕴含精微深邃的辩证哲理。古人云，哀莫大于心死。解放思想，更新观念，摆脱思想贫困是开展贫困治理工作的前提。习近平总书记在宁德工作时就指明，摆脱贫困首先得解决思想贫困问题，而不是物质贫困问题；扶贫先要扶志，要从思想上淡化贫困意识；只要有志气、有信心，就没有迈不过去的坎。被誉为"中国扶贫第一村"的福建省宁德地区福鼎市

---

① 习近平. 动员社会各方面力量共同向贫困宣战［EB/OL］. 人民网. http：//hb. people. com. cn/n/2014/1020/c192237 – 22654208. html.

② 习近平总书记系列重要讲话读本（2016）［M］. 北京：学习出版社、人民出版社，2016：219.

③ 习近平. 摆脱贫困［M］. 福州：福建人民出版社，2014：2 – 3.

赤溪村，坚持践行"弱鸟先飞""至贫先富"的理念，以自强不息的可贵品格再造宁德。宁德贫困治理实践告诉我们，贫困并不可怕，怕在人穷志短、因循守旧、思想贫困，怕的是穷自在、等靠观望、安于现状，怕的是缺乏勤劳致富与自力更生的品格。"贫困地区完全可能依靠自身的努力、政策、长处以及优势等，在特定的领域里'先飞''先富'"。① 因此，只有构筑精神高地，冲出思想洼地，才有可能从思想层面和现实层面彻底地摆脱贫困。

（三）作风脱贫为贫困治理提供保障

作风脱贫关系人心向背，影响贫困治理的成效。在贫困治理实践中，习近平总书记非常注重开展作风脱贫。列宁曾说："我们如果愿意仍然成为社会主义者，就应该到更下层和更低层中间即到真正的群众中间去。"② 人民群众是历史的创造者，中国共产党要加强作风建设，不论何时何地都应该始终与人民群众站在同一战线，与人民群众心连心、同呼吸、共命运，始终秉持全心全意为人民服务的宗旨，真正做到立党为公、执政为民。③ 习近平总书记在《摆脱贫困》中指出：1988 年底，在宁德地委工作会议上我们提出改进领导作风。后来，这个提法具体化为"四下基层"，即：宣传党的路线、方针、政策下基层，调查研究下基层，信访接待下基层，现场办公下基层。许多干部下到最边远、最贫困的地方去，亲身体验到人民群众的疾苦，思想感触很大，这些干部回来后都说忧患感增强了，责任感增强了。党群干群，唇齿相依。在开展贫困治理工作中，各级领导干部只有自觉践行中国共产党的群众路线，深入到基层组织和群众生活中，切实转变工作作风，将作风脱贫抓到位，把严的要求、实的作风贯穿于贫困治理的始终，才能为贫困治理发挥战斗堡垒的作用。

---

① 万鹏. 习近平"扶贫观"：扶贫先要扶志 阻止贫困现象代际传递［EB/OL］. 人民网. http://gx. people. com. cn/cpc/n/2015/0407/c179665 - 24407471. html.

② 列宁全集：第 23 卷［M］. 北京：人民出版社，1990：108.

③ 习近平总书记系列重要讲话读本（2016）［M］. 北京：学习出版社、人民出版社，2016：113.

（四）科学扶贫理论

为提升贫困治理效果，习近平总书记提出科学扶贫。他认为一个地方的发展，关键在于找准路子、突出特色。欠发达地区和发达地区一样，都要努力转变发展方式，着力提高发展的质量和效益，不能"捡进篮子都是菜"。后来习近平总书记再次强调："推进扶贫开发，要坚持从实际出发，因地制宜、理清思路、完善规划、找准突破口。"① 诚然，开展贫困治理工作要解放思想、求真务实，又要直击问题，与时俱进，勇于创新，探索新路。要运用辩证思维与科学论证，对贫困治理进行统筹规划，注意整体联动，又要从贫困地区的具体现状出发，找出致贫返贫的原因，科学划定贫困标准，瞄准贫困治理对象，因村因户因人施策，不断完善贫困治理机制，提升贫困治理效度。

（五）内源扶贫理论

中国共产党第十一届中央委员会第三次全体会议召开以来，中国通过制定专门的政策、设立专门的机构、安排专门的项目、划拨专项的资金，在全国开展了大规模的贫困治理行动，形成了以政府为主导的贫困治理模式。这种"输血式"的贫困治理取得了伟大的成就，但由于过于强调外部力量的支持性作用而忽视内驱力因素的培植，况且这种由外部力量推动的贫困治理模式和贫困主体的发展意愿二者之间也没有实现良性地对接，导致贫困治理的边际效应递减，贫困治理的成效大幅下降。在对贫困地区开展深入调研的基础上，习近平总书记提出了内源扶贫理论，在贫困治理进程中，要注重发挥贫困主体的积极性、主动性、参与性，增强贫困主体的"造血"功能，通过提升自我发展能力推动贫困治理工作。贫困地区要实现可持续发展，就得激活内生动力，聚合多元化资源，形成持续性的经济来源支撑。《中国农村扶贫开发纲要（2011—2020年）》指明："中国扶贫开发已经从以解决温饱为主要任务的阶段转入巩固温饱成果、加快脱贫致

_____

① 以习近平同志为总书记的党中央关心扶贫工作纪实［EB/OL］. http：//www. zgg. org. cn/xwdd/201511/t20151127_ 556067. html.

富、改善生态环境、提高发展能力、缩小发展差距的新阶段。"① 这表明中国未来的贫困治理将更加注重激发贫困主体的内生动力，逐步实现由"外部推动式"贫困治理向"内生自发式"贫困治理转变，"输血式"贫困治理向内源式贫困治理转变，这不但顺应了时代变化的趋势和未来发展的要求，也体现了习近平总书记对贫困治理认识的深化。

二、习近平的精准扶贫新实践

习近平贫困治理思想内涵丰富，不仅包含了深刻的理论意涵，还指明了贫困治理的具体实现路径，总结出许多真办法、硬功夫、新举措。特别是精准扶贫新实践，它使贫困治理工作站在高处、想在远处、干在实处，成为当前和今后一个时期贫困治理实践的科学指南。

习近平总书记多次深入贫困地区调研，就贫困治理工作发表了一系列讲话。2013 年 11 月，习近平总书记到湖南湘西考察时首次作出了"实事求是、因地制宜、分类指导、精准扶贫"的重要指示。2014 年政府工作报告中提出"实行精准扶贫，确保扶贫到村到户"，随后，国务院扶贫办联合六部委印发《建立精准扶贫工作机制实施方案》，2015 年 6 月，习近平总书记在贵州召开的座谈会上说："扶贫开发贵在精准，重在精准，成败之举在于精准。"② 2015 年 12 月印发《中共中央国务院关于打赢脱贫攻坚战的决定》中指出："加快贫困人口精准脱贫，按照扶持对象精准、项目安排精准、资金使用精准、措施到户精准、因村派人精准、脱贫成效精准的要求，健全精准扶贫工作机制。"③ 在中国共产党第十九次全国代表大会上，习近平总书记指出："要动员全党全国全社会力量，坚持精准扶贫、精准脱贫，坚持中央统筹省负总责市县抓落实的工作机制，强化党政一把手负总责的责任制，坚持大扶贫格局，注重扶贫同扶志、扶智相结合，深入实施东西部扶贫协作，重点攻克深度贫困地区脱贫任务，确保到二〇二

---

① 中国农村扶贫开发纲要（2011－2020 年）［M］. 北京：人民出版社，2011：2.

② 王子晖. 脱贫之战——习近平发出总攻令［EB/OL］. 人民网. http://hi.people.com.cn/n2/2016/0725/c231187－28721559.html.

③ 中共中央国务院关于打赢脱贫攻坚战的决定［M］. 北京：人民出版社，2015：6.

〇年我国现行标准下农村贫困人口实现脱贫，贫困县全部摘帽，解决区域性整体贫困，做到脱真贫、真脱贫。"①

精准扶贫吹响了新时代反贫困攻坚战的号角。中国的贫困治理工作走过了一条不断寻求新方法，积累新经验的探索之路。自中华人民共和国成立之后，中国共产党就领导人民持续向贫困宣战，尤其改革开放以来，中国开展了大规模的贫困治理行动，取得了举世瞩目的成就，开拓了一条具有中国特色的贫困治理道路。进入新时代，中国仍然面临严峻的贫困新问题，迎接脱贫攻坚新挑战。中国的贫困群体规模仍然较大，贫困程度依然较深，"2017 年，根据对全国 31 个省（自治区、直辖市）16 万户居民家庭的抽样调查，按照每人每年 2300 元（2010 年不变价）的农村贫困标准计算，2017 年末，全国农村贫困人口 3046 万人，比 2016 年末减少 1289 万人；贫困发生率下降至 3.1%，比上年末下降 1.4 个百分点。"② 尽管农村贫困人口剩存 3046 万人，但都是"贫中贫""困中困"的硬骨头，贫困地区贫困人口的内生动力依然较弱，贫困治理工作方式模式有改善，贫困治理体制机制与政策配套措施亟待完善。"小康不小康，关键看老乡，关键在贫困的老乡能不能脱贫。"③ 到 2020 年，如果现有的农村贫困人口生活水平得不到明显提高，贫困地区面貌没有显著改善，那么，中国的贫困治理成效是打了折扣的，自然也就无法得到人民群众和国际社会的认可。事实证明，搞大水漫灌、走马观花、大而化之肯定不行，贫困治理工作必须进行调整，否则难以顺利实现新形势下的脱贫攻坚任务。

习近平总书记指明，打赢反贫困攻坚战，事关百姓福祉，事关党的执政根基，事关国家的长治久安。脱贫攻坚战的冲锋号已经吹响，中国要立下愚公移山志，咬定目标、苦干实干，打下这场重要战役。打响打赢反贫困攻坚战靠的就是精准扶贫。因此，必须抓住脱贫攻坚面临的深层次矛盾

---

① 习近平. 决胜全面建成小康社会　夺取新时代中国特色社会主义伟大胜利 [M]. 北京：人民出版社，2017：47 - 48.

② 李克强. 今年再减少农村贫困人口 1000 万以上 [EB/OL]. http：//www.xinhuanet.com/politics/ 2018lh/2018 - 03 / 05/c_ 137017005. htm

③ 国家行政学院编写组. 中国精准脱贫攻坚十讲 [M]. 北京：人民出版社，2016：9.

和问题，啃硬骨头，抓精准，铆足劲在精准上下狠功夫，在施策与落地上抓成效。贫困治理必先识贫，要精准识别贫困治理对象，确保把真正的贫困人口弄清楚，做到"识真贫"；要找到"贫根"，对症下药，靶向治疗，以明确"怎么扶"；要划定责任边界，明确分工，落实责任，弄清"谁来扶"；要精准衡量脱贫成效，科学制定退出机制，做到脱贫了就销号，返贫户重新建档，做到有进有出，客观真实，群众认可，落实"怎么退"的问题。

尤其要深入推进产业、教育、健康、生态扶贫，补齐基础设施和公共服务短板，激发贫困治理内生动力。强化对深度贫困地区支持，中央财政新增扶贫投入及有关转移支付向深度贫困地区倾斜。对老年人、残疾人、重病患者等特定贫困人口，因户因人落实保障措施。脱贫攻坚期内脱贫不脱政策，新产生的贫困人口和返贫人口要及时纳入帮扶。还要开展贫困治理领域腐败和作风问题的专项治理，改进考核监督方式。坚持现行脱贫标准，确保进度和质量，让贫困治理得到群众认可、经得起历史检验。唯有如此，才能实现精准滴灌式的脱真贫、真脱贫，才能真正打赢反贫困攻坚战。

第二章　中国农村老年贫困治理问题考察

中国的贫困问题主要表现为农村贫困问题，农村贫困老年又是农村贫困人口中的主体。受益于中国改革开放带来的巨大红利，在过去近四十年里，农村贫困问题得到明显的改善，但中国的贫困治理工作远未结束。在经济发展进入新常态，社会结构转型呈现不平衡性，以及人口老龄化加速的时代背景下，多元且复杂的内在因素与外在因素的合力作用使得不少农村老年人的生存处境不尽如人意，农村老年贫困问题日益凸显。长期以来，农村老年贫困治理存在模式缺陷、机制不健全、政策供给乏力以及制度供给障碍等短板，致使农村老年贫困治理呈现社会保障水平低下、农村老年福利供给不足、老年贫困治理监管不到位等现状，产生"单中心"贫困治理模式、"垂直型"贫困治理决策、农村贫困治理不精准、农村老年特殊群体贫困治理盲视等问题，农村老年贫困治理成效不明显，农村老年获得感与幸福感低下，农村老年贫困治理形势依然严峻。

第一节　中国农村的老年贫困问题

农村老年是一个特殊群体，在经济支持、权利获取、适应能力以及生理心理状况等方面都处于劣势，相较于城镇老年人等其他群体，更容易陷入贫困状态。农村老年贫困问题成为影响农村发展、社会和谐、国家进步的重要问题，在传统粗放型贫困治理模式的作用下，农村老年贫困治理没有出现飞跃式的进展。随着人口老龄化问题的加剧，不断壮大的农村老年贫困群体，将深度影响社会发展活力，增加社会保障压力，加剧代际间的矛盾与冲突。农村老年的物质收入贫困、基本能力贫困以及基本权利贫困尤其严峻，贫病交加、贫困程度深以及高返贫率等特征日益凸显，农村老年贫困的整体状况堪忧。

一、解决农村老年贫困问题迫在眉睫

（一）农村贫困问题

贫困问题已成为当今世界最尖锐的社会问题之一，贫困治理问题也成为世界性的重大理论和实践论域。不同的国家和地区以及同一个国家的不同地区，贫困的历史叙事与现实状况都具有一般性和特殊性，贫困的界定标准、表现特征、形成机理以及治理现状等也都呈现差异化的状态。贫困是一种复杂的社会现象，正如阿玛蒂亚·森在《贫困与饥荒》序言中所言："并非所有关于贫困的事情都是如此简单明了。当我们离开极端的和原生的贫困时，对于贫困人口的识别、甚至对于贫困的判断都会变得模糊不清。"① 目前，虽然学界已有多种贫困识别标准与方法，但是，这些识别标准与方法多呈现一定的针对性与特殊性。

从实质上，贫困可区分为宏观贫困与微观贫困，前者意指区域性贫困，体现一种整体化的视角，如国家贫困、地区贫困、农村贫困等；后者是指个体性贫困，主要从个体与家庭角度理解贫困。贫困亦有相对贫困与绝对贫困之分，还有广义贫困与狭义贫困之分。随着研究的深入与拓展，对贫困概念的界定也在深入，但要呈现一种全面而科学的定义是有难度的。综合已有的研究，本书的贫困是指在一定的环境（包括政治、经济、社会、文化、自然等环境）下，个人、家庭、群体或区域缺乏平等的底线意识，正义性的分配制度，以及必需的基本价值物（比如资源、机会、权

---

① ［印度］阿玛蒂亚·森. 贫困与饥荒 ［M］. 王宇、王文玉译，北京：商务印书馆，2001：1.

利、能力和福利等），无法过上最低限度的有尊严的体面生活。这里的"基本价值物"主要指经济收入或物质资源，是从经济学角度界定贫困概念的。当前，中国贫困主要指物质层面的贫困，亦即绝对贫困，是指个体所有物——收入、资产和消费必需品的贫困。

受到历史渊源、自然条件、地理环境以及社会经济发展状况等多元因素的制约，中国区域之间的发展呈现不平衡甚至分化的状况。按贫困人口所在地分类，可划分为城市贫困人口与农村贫困人口。中国的贫困人口主要集中在农村，贫困问题突出表现为农村贫困问题。自改革开放以来，中国先以满足基本生存需要为目的确定农村贫困标准，致力于解决生存贫困问题，启动了大规模的政府扶贫计划。进入21世纪，伴随中国综合国力的提升，政府不断加大对农村贫困地区与贫困人口的治理力度，先后进行了两次大幅度地提高农村贫困标准，到目前为止，中国共采用了三条贫困标准。① 现行的中国农村贫困标准是按 2010 年价格水平每人每年 2300 元。

按照这个标准，"2010 年，全国农村贫困发生率为 17.2%，贫困人口规模为 1.66 亿人。2014 年，全国农村贫困发生率为 7.2%，贫困人口规模为 7017 万。2011 年到 2014 年，全国农村贫困人口共减少了 9550 万人，年均减贫人口 2388 万人，贫困发生率下降 10.0 个百分点，年均下降 2.5 个百分点，2016 年农村贫困人口还有 4335 万人。2017 年末，全国农村贫困人口 3046 万人，比 2016 年末减少 1289 万人；贫困发生率下降至 3.1%，比上年末下降 1.4 个百分点。"② （见表 2—1）

---

① 三条贫困标准分别为 1978 年标准、2008 年标准和 2010 年标准，三条标准所代表的生活水平各不相同，同一标准在年度之间的变化主要体现的是物价水平的变化，所代表的实际生活水平基本相当。国家统计局每年根据农村居民食品消费价格指数和农村居民消费价格指数进行加权更新。按此推算，2014 年，农村贫困标准达到每人每年 2800 元。
② 国家统计局住户调查办公室. 2017 年中国农村贫困监测报告 ［M］. 北京：中国统计出版社，2017：10.

表2—1　2012—2017年全国农村贫困状况

年份	贫困发生率（％）	贫困人口规模（万人）	比上年减少（万人）
2012	10.2	9899	2339
2013	8.5	8249	1650
2014	7.2	7017	1232
2015	5.7	5575	1442
2016	4.5	4335	1240
2017	3.1	3046	1289

资料来源：国家统计局住户调查办公室. 2017年中国农村贫困监测报告［M］. 北京：中国统计出版社，2017：10；李克强. 今年再减少农村贫困人口1000万以上［EB/OL］. http：//www. xinhuanet. com/politics/ 2018lh/2018－03／05/c_ 137017005. htm.

从地区分布看，2016年，西部地区仍占据全国农村贫困人口的半数以上，西部地区、中部地区、东部地区的农村贫困人口分别为2251万人、1594万人和490万人，三部地区贫困发生率分别为7.8％、4.9％和1.4％，三部地区农村贫困人口占全国农村贫困人口的比重分别为51.9％、36.8％和11.3％（见表2—2）。与2014年相比，西部地区农村贫困人口减少数量最大，但中部地区农村贫困人口下降速度最快，2016年西部地区农村贫困人口占全国农村贫困人口的比重比2014年的略有上升。

表2—2　2010—2016年部分地区农村贫困人口情况

年份	农村贫困人口规模（万人）			农村贫困发生率（％）		
	东部	中部	西部	东部	中部	西部
2010	2587	5551	8429	7.4	17.2	29.2
2011	1655	4238	6345	4.7	13.1	21.9
2012	1367	3446	5086	3.9	10.6	17.5
2013	1171	2869	4209	3.3	8.8	14.5
2014	956	2461	3600	2.7	7.5	12.4

续表

年份	农村贫困人口规模（万人）			农村贫困发生率（%）		
	东部	中部	西部	东部	中部	西部
2015	653	2007	2914	1.8	6.2	10.0
2016	490	1594	2251	1.4	4.9	7.8

资料来源：国家统计局住户调查办公室.2017年中国农村贫困监测报告［M］.北京：中国统计出版社，2017：23.

经过长期努力，中国的贫困治理工作成绩斐然，人民生活水平得到大幅改善，但现阶段的中国农村贫困问题依然严峻。其一，农村贫困人口空间分布的集中化和分散化趋势明显，贫困面广，中国一半以上的贫困人口集中在西部地区，而且是处于条件恶劣的集中连片地区，还有大部分贫困人口散居在偏远地区，政府贫困治理的难度与成本加大，贫困治理的精准度亟待提高；其二，贫困发生率下降的速度减缓，脱贫返贫现象不容忽视。目前，中国农村贫困人口剩存3046万，大约有8万个贫困村，800多个贫困县，这些贫困人口和贫困地区都有各自的贫困特征，都是难啃的"硬骨头"。贫困地区经济增长有限以及收入分配不均衡成为影响农村贫困治理成效的重要因素。另夕，在疾病、自然灾害等传统致贫因素以及市场化、城镇化、工业化冲击等新增致贫因素的共同作用下，返贫现象普遍。其三，农村贫困的深度与强度不断加强。中国剩存贫困人口属于难啃的硬骨头，农村贫困治理的成本更高，难度更大，形势更严峻。

（二）农村老人的贫困问题

老年人是人群中的弱势群体，根据联合国世界卫生组织的年龄划分标准，60岁及以上的人口为老年人。① 在全球人口发生显著转型、中国人口结构产生大幅变动和人口老龄化持续加速的时代背景下，中国快速进入了未富先老的社会状态。根据联合国人口署发布的《世界人口展望》预测，

---

① 联合国世界卫生组织将老年人划分为三个阶段：60岁至74岁为年轻老年人，75岁至89岁为老年人，90岁以上为长寿老人。

中国将在 2020 年步入严重老龄化阶段,在 2050 年将成为超高老龄化国家之一。在中国农村,老年人口基数庞大。2010 年第六次全国人口普查显示,全国 60 岁及以上老年人口总数为 1765 万人,其中城市老年人为 451 万人,城镇老年人为 306 万人,农村老年人为 1008 万人,农村老年人口数量是城镇老年人口的 1.33 倍,预计到 2030 年前后,农村老年人口数量将增至 1.19 亿。[1] 受到年龄、能力、就业等因素的影响,大量留守老人、失独老人、残障老人、病痛缠身老人生活在农村。由于经济来源单一,可行能力逐年退化,家庭赡养功能式微,农村现行社会保障水平低下等原因,农村老年相较于其他人群更易沦为贫困群体,农村老年人口规模日益壮大。同时,农村老年贫困发生率普遍高于其他年龄段人群的贫困发生率,[2] 按照现行国家农村贫困标准测算,通过对 2011 年中国农村老年贫困人口和农村最低生活保障数据进行整理、统计与测算,发现农村老年人的贫困发生率高达 10% 以上,人口数超过 1400 万。[3] 2017 中国农村贫困检测报告显示,2016 年 60 岁以上农村老年贫困发生率为 5.8%,与 2015 年相比,农村老年贫困发生率有所下降,但下降的速率大幅缩小,农村老年贫困人口在数量、比率、贫困发生率上均超过城镇。2014 年中国调查与数据中心显示,随着年龄的增长,农村老年人支出贫困率呈上升趋势,而城市老年人支出贫困率受年龄增长的影响并不大(见图 2—1)。

① 国务院人口普查办公室、国家统计局人口和就业统计司. 中国 2010 年人口普查资料 [EB/OL]. 中华人民共和国国家统计局网站. http://www.stats.gov.cn/tjsj/pcsj/rkpc/6rp/index-ch.htm.

② 贫困发生率指低于贫困线的人口占全部总人口的比率。

③ 由于测算口径问题,这只是农村老年贫困人口数量及其贫困发生率的最小规模。杨立雄. 中国老年贫困人口规模研究 [J]. 人口学刊, 2011 (4): 37 - 45.

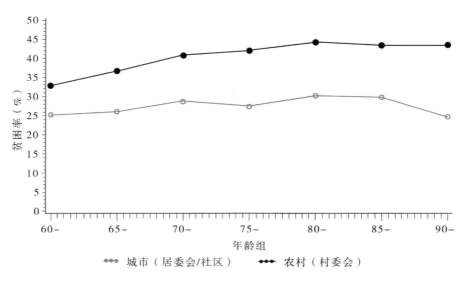

图2—1　2014年分城乡的老年人贫困率随年龄变化趋势（%）

资料来源：中国人民大学．中国老年社会追踪调查年度报告（2014）［EB/OL］．中国调查与数据中心http：//class. ruc. edu. cn/index. php？r＝data/report.

综上数据表明，中国面临非常严峻的农村老年贫困问题。从宏观视角看，农村老年贫困问题关系到2020年我国现行标准下农村贫困人口能否顺利脱贫，能否实现让贫困人口和贫困地区同全国一道迈入全面小康社会的庄严承诺；从微观层面看，农村老年贫困问题影响农村老年自身的获得感、安全感、幸福感与家庭的和谐发展，关系到新时代社会主义新农村的建设与发展。受到社会深刻转型、市场经济冲击、人口急剧流动以及尚待健全的政策制度等因素的影响，农村老年福利供给严重不足，农村社会保障覆盖不全面，保障层次低，农村医疗救助阻贫作用甚微，农村老年贫困呈现脆弱性与长期性，致贫返贫原因复杂，致贫返贫现象普遍，农村老年贫困边缘化趋势日益凸显，贫困深度与贫困程度逐渐加剧，破解农村老年贫困问题是打赢脱贫攻坚战的关键突破口。

二、农村老年贫困的主要表现

（一）物质收入贫困

农村老年贫困首先表现为物质收入贫困。对于农村老年而言，他们的收入主要来源于自身劳动或工作所得和外来经济支持（见表2—3）。这部分老年人出生于20世纪20至40年代，教育水平有限或绝大多数没有接受过教育，文化素质低下，缺乏专业技能，主要依靠体力劳动获取生活资源，经济收入普遍较低。伴随年事日高，生理机能逐渐退化，劳动能力逐渐丧失，加之现代化的生产方式阻断了农村老年人获取物质资源的多重路径，收入有限，生活拮据。农村老年人虽然劳作一辈子，但依靠自身积蓄以安度晚年的寥寥无几，在表2—3中看到，39.4%的农村老年人靠子女的资助生活，26.2%的农村老年人依然靠自己劳动维持生活，即使存有一定的积蓄，大部分也通过代际传递给子女。按中位数计算方法，城市老年人的收入比较丰裕，而农村老年人全年总收入才2700元，处于入不敷出的生活窘境（见表2—4）。由于市场经济的持续冲击，城市化进程带来的消极影响，农村社会经济发展的滞后性，农村产业结构的大幅调整，人均耕地面积的逐渐减少以及频繁的自然灾害，导致农村老年人依靠自身劳动获取物质资源的通道变得日渐狭窄，家庭代际转移支付能力下降。受到长期以来的重城轻乡、重工轻农的城乡二元发展模式的制约，城乡发展差距愈来愈大，农村社会养老保障系统不完善，农村老年福利供给严重不足，公共转移支付能力极为有限。物质来源匮缺且不稳定，农村老年人物质贫困成为常态化现象。

表2—3　2014年分年龄、性别、户口的生活来源情况（%）

生活来源	合计	年龄组							性别		户口	
		60 –	65 –	70 –	75 –	80 –	85 –	90 –	男性	女性	城市	农村
自己的离/退休金/养老金	46.3	42.7	45.5	49.0	50.1	49.0	45.4	46.4	51.2	41.9	82.1	14.6
子女的资助	24.4	15.8	21.3	25.8	31.6	34.3	39.6	38.7	18.1	30.1	7.4	39.4

续表

生活来源	合计	年龄组							性别		户口	
		60 –	65 –	70 –	75 –	80 –	85 –	90 –	男性	女性	城市	农村
自己劳动或工作所得	15.4	27.5	18.9	11.1	4.8	3.3	1.3	1.2	20.2	11.0	3.1	26.2
政府/社团的补贴/资助	6.1	3.4	5.8	6.8	7.9	8.5	10.0	9.5	5.4	6.7	3.0	8.8
配偶的收入	3.9	5.8	4.4	3.9	2.2	1.6	1.5	0.6	1.0	6.6	2.9	4.8
房屋、土地等租赁收入	1.6	2.5	1.8	1.3	1.0	0.8	0.2		1.8	1.4	0.2	2.8
以前的积蓄	1.4	1.4	1.7	1.2	1.1	1.2	0.9	2.4	1.5	1.2	0.6	2.1
其他	0.7	0.6	0.7	0.6	0.7	0.7	0.7	1.2	0.5	0.9	0.7	0.7
其他亲属的资助	0.3	0.4	0.0	0.2	0.4	0.5	0.4		0.3	0.3	0.1	0.5

　　资料来源：中国人民大学．中国老年社会追踪调查年度报告（2014）［EB/OL］．中国调查与数据中心 http：//class. ruc. edu. cn/index. php？ r = data/repcrt.

表2—4　2014年分年龄、性别、地区的收入和支出中位数（元/年）

中位数	合计	年龄组							性别		地区	
		60 –	65 –	70 –	75 –	80 –	85 –	90 –	男性	女性	城市	农村
收入	10000	12000	10000	9600	10000	7200	5640	7740	16800	6760	24000	2700
支出	5687	5820	5608	5417	5800	5400	5400	5900	6000	5400	8400	3360

　　资料来源：中国人民大学．中国老年社会追踪调查年度报告（2014）［EB/OL］．中国调查与数据中心 http：//class. ruc. edu. cn/index. php？ r = data/report.

（二）基本能力贫困

　　世界银行在《1990 年世界发展报告》中提出，贫困是指缺少达到最低生活水准的能力，从能力层面对贫困进行界定的当属国际首次。阿玛蒂亚·森认为，倘若我们从收入方面研究贫困问题，也就是将收入到能力的转化差异也作为考察对象，那么，对贫困的相关界定，应当是一种收入缺乏，是一种"与影响到这种转换差异的具体环境无关的所谓'低收入'，只有这样，才能合理地看待存在的转化差异"①。可见，"贫困不是单纯由于低收入造成的，很大程度上是因为基本能力缺失造成的。"② 与此同时，健康状况与教育程度是影响农村老年人基本能力的主要要素，农村老年人基本能力低下是引发贫困的主要根源。随着年龄的增长与生理机能的下降，农村老年容易遭受健康风险的冲击，从图2—2中可了解到，农村老年人在摔倒、慢性病、疼痛、失能以及自评健康差或很差的比例都高于城市老年人，农村老年人小病、长期慢性疾病普遍存在，健康指数普遍较低。

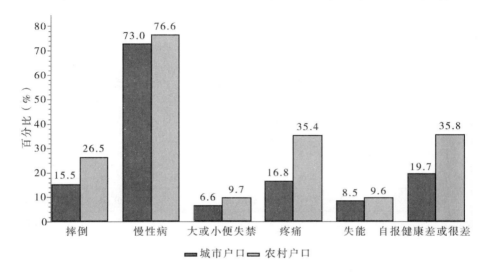

图2—2　2014年城乡老年人的身体健康状况差异

资料来源：中国人民大学．中国老年社会追踪调查年度报告（2014）［EB/OL］．中国调查与数据中心 http：//class. ruc. edu. cn/index. php？ r = data/report.

教育是助推可行能力提升的重要条件，阿玛蒂亚·森认为"教育越普及，则越有可能使那些本来会是穷人的人得到更好的机会去克服贫困"③。

---

① ［印度］阿马蒂亚·森．论经济不平等：不平等之再考察［M］．王利文、王占杰译，北京：社会科学文献出版社，2006：37.

② ［印度］阿马蒂亚·森．以自由看待发展［M］．任赜、于真译，北京：中国人民大学出版社，2002：85.

③ ［印度］阿马蒂亚·森．以自由看待发展［M］．任赜、于真译，北京：中国人民大学出版社，2002：88.

由于教育宣传力度不够、农村教育普及率不高以及人口频繁流动导致乡村教育发展衰弱，农村老年贫困人口接受教育能力与获取知识能力非常低下（见表2—5），调查中"农村老年人不识字/私塾/扫盲班"的比例高达50.1%，小学及以下的文化程度的比例占86.4%。此外，随着年龄的增长，文化程度整体还有下降的趋势。农村老年人教育水平低下，相应地获取信息的能力也低。虽说贫困主体不再是贫困治理政策措施的被动接受者，而是被视为能动的主体与促进者，但长期以来存在的政府"垂直型"贫困治理决策，以及农村贫困老年自主参与意愿薄弱，农村贫困老年人的自主发展能力也随之普遍较低。

表2—5　2014年分年龄、性别、户口的文化程度状况

文化程度	合计	年龄组							性别		户口	
		60—	65—	70—	75—	80—	85—	90—	男性	女性	城市	农村
不识字	31.6	22.5	24.2	28.9	40.8	49.8	57.7	56.9	16.5	45.5	14.6	46.7
私塾/扫盲班	2.9	1.3	1.6	3.5	4.1	5.2	7.0	8.4	2.8	3.0	2.3	3.4
小学	30.8	32.9	37.1	31.4	28.6	21.7	17.5	16.8	35.6	26.4	24.5	36.3
初中	19.1	27.4	20.8	17.3	12.2	10.9	7.7	6.6	24.9	13.8	28.4	10.9
高中/中专	9.7	10.1	10.1	12.0	8.7	7.3	6.4	7.2	11.8	7.7	18.0	2.4
大专及以上	5.9	5.8	6.3	7.0	5.6	5.1	3.7	4.2	8.4	3.6	12.2	0.4

资料来源：中国人民大学．中国老年社会追踪调查年度报告（2014）［EB/OL］．中国调查与数据中心 http：//class. ruc. edu. cn/index. php？r＝data/report.

（三）基本权利贫困

英国著名学者汤森1979年提出"相对剥夺说"，他认为"贫困是一个被侵占、被剥夺的过程"①，让人可怕的是，在这个过程中，人们慢慢地、无声无息地被摈斥于主流性的社会阶层以外。阿玛蒂亚·森也表明，贫困者本应拥有的基本权利通常被整体性地掠夺，导致这些贫困人群陷入恶性

---

① P. Townsend，"Poverty in United Kingdom：A survey of Household Resources and Standards of Living"［M］．Penguin，1979，P31.

贫困循环的境地。自 20 世纪 70 年代以来，中国开展了不同规模不同模式的贫困治理策略，也取得了傲人成果。目前，中国应当高度重视日益严峻的农村老年贫困问题，但理论与实践都表明，农村老年贫困问题一直被忽视。在拥有基本权利层面，农村老年和城市老年存在严重的不平等现象。城市老年的话语权获得持续性的提升，反映需求的权利也受到重视，而农村老年的基本诉求宣告无门；城市老年享有基本的养老保险与医疗保障，农村老年社会保障水平低下，新型农村合作医疗制度步履蹒跚，农村医疗条件普遍落后，农村老年人看病难、无处看现象普遍；城市养老服务系统不断完善，而农村养老服务机构发展困难，贫困老年养老堪忧。正如阿玛蒂亚·森所说，农村老年贫困人群应该享有的基本权利被系统性地剥夺，致使陷入贫困的恶性循环状态。

三、农村老年贫困的主要特征

（一）农村老年贫病交加问题突出

农村贫困老年为了维持生活，主要通过体力劳动获得收入，不比城市老年人，有退休年龄规定，享有养老保障，而农村老年只要身体许可，即便进入高龄阶段，也仍然坚持劳作。由于长期性地从事繁重的体力活，身体经常遭受摔伤、器伤等意外伤害。此外，生命周期推进带来普遍性的生理退化，农村贫困老年的身体状况每况愈下。根据 2010 年第六次全国人口普查数据显示（见表 2—6），身体状况属于不健康层次的农村 60 岁及以上老年人口达 215 万人，占比 21.5%，其中生活不能自理有 45 万人，占 4.5%。黄伟伟等人对西部贫困地区农村老年人健康自评分析发现，有 50% 以上的老年人"健康质量得分率"不足 50%[1]，从图 2—2 中也可窥见一斑，农村贫困老年人身体健康状态不容乐观。由于农村贫困老年自我保健意识薄弱，农村医疗保险制度不完善，医疗救助水平低下，农村医疗设

---

① 黄伟伟、陆迁、赵敏娟. 社会资本对西部贫困地区农村老年人健康质量的影响路径 [J]. 人口与经济，2015（5）：61－71.

施差①，大城市就医费用高昂，大部分农村贫困老年有病无处医、有病看不起，陷入贫病交加的境地。

表2—6　2010年农村60岁及以上人口身体健康状况

总数	健康	基本健康	不健康，但生活能自理	生活不能自理
	人数/比率	人数/比率	人数/比率	人数/比率
1008万人	407万/40%	396万/39%	170万/17%	45万/4.5%

数据来源：根据国家统计局2010年人口普查数据整理所得。

（二）农村老年返贫率高

返贫是指经过贫困治理后已经摆脱了贫困的人群由于各种原因又回到贫困标准线之下。农村老年人的高返贫率蚕食着贫困治理工作的成果，大幅降低了贫困治理成效。与国际贫困线标准相比，中国的贫困线标准一度低于国际水平，从某种意义上说，中国贫困人口更多地属于绝对贫困或生存贫困。导致老年人返贫的主要因素有自然灾害、子女教育、意外事件以及重病大病等，其中因病返贫是主要表现。对于农村贫困老年而言，因病返贫是主要表现。由于农村老年贫困人口的脱贫基础薄弱，抵御疾病风险的能力低下，同时，基层公共卫生服务体系不健全，农村医疗补偿水平偏低，医疗报销手续繁琐，客观上给农村老年参保带来了障碍，农村老年因病致贫、因病返贫得不到有效的控制。除此之外，农村贫困老年多生活在经济发展落后、自然环境条件恶劣的中西部连片地带，返贫凸显明显的地域性特征；大多数农村老年虽实现脱贫，但由于自身可行能力发展不足，生产生活条件又无法获得根本性的改善，使得农村老年返贫现象呈现频发性、反复性、严重性。

（三）农村老年贫困程度高

贫困强度的测量历来是福利经济学研究的重点和难点，学界诸多学者从

---

① 据调查，中国约有70%的农村人口只享受全国20%的卫生资源，农村老年看病难问题突出。

不同的视角相继构建了各具特色的度量指数。为了既能反映贫困人群的发生率，又要呈现贫困的深度，还要体现贫困的强度，阿玛蒂亚·森推导出一个将人头指数 H、收入缺口指数 I、贫困缺口指数 PG 与穷人内部收入分配基尼系数结合在一起的贫困指数公式，简称森指数 P[①]。森指数 P 是评估农村老年总体贫困程度的较为理想的度量工具。虽然在《2017 中国农村贫困监测报告》中显示，2016 年，60 岁及以上农村老人的贫困发生率（人头指数 H）只有 5.8%，与往年相比，占比虽有所下降，但下降速率明显放缓。农村老年贫困的深度和强度未必出现好转，换言之，农村老年贫困人口的生活状况趋向于恶化，比如"2008 年至 2010 年的贫困发生率下降了，但是贫困的其他指数都上升了，说明农村老年贫困人口总数虽然减少了，但是贫困状况并没有得到缓解，反而加剧了，贫困的程度更高了。"[②]

（四）农村老年贫困女性化凸显

最早对"贫困女性化"概念进行说明的是 Pearce，"用于分析经济发达的西方国家因性别差异受到的社会差别对待，以及日益严重的女性贫困现象。"[③] 伴随人口老龄化的加深推进，农村老龄化、老龄女性化、贫困女性化、农村老年贫困女性化等问题逐渐凸显。首先，受传统性别主义和年龄主义思想的约束，从人类社会一跨入文明时代开始，几乎就在父权制的统治之下，提倡"夫唱妇随""男主外、女主内"，农村女性的劳动参与率普遍低于男性，女性被形塑成终身依赖者，导致女性对其配偶产生固化依赖。其次，由于传统婚配观念的禁锢，夫妻中男性普遍年长于女性 2—6 岁。受到生理特点、社会文化传统等因素影响，现实中农村老年女性的平均寿命往往要长于男性 2—6 年，这种婚配惯习与两性平均寿命的"剪刀

①　鉴于人头指数（贫困发生率）H、收入缺口指数（总体贫困指数）I 和贫困缺口指数（贫困深度指数）PG 均对穷人内部收入分布和转移公理不敏感，阿玛蒂亚·森提出了森指数：$P = H (1 + (1-1) G_P)$。

②　李金叶、冯振华等. 中国农村贫困程度的测算与分析：基于基尼思想的一种新贫困强度率指数 G_P 的构建 [J]. 经济经纬，2013（6）：30 - 35.

③　Pearce. Diana, The Feminization of Poverty: Women, Work and welfare [J]. Urban and Social Change Review, 11, 1978, p28 - 36.

差"导致农村老年女性丧偶率高。逝者债务的遗留、农村老年女性健康状况日下以及其在经济上的强依赖性等负性因素的影响，逐渐将农村女性老年推入贫困的泥沼之中。最后，由于农村老年福利供给缺失，养老保险利益分配的性别差异化，以及社会保障系统防范老年女性贫困风险的能力微弱，农村老年贫困的性别失衡日益加剧，贫困女性化问题亟待关注。

第二节 农村老年贫困治理困境

中国共产第十八次全国代表大会以来，全国农村贫困人口从 2012 年末的 9899 万人减至 3046 万人，创造了减贫史上最好成绩，这些得益于中国特色脱贫攻坚制度体系的全面建立以及精准扶贫方略的扎实推进。虽然农村贫困治理取得了巨大的成功，但新时代中国贫困治理面临新的挑战，脱贫攻坚面临的突出问题仍然不少：贫困治理机制缺陷、制度供给乏力以及路径不完善等，导致农村老年贫困治理陷入困境，收效甚微。

一、农村老年贫困治理现状

（一）农村社会保障水平低

社会保障制度是社会进步与国家文明的重要标志之一。《全球社会保障——1955 年》一书指出："给个人谋生能力中断或丧失以保险，还为结婚、生育或死亡而需要某些特殊开支时提供保障。"[①] 社会保障制度是国家通过财政手段防止非贫困的社会成员沦为贫困阶层以及帮助贫困群体摆脱生活困境所实行的国民收入再分配方案，是维护社会公平正义、促进社会和谐发展、实现发展成果共享的重要制度安排。在中国农村，社会保障体系逐步发展与完善，但仍又不少短板：保障水平低下，制度安排显失公平，保障功能发挥不够，等等。当前，农村社会保障主要包括：新型农村

---

① 刘溶沧、赵志耘. 中国财政理论前沿 [M]. 北京：社会科学文献出版社，2000：9.

社会养老保险、最低生活保障制度、新型农村合作医疗制度、农村五保供养制度、农民工社会保障、被征地农民社会保障。

在农村社会养老保险方面，远未实现"老有所养"的目标。由北京大学国家发展研究院中国健康与养老追踪调查（CHARLS）研究撰写的《中国人口老龄化的挑战：中国健康与养老追踪调查全国基线报告》中显示："以农民人均年纯收入 2300 元的全国扶贫线为标准，2011 年中国生活在贫困线以下的老年人口规模达到 4240 万，占 60 岁以上老人的 22.9%，在老年人口中，高龄老人、残疾老人以及农村老人等的贫困发生率又高于一般老年人，是贫困群体中的贫困群体，但新型农村社会养老保险发放的养老金很低，迫切需要政府建立相应收入保障制度，实现'老有所养'的目标。"[1]农村养老保险在整体覆盖率上还有待提高（见图 2—3），农村老年人每月领取的养老金中位数较低，与城镇老年人相比差距甚远（见表 2—7）。

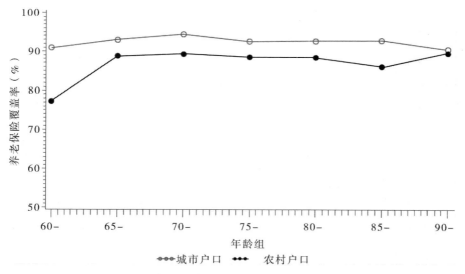

图 2—3　2014 年城乡养老保险覆盖率随年龄变化趋势（%）

资料来源：中国人民大学 . 中国老年社会追踪调查年度报告（2014）［EB/OL］. 中国调查与数据中心 http：//class. ruc. edu. cn/index. php？ r = data/report.

---

① 国家发展研究院 . 《中国健康与养老追踪调查全国基线报告》发布［EB/OL］. 北京大学新闻中心网 . http：//pkunews. pku. edu. cn/xxfz/2013 – 06/04/content_ 274291. htm.

表2—7　2014年城乡老年人领取养老金中位数及占人均支出比例中位数

养老保险种类	养老金中位数（元/月）	养老金占人均支出的比例中位数（%）
城镇职工基本养老金	2400	248.4
机关事业单位离退休金	2693	298.7
城镇居民社会养老保险金	900	123.3
农村社会养老保险金	60	24.4
城乡无社会保障老年居民养老金	60	26.2
高龄津贴	60	18.2

资料来源：中国人民大学．中国老年社会追踪调查年度报告（2014）［EB/OL］．中国调查与数据中心 http：//class.ruc.edu.cn/index.php？r = data/report.

在最低生活保障方面，覆盖率也待提升。根据民政部2016年8月发布的社会服务发展统计公报显示："农村最低生活保障人数为4523万人，其中农村老人为1949万人，覆盖率为43%，与往年相比有所下降，农村最低生活保障支出平均水平为每月157.18元，"[①]，多数贫困地区低保标准大幅低于低保线，覆盖面不足、保障水平低的最低生活保障现状仍不能有效缓解农村贫困老年的生活状态，甚而不少农村老年人被排除在社会保障安全网之外。在新型农村合作医疗方面，目前，中国农村老年人所能享受的医疗保障只有新型农村合作医疗和农村医疗救助，评价农村医疗保障水平也主要以这两个部分作为参照。

据统计，2012年全国农村医疗保障水平与新型农村合作医疗保障水平普遍偏低（见表2—8），全国农村医疗保障与新型农村合作医疗保障主要存在以下不足：一是基层医疗机构设施老化、建设滞后、业务能力低下，难以满足农村基本就医的需求；二是管理机构经费不足，服务能力较低；三是医疗监督机制缺位，制度运行出现不少问题；四是农村贫困老年居住分散，新型农村合作医疗服务网点少，缴费和报销不便；五是试点县筹资

——————————

① 2016年8月全国农村低保情况［EB/OL］．中华人民共和国民政部网站．http：//www.mca.gov.cn/article/sj/tjyb/dbsj/201609/201609281124.html.

水平不高，报销比例偏低。由于设定了起付线、封顶线和报销比例，很多贫困老年人即使参加了新型农村合作医疗却也无力承担大病医疗服务支出，难以有效防范贫困风险。伴随人口老龄化与城市化进程的推进，农村五保供养制度、农民工社会保障、被征地农民社会保障的水平也有待提高。

表2—8　2012年全国农村医疗保障水平、新农合保障水平

农村医疗保障		新型农村合作医疗	
农村医疗保障 总费用使用（亿）	保障水平 （%）	新农合资金 使用（亿）	保障水平 （%）
2540.58048	1.31	2407.67	1.25

资料来源：根据《中国农村统计年鉴2013》和《中国卫生和计划生育统计年鉴2013》的相关数据整理所得。

（二）农村老年福利供给不足

农村老年福利是指国家立足于农村老年群体的现实需求，以促进生活安定、提高身体健康水平、充实精神文化等为主要导向，贯彻执行相关的福利政策，为农村老年人提供一定福利，其外延包括老年服务、老年津贴、老年优待和老年福利服务等。农村老年福利是农村救助和基础性养老保险的提升，是在满足农村老年人基本生存需要的前提下，进一步满足老年人的物质文化生活需要，以期实现"老有所养、老有所医、老有所教、老有所为、老有所乐"的社会目标。满足农村老年福利需求，不断提升农村老年的获得感、安全感、幸福感是农村老年福利供给的目标指向，因此，供需水平就成为衡量福利供给科学合理与否的重要指标。

改革开放以来，中国的老年福利事业虽取得了快速发展，但从农村老年福利供给现状看，地区之间老年福利供给不均衡不充分，多数贫困地区老年福利供给空白，老年福利供给总量严重不足。按福利覆盖对象上，中

国农村老年福利可分为普惠性老年福利和救助性老年福利。[①] 受到中国传统福利制度板块分割、封闭运行的影响，普惠性农村老年福利统筹层次低、覆盖面不足、供给内容少、供给水平低，其象征意义远超实际意义，大量农村老年无法有效应对农业风险和市场冲击，常常落入贫困的泥潭。生存权是现代社会中公民最基本的人权，保障农村老年的生存权是农村老年救助性福利重要的目标诉求。消除农村老年贫困现象，避免贫困带来的负面影响是救助性老年福利的目的之一，也是国家义不容辞的责任。但实际情况是：农村老年救助性福利供给标准的设定尚不够合理，"兜底性"救助不全面，救助水平偏低，供给行为可持续性较差，城乡之间和农村地区之间的老年救助标准差距较大，救助性福利供给亟待夯实。

（三）家庭保障式微

基于家庭禀赋而形成的家庭保障是农村老年的主要保障方式。随着社会文明化与现代化的推进，现代知识向乡土延伸，法律取代礼仪，知识取代经验，乡土礼俗受到离散，[②] 农村社会的理性受到规训，村族文化受到冲击，传统"孝道"倍受挑战。[③] 在"老年人照料的主要承担者"的调查中，有64.2%的农村老年人认为子女是照料的主要承担者，而城市老年人只占35.7%（见表2—9）；在逾半数的农村老年人的思想观念中，对于孝敬的理解就是自己得到主动的关心以及生活上被照顾得周到（见表2—10），但现实与期望总有差距。首先，家庭结构变迁冲击着家庭养老保障功能。在工业化、市场化、城镇化的纵深推进下，引发了大规模的"乡—城"人口迁移，结果是许多子女离开乡村，原来的扩展家庭（extended family）走向小型化——核心家庭（nuclear family），家庭规

---

① 普惠性老年福利的特点是受益对象的广泛性，体现共享性理念；救助性老年福利是指国家与社会面向由贫困人口与不幸者组成的老年脆弱群体提供款物接济和扶助的福利政策。详可参见张奇林. 社会救助与社会福利 [M]. 北京：人民出版社，2012：3.

② 费孝通认为"在社会结构和思想观念没有发生相应变化之前，就简单把现代的司法制度推行下乡，其结果是法治秩序的好处未得，而破坏礼制秩序的弊病却已经先发生了。"费孝通：《乡土中国　生育制度》，北京大学出版社1999年版，第58页。

③ 仇凤仙等：《建构与消解：农村老年贫困场域形塑机制分析——以皖北D村为例》，《社会科学战线》2014年第4期。

模不断缩小提高了农村老年贫困发生率。子女不再"稀罕"父母的土地和财产，家族、邻里以及兄妹之间的约束力骤降，渐行渐远的代际距离、快节奏高成本的城市生活使核心家庭难以承载赡养父母的义务和责任。

其次，传统"孝道"倍受挑战。黑格尔在《历史哲学》中指出："中国纯粹建筑在这一种道德的结合上，国家的特性便是客观的家庭孝敬。"中国孝道贯百代，已成为中华民族繁衍生息、百代相传的优良传统与核心价值观。在经济社会发展的转型期，人口结构变动、家庭结构和功能的分化和解体等因素导致农村空巢家庭与留守老年人剧增，子女与父母的联络渐少，两代人之间的感情淡化，家庭凝聚力减弱，农村宗族组织受到冲击，宗教信仰日趋淡薄，传统孝道文化逐渐失去了文化根基与社会基础，农村养老陷入危机之中。

最后，代际交换失衡容易使农村老年人遭受家庭排斥。代际交换理论衍生于交换理论，指子女与父母相互之间交换物质、沟通情感等，该理论主要用于阐释代际之间的关系。现代社会中契约化的人际关系大力冲击着传统的血缘纽带维系的家庭关系，使代际关系中原有的双向平衡的抚养和赡养关系被打破，代际关系重心出现快速地下移并向下倾斜。费孝通先生习惯于用"哺育"和"反哺"界定中国家庭之间的代际交换关系。当前，中国农村代际失衡主要表现为：一是子女外出不能很好地履行或没有履行赡养义务与责任；二是子女经济能力受限，无法提供充足的经济供给，但或许会尽到照看责任；三是子女经济条件尚可，但却"有力无心"，不孝顺，不赡养；四是家庭养育中心由"养老"向"育小"转移，尊老不足而爱幼有余的现象在农村屡见不鲜。如此，造成农村老年缺乏稳定的经济资源，成为被边缘化的贫困群体。

表2—9　2014年分年龄、性别、户口的老年人认为照料的主要承担者情况（%）

主要承担者	合计	年龄组							性别		户口	
		60—	65—	70—	75—	80—	85—	90—	男性	女性	城市	农村
子女	51.0	44.9	48.5	51.4	54.7	59.8	64.3	72.6	46.4	55.2	35.7	64.2
政府/子女/老人共同承担	19.0	20.9	19.2	18.5	18.6	15.4	18.8	14.4	20.1	18.0	22.4	16.1
老人自己或配偶	18.6	21.8	19.8	18.7	16.5	14.4	8.7	7.5	20.5	16.7	26.5	11.7
政府	10.5	11.3	11.7	10.5	9.1	9.5	7.7	5.5	12.0	9.2	13.6	7.8
社区	0.9	1.1	0.8	0.9	1.1	0.9	0.5		0.9	0.9	1.7	0.2

资料来源：中国人民大学．中国老年社会追踪调查年度报告（2014）［EB/OL］．中国调查与数据中心http：//class. ruc. edu. cn/index. php？r = data/report.

表2—10　2014年分年龄、性别、户口的老年人对于孝敬的理解（%）

对于孝敬的理解	合计	年龄组							性别		户口	
		60—	65—	70—	75—	80—	85—	90—	男性	女性	城市	农村
主动关心	48.0	47.8	46.5	49.1	49.4	48.2	46.7	49.3	47.9	48.0	54.5	40.2
生活上照顾得周到	22.2	18.7	20.8	23.3	25.5	27.8	32.2	31.9	21.2	23.2	17.0	28.3
儿女自己有出息，不让老人操心	15.9	18.6	16.9	14.6	12.4	12.8	10.7	10.1	15.8	16.0	17.7	13.7
听话，从来不顶嘴	6.6	7.5	7.2	6.2	5.9	3.9	4.2	5.8	6.8	6.3	5.9	7.4
多给钱，保证老人生活富裕	4.9	5.0	5.9	4.3	4.3	4.3	3.7	1.4	5.4	4.3	2.2	8.0
其他	2.5	2.4	2.7	2.5	2.6	2.9	2.3	1.4	2.9	2.1	2.6	2.4

资料来源：中国人民大学．中国老年社会追踪调查年度报告（2014）［EB/OL］．中国调查与数据中心http：//class. ruc. edu. cn/index. php？r = data/report.

（四）贫困治理监管不到位

中国政府主导型贫困治理模式虽具有动员并集结海量资源的优势，但由于贫困治理项目安排、资金分配流向等决策权、控制权都掌握在政府手中，在贫困治理实践中，经常出现盲视农村老年贫困群体、贫困治理目标瞄准偏差、错配误置贫困治理资源、贫困治理低效化等问题。近年来，为了消除以上问题，政府虽对贫困治理的监管层面不断进行"纠偏"，但仍存在不完善之处，许多重要问题亟待解决。首先，贫困治理的资金管理与项目管理不相协调。由于对贫困治理的项目选择欠缺理性考量，在政绩观念的驱导下，往往从"短、平、快"项目入手，容易忽视长远效益而注重短期效益，忽视实质性成效而注重显性数据，在贫困治理项目上欠缺对农村老年贫困群体的倾斜，资金的使用与监管缺乏后期可持续性的跟踪与反馈，往往产生就"项目"而"项目"的乱象，也不能确保贫困治理项目是否真正让贫困主体受益，贫困治理缺乏长效性。其次，贫困治理项目审批不力。考虑到贫困治理主体可能出现资金使用不当的问题，多个省份将贫困治理资金与项目管理部门设在省级。这些部门无法有效、及时、全面地了解贫困治理的有关信息，导致贫困治理信息可及性差，项目审批手续繁杂、时间长且形式化严重，偏离贫困精准治理的高效指向。再次，贫困治理资金投放方向不够明确，资金使用的公开性、透明度有待改善。在实际操作上，贫困治理资金流动的链条长，资金运行的环节多，对资金使用情况的管理与监督存在一定的难度，导致很多贫困治理项目资金无法及时且精准到位，即使到位的资金也往往没有发挥最大的治理贫困效益，出现贫困治理资金与项目二者之间的偏离和转换现象。① 最后，缺乏体系化、制度化的问责机制。目前还未形成规范化、制度化的贫困治理监督问责反馈机制，对贫困治理成效欠缺评估与考核。

二、农村老年贫困治理的政策局限性

（一）普惠式贫困治理难以精准脱贫

回顾中国共产党走过的光辉历程，可以清楚地看到，中国共产党始终

---

① 所谓目标偏离与转换，在贫困治理实践中，原定的预防贫困、帮助贫困人口脱贫以及脱贫后发展的目标被其他目标所置换，如维持地方政府的正常运转、投资工业项目等，最终贫困主体无法受益，也无法达成贫困治理目标。

坚持不懈地领导广大人民消除贫困，经历了计划经济体制下的广义扶贫期，经济体制改革引发的大规模缓解贫困期，有计划、有组织的大规模扶贫开发期以及2012年进入精准扶贫期，减贫扶贫脱贫这一惠及亿万人民的壮丽事业取得了巨大的成就。中国特色社会主义发展进入了新时代，中国脱贫攻坚仍然面临严峻形势：贫困群体规模仍然较大，贫困程度依然较深；贫困地区贫困人口致贫返贫现象突出，致贫原因复杂，贫困人口的发展能力与内生动力依然较弱；农村贫困治理存在诸多政策障碍，管理体制机制亟待创新完善；脱贫攻坚力度需要进一步加大，传统普惠式贫困治理策略难以适应新形势下的脱贫攻坚需要。虽然十二五贫困治理工作圆满收官，贫困发生率从2016年的4.5%下降到3.1%，但截至2017年年末，全国依然有3046万人的贫困人口，这部分贫困人口都是难啃的"硬骨头"，特别是区域之间发展的差距加大，农村"老龄化""空心化"与"易贫性"加剧，脱贫攻坚成本越来越高，贫困治理难度越来越大。普惠式贫困治理难以精准识别贫困治理对象，贫困治理对策也就无法精准执行，减贫速率呈逐年下降趋势，如期完成脱贫攻坚任务艰巨。

（二）"层级式"贫困治理结构有缺陷

一直以来，中国实行的是由政府主导的自上而下的减贫方式，也就是"层级式"贫困治理结构。这种贫困治理结构具备决策集中性、权责清晰化、分工明确化、资源动员高效等优点，这些优势曾助力中国取得贫困治理的巨大成就。但其弊端也日益凸显：首先，"层级式"管理容易导致信息传递效率衰减。[①] 政府期望出台的贫困治理决策能百分之百地自上而下传递到贫困主体，贫困主体也期望自己的信息能百分之百地反馈到政府层

---

① 关于层级组织中的信息传递效率衰减的量化分析，美国加利福尼亚州立大学推出"沟通位差效应"理论。他们曾对企业内部信息沟通方式进行研究，发现垂直信息交流沟通方式效率大幅低于平行方式。来自领导上层的信息只有20%—25%被下层知道并正确理解，而从下层反馈到上层的信息则不超过10%（下行效率通常高于上行反馈效率）；然而，平行交流信息的效率则可达到90%以上。换言之，由于层级组织的"位差效应"，使得自上而下的信息传递发生75%—80%的衰减，而自下而上信息反馈发生90%的衰减；但平行交流信息的效率损失只有10%。详见谭诗斌. 现代贫困学导论［M］. 武汉：湖北人民出版社，2012：362－365.

级，但由于沟通位差效应、对信息认知存在差异以及对信息进行的人为过滤等因素，这两个百分之百的最优状态在贫困治理实践中不可能实现。从现状看，贫困治理层级组织过多，[①] 信息传递的链条长，属于单向纵式的信息输送与处理，容易产生"漏桶效应"，致使贫困治理资源无法高效配置到农村老年贫困群体上；[②] 其次，"层级式"行政管理成本大。毋庸置疑，贫困治理中的行政管理成本与政府层级数目呈正比，由来已久的中国式贫困治理结构产生的高行政管理成本不容忽视；最后，"层级式"贫困治理容易产生代理乱象。在"中央政府出钱，委托地方基层办事"的"层级式"贫困治理结构中，经常出现偏离中央政府贫困治理目标的代理乱象，比如改变贫困治理资源的用途，将贫困治理资源用于扶富而不扶贫，等。此外，贫困治理经常遭遇瞄准贫困主体的"两难选择"，一方面，如果贫困对象识别不精准，贫困治理资金将全部或部分"漏出"；另一方面，由于搜寻信息需要一定的成本，倘若十分强调识别贫困主体的精准性，则面临搜寻信息的高行政成本压力，这种"漏出"与低效不得不考虑。

（三）老年特殊群体的精准扶贫盲视

伴随人口老龄化的推进，农村贫困老年特殊群体所占的比重不断上升，亟待贫困治理政策的强力支持。但无论是计划经济体制下的广义扶贫期，还是 1986 年至 2011 年的有组织、有计划的大规模扶贫开发期，均未出现专项性、系统化的老年贫困治理政策。即使 2012 年贫困治理进入精准扶贫期，也只是出现碎片化的老年贫困治理信息：在《中国农村扶贫开发纲要（2011—2020 年）》中，仅从健全社会保障制度层面上进行笼统概述，如逐步提高农村最低保障水平，加快新型农村社会养老保险覆盖进度，加快农村养老机构和服务设施建设，等等。在《中共中央国务院关于打赢脱贫攻坚战的决定》中提到："实行农村最低生活保障制度兜底脱贫。加快

---

① 层级组织的普遍状况是"五级政府、六级管理、七级传递"：中央政府→省（区、市）政府→地（市）政府→县（市、区）政府→乡（镇）政府→行政村（社区）→贫困个体（或项目建设单位）。

② 王三秀：《积极老龄化与我国老年贫困治理路径新探索》，《江淮论坛》2016 年第 1 期。

完善城乡居民基本养老保险制度，适时提高基础养老金标准。""健全留守儿童、留守妇女、留守老人和残疾人关爱服务体系。对低保家庭中的老年人、未成年人、重度残疾人等重点救助对象，提高救助水平，确保基本生活。"① 在《中华人民共和国国民经济和社会发展第十三个五年规划纲要》中指出："推进精准扶贫精准脱贫、支持贫困地区加快发展、完善脱贫攻坚支撑体系"；"改革完善社会保障制度，积极应对人口老龄化，健全养老服务体系。"② 李克强总理在2018年政府工作报告中指出："强化对深度贫困地区支持，中央财政新增扶贫投入及有关转移支付向深度贫困地区倾斜。对老年人、残疾人、重病患者等特定贫困人口，因户因人落实保障措施。"③ 从这些文件可知，虽提及老年特定贫困人口脱贫问题，但主要从完善社会保障层面应对老年问题，尚未出现针对贫困老年人特别是农村老年贫困特殊群体的精细化、针对性、专项化贫困治理政策，对老年特殊群体的精准扶贫盲视必定会影响贫困治理瞄准效度与脱贫攻坚整体进程。

三、农村老年反贫困模式的局限性

（一）"单中心"贫困治理模式成效低

消除贫困，是政府主导的一项重要的公共管理和公共服务活动。政府运用国民收入再分配手段，向贫困主体进行投资和转移支付，为贫困主体提供公共产品和公共服务，这是政府主导型贫困治理的主要内容和基本形式。不置可否，中国以政府为主导的"单中心"贫困治理模式有它的理性与优势，主要表现为权责清楚、分工明确、集中决策、运行平稳，以及权威性和社会动员优势等。但近年来，这种贫困治理模式日益暴露其非理性和缺陷的一面，除了不同程度地感染科层式的本位主义、官僚主义等通病

---

① 中共中央国务院关于打赢脱贫攻坚战的决定 [M]. 北京：人民出版社，2015：13 – 16.
② 中华人民共和国国民经济和社会发展第十三个五年规划纲要 [M]. 北京：人民出版社，2016：136 – 141；159 – 163.
③ 李克强：《2018 年〈政府工作报告〉》，参见 http：//www. wenming. cn/djw/djw2016sy/djw2016sytt/201803/t20180 323_ 462937 4. shtml

外，最重要的是容易产生贫困治理的非效率或"漏桶效应"①。"单中心"贫困治理的非效率、成效低和"漏桶问题"主要表现为：政府在转移支付的过程中难以避免地产生巨额的行政管理成本。政府在贫困治理实践中身兼数职，既是贫困治理资源的投放者，又是贫困治理资源调度使用的管理者与监督者，由于尚未形成规范化、成熟化、系统化的贫困治理机制，容易导致贫困治理目标的偏离，出现盲视农村老年贫困群体的现象。诚然，各层级政府组织对贫困治理信息的认知能力存在差异以及经常发生人为过滤贫困治理信息的情况，导致贫困治理管理信息传递效率损失。此外，贫困治理存在的寻租现象，也会出现贫困治理资源在传输过程中被各个中间环节"截流""私吞"和"漏出"，等最后"流"到农村老年贫困群体时，已所剩不多。"单中心"贫困治理模式产生的以上多种弊病致使贫困治理成效大打折扣。

（二）农村老年贫困治理方式单一

受传统扶贫模式的影响，在长期的老年贫困治理实践中，中国习惯于把资助式贫困治理作为老年贫困治理的主要手段，此举与农村老年现实可行能力不相契合。在中国农村，身体状况良好的老年人与健康状况欠佳的老年人在可行能力的获取方面存在差异性。根据 2010 年农村 60 岁以上人口身体健康状况显示（见表 2—4），近 20% 的农村老年人健康状况欠佳，较之于身体状况良好的老年人，这部分老年群体可行能力较低，容易陷入贫困状态，对他们施以资助式贫困治理策略为上策；40% 的农村老年人身体健康状况良好，有 39% 的农村老年人身体基本健康，这意味着这部分农村老年群体具备一定的可行能力，可以通过自身的努力获取生活资源，从

① 美国经济学家阿瑟·奥肯在《平等与效率——重大抉择》一书中，提出著名的"漏桶效应"理论。奥肯假设，政府对收入分配金字塔顶层 5% 的富人家庭，按平均每个家庭 4000 美元征税，将征得的税收向收入分配底层 20% 的穷人家庭实行转移支付，平均每个穷人家庭理应获得 1000 元的财政资助。然而，这些钱必须通过一个漏桶从富人传给穷人。在此过程中，一部分钱将不翼而飞，所以穷人无法全额收到来自富人的钱。在平均每个富人家庭拿出 4000 美元的同时，平均每个穷人家庭收到的是不足 1000 美元。奥肯指出，这种漏出代表一种非效率，解决问题的重点应当放在"漏桶究竟漏出多少才是税收转移平均化方案获得支持的界限"，即重点放在由再分配所引起的平等与经济效率的权衡问题。

而在一定程度上降低贫困程度。但由于受到市场经济的冲击，有限的技术水平，相对低下的信息获取能力，缺失合适性的开发项目，以及城市化、市场化、工业化导致可用土地急剧锐减等影响，具备一定可行能力的农村贫困老年求生无门。中国在资助式贫困治理目标的导向下，实质上是一种单一性"输血式"农村老年贫困治理的落后模式，欠缺因人施策贫困治理模式的考量，暴露出中国农村老年贫困治理对象甄别机制、农村老年贫困治理的项目选择制度以及农村老年贫困群体"进入"与"退出"管理体系的亟须改革与完善。

（三）老年人的有效需求难以满足

根据社会需求理论可知，需求是一个动态变化的过程，随着生活水平的改善，新的需求不断产生。有效需求的满足程度是衡量农村老年贫困治理成效的重要标尺。[①] 当前，农村老年贫困群体的需求主要指物质层面的基本需求。满足农村老年贫困群体的基本需求是贫困治理决策与实践的应有之义。审视农村老年贫困治理现状发现，农村老年群体的有效需求严重不足，主要表现在：其一，兜底性贫困治理资源供给难以满足农村贫困老年需求。兜底性贫困治理资源供给主要包括新型农村社会养老保险、最低生活保障制度等。在最低生活保障层面，据民政部 2016 年 8 月发布的社会服务发展统计公报显示："农村最低生活保障人数为 4523 万人，其中农村老人为 1949 万人，覆盖率为仅占 43%，与往年相比有所下降，农村最低生活保障支出平均水平为每月 157.18 元；全国县以上农村低保中，约有 30% 农村地区的低保标准低于 157.18 元的低保线。"[②]新型农村社会养老保险发放的养老金也亟待提高。由于农村贫困老年可行能力不断下降，通过

---

① 有效需求是指预期可给雇主（企业）带来最大利润量的社会总需求，亦即与社会总供给相等从而处于均衡状态的社会总需求。1820 年，英国马尔萨斯在《政治经济学原理》中指出，由于社会有效需求不足，存在产生经济危机的可能。1936 年，凯恩斯发表《就业、利息、货币通论》，试图用三大规律解释有效需求不足：边际消费倾向递减规律、资本边际效率递减规律、灵活偏好规律。

② 2016 年 8 月全国农村低保情况 [EB/OL]．中华人民共和国民政部网站．http://www.mca.gov.cn/article/sj/tjyb/dbsj/201609/201609281124.html.

自身获取生活资源的可能性逐渐降低，家庭供给经济资源减少且呈现不稳定的特征，生活成本支出不断攀升，低水平的贫困治理资源供给无法满足农村老年的基本需求；其二，救助性农村老年贫困治理资源供给不足。将贫困治理资源分配给最需要或最贫困的农村老年群体上，这是救助性农村老年贫困治理的主体性目标定位，以期让不同地区的农村贫困老年获得大致的生活救助，但其供给状况可谓堪忧。人口老龄化持续加剧，农村养老服务需求激增，但服务救助供需错位与供给不足成为常态化现象。总之，农村老年贫困治理资源供给不足与供给错位持续上演，导致农村老年贫困群体的有效需求得不到质的改善。

第三节　影响农村老年贫困治理的原因分析

影响农村老年贫困治理成效的原因十分复杂，有历史因素，也有现实因素；有自然因素，也有人为因素；有经济体制因素，也有政治体制因素。把住影响农村老年贫困治理效果的症结所在，才可能开好推动农村老年贫困治理深化发展的药方。以下着重针对农村老年贫困治理遭遇的困境探寻农村老年贫困治理效率不高的主要因素。

一、农村老年贫困治理的制度供给障碍

任何制度都是国家为规范人们在特定环境下的行为所制定的规则。制度供给是一个国家重要的职能体现。长久以来，农村老年贫困治理存在的制度供给不足与制度供给不均衡并存是导致农村老年贫困治理成效低下的重要原因，从某种意义上说，农村老年贫困的实质是制度贫困。

（一）农村社会保障制度不完善

农村社会保障制度不健全是造成农村老年社会保障水平低下的关键因素，出现这一局面的主要原因有以下方面：首先，基于发展与稳定的抉择。通过对历史的考察不难发现，所有国家的决策者总是在发展与稳定之

间进行抉择，往往将稳定视作手段，发展才是要时刻关注的目标。中国政府对稳定与发展的态度与政策取向也是如此，当下中国的首要目标仍是发展，虽然强调"没有稳定，什么事也干不成"，"保持稳定的政治环境和社会秩序，具有极端重要的意义"，但稳定的归宿在于发展，是发展的条件，而非目的本身。从政府层面上，农村社会保障制度也体现为保持社会稳定的重要手段，政府在规制农村社会保障制度上往往处于被动应付而非积极主动的行为，且具有明显的短期化特征，因此，中国政府长期以来在农村的战略目标是发展农村经济而非竭力完善农村社会保障制度，这是农村社会保障制度滞后的原因之一。

其次，受到城乡"二元"经济结构的负面影响。为加快中国的工业化、城镇化进程，中华人民共和国成立后，中国实行城乡分离的二元经济结构。在这一经济结构下，中国农村在农业生产规模、技术水平、资金积累、农业收入等方面受到负性的冲击，阻碍了农业的现代化；大量农业劳动者受到利益的驱动而离开家园，放弃农业，走向城市，导致农村"空心化"，农业规模不断萎缩；自此城乡差别、工农差别不断拉大。再者，受到传统体制下城乡壁垒的制度环境的影响。为实现对人口流动和迁移活动的绝对控制，国家将社会保障制度与户籍制度直接挂钩，将户籍制度与资源分配相结合，其结果是加剧了原有的城乡差距。在二元化的社会保障制度下，城乡社会保障差距不断加大，农村社会保障在内容、水平、覆盖面等层面均低于城镇，贫困问题在农村此起彼伏。

（二）农村福利供给制度严重缺失

在城乡二元化的架构下，中国长期存在城乡二元化的福利结构，农村农民被排斥在以城镇为中心的福利供给体系之外，农村福利供给制度严重缺失，造成这种局面的主要根源有：其一，缺乏全国统一的社会福利供给制度，致使福利供给制度出现明显失衡。由于缺乏普遍性的社会福利原则的指导理念，缺乏在中国特色普惠性社会福利制度指导下的福利资源分配的正义性与公平性理念，中国政府实行城乡有别的福利供给制度，导致福利供给制度普遍存在"碎片化"与"非均衡"的问题。从城乡福利供给制度上，城镇在养老、医疗、教育等福利供给层面发展迅速，而农村社会福利制度在供给内容、供给范围、供给水平上与城镇相比存在较大差距，不少贫困地区甚至处于福利供给"空白"状态。透析农村地区福利供给状况发现，贫困人口的福利供给主要还是停留在政府救济的层面上，农村地区之间的福利供给差距也不小，呈现"马太效应"，富者愈富，穷者愈穷，城乡普惠性福利供给制度亟待调整。其二，公共财政支出缺乏均衡性。福利供给属于公共财政支出范围，受到全国经济发展水平、农业发展状况的制约，以及公共财政制度缺失"均等性、公共性、公正性、正义性"理念，导致"占有总人口65%的农村居民享有的福利资源仅为全国公共财政支出的福利资源的20%左右"，[1] 这样的福利财政支出结构，显然严重失衡，不但不符合福利支出的"正义原则"，使真正需要帮助的贫困人口无法享有应有的福利供给。

（三）土地保障作用弱化

土地是中国农村农民的主要依靠。伴随着改革开放和社会深入转型，土地防范贫困风险的能力大幅下降。土地保障功能弱化的原因有：一是中国农村人多地少，城市化和工业化进程加速使中国耕地消失的速度比农业人口增长的速度还快，大量土地被征用。根据中华人民共和国国土资源部网站公布的数据显示（见表2—11），自2010年到2017年间，因建设占用、灾毁、生态退耕、农业结构调整等原因，每年中国的耕地面积都在减少；自2010年到2017年间，因建设占用、灾毁、生态退耕、农业结构调整等原因，每年中国的耕地面积都在减少；2017年年末，全国耕地面积为13486.32万公顷（20.23亿亩），全国因建设占用、灾毁、生态退耕、农业结构调整等减少耕地面积32.04万公顷，通过土地整治、农业结构调整等增加耕地面积25.95万公顷，年内净减少耕地面积6.09万公顷。[2]二是

---

① 张映芹. 制度理性与福利公正：基于国民幸福视角的分析［M］. 北京：中国社会科学出版社，2011：177.

② 2017中国土地矿产海洋资源统计公报［EB/OL］. 中华人民共和国自然资源部网站. http：//gi. mlr. gov. cn/201805/t20180518_ 1776792. html.

20 世纪 90 年代以来，受到国际经济形势变化和国内发展社会主义市场经济的影响，单位农产品成本上升，而农产品价格却普遍下滑，广大农民从土地上获得的收入在其收入结构中所占的比重持续下降，土地的持续贡献率下降。农村土地多实行小规模经营，农产品收益率不高，土地集体所有制又限制了农民对土地财产进行变现的可能性，农民负担加重。三是在中国近三十年的经济社会转型中，形成了大规模的"乡—城"人口迁移浪潮，加速了农村社会人口老龄化与"空心化"进程。随着农村老年可行能力的持续退化，农村老年通过土地获得的收益下降，所获资源也日益萎缩，逐渐沦为贫困人口。

表 2—11　2010—2017 年全国耕地面积变化情况

年份	2010	2011	2012	2013	2014	2015	2016	2017
减少耕地面积（万顷）	42.90	40.68	40.20	35.47	38.80	30.17	34.50	32.04
增加耕地面积（万顷）	31.49	37.73	32.18	35.96	28.07	24.23	26.81	25.95

数据来源：根据中华人民共和国自然资源部 2017 年中国土地矿产海洋资源统计公报相关数据整理所得。2017 中国土地矿产海洋资源统计公报［EB/OL］．中华人民共和国自然资源部网站．http：//gi. mlr. gov. cn/201805/t20180518_ 1776792. html

二、农村老年贫困治理的政策供给乏力

（一）贫困治理对农村老年特殊群体的盲视

特殊群体特指某些群体在社会结构中的特殊地位及其生存状况，在中国《宪法》中明确指出妇女、儿童、老年人和残疾人这四类为特殊群体。中国连续 30 多年有体系、成规模的贫困治理行动得到了国际社会的广泛肯定，目前解决特殊群体的贫困问题成为贫困治理工作的重中之重。针对妇女、儿童、残疾人三类特殊群体的大纲性、专项化贫困治理政策主要有：正在实施的《中国妇女发展纲要（2011—2020 年）》《中国儿童发展纲要（2011—2020 年）》《中共中央国务院关于促进残疾人事业发展的意见》以及《中国残疾人事业中长期人才发展规划纲要（2011—2020 年）》。其中在妇女贫困治理上，政府还启动了一系列改善妇女健康状况的项目：如

"母亲水窖"工程、"母亲健康快车""母亲复明扶贫工程""贫困母亲两癌救助专项基金"等。虽然也出台了《"十三五"国家老龄事业发展和养老体系建设规划》与《老年人权益保障法》等，但只是明确老年群体基本权益保障在国家和社会发展中的重要位置，仅从宏观层面提出政策辅助与支持，并未出现专项性的政策规定，导致在贫困治理政策系统中缺位。此外，农村老年安全意识不强，自我保健意识薄弱，可获得的支持性资源有限，致使农村贫困老年抗风险能力低、生活水平低下、经济贫困等现象突出，成为最易滑入贫困陷阱而难以脱贫的弱势群体。在中国已有的老年特殊群体贫困治理政策中，往往体现为粗放型贫困治理模式，对农村贫困老年的呼声和需求缺乏关照，从而忽视农村老年贫困群体的个体性、差异化的生存生活需求。

（二）农村老年贫困治理政策瞄准偏差

贫困治理中有普适性（universal）与瞄准性（targeting）两种类型的贫困治理政策。[①] 普适性贫困治理政策需要政府具备充裕的财政资源以保证政策的顺利实施，但有限的财政支出投放在庞大的贫困主体上会削减贫困治理的效度；瞄准性贫困治理政策需要政府支付高昂的交易成本，从庞大的人群中识别贫困治理对象。现阶段，在中国剩存的贫困人口中，农村老年占多数，农村老年贫困群体呈现分散性与多样性、多重交叉的脆弱性与隐蔽性以及脱贫的艰巨性等特征，传统的普适性贫困治理政策已经难以适应新时期的脱贫攻坚实际，难以实现如期脱贫的目标。虽然瞄准性政策要面临信息不对称、巨大的成本压力（包括筛选成本和信号成本）等令人头痛的问题，但在"任务特别重、骨头特别硬"的贫困治理攻坚阶段，克服万难以深推精准扶贫政策势在必行。

放眼现实，农村老年贫困治理政策靶向仍不精准。一是瞄准对象"脱

---

① 普适性贫困治理不进行个体类别的区分，主要按一定的原则对所有个体实施政策，如公共教育和医疗支出、基础设施建设和统一性转移支付等；瞄准性贫困治理只针对贫困主体，并根据贫困主体的实际生活情况进行补贴，主要有工作福利制（workfare）、实物转移等。详见方迎风、张芬. 多维贫困视角下的区域性扶贫政策选择［M］. 武汉：武汉大学出版社，2015：175.

靶"。《中国农村扶贫开发纲要（2011—2020年）》对扶贫对象的规定是：在扶贫标准以下具备劳动能力的农村人口为扶贫工作主要对象。但在很多贫困地区，有相当多的农村贫困老年处在扶贫标准以下，生活窘困，温饱问题都无力应对，却未能得到切实的帮扶。二是瞄准"错靶"，中国"自上而下"的贫困治理决策机制决定了县、乡等政府部门或组织在农村老年贫困治理决策中的主导性地位，这种决策机制虽有利于发挥集体决策的优势，但决策主体做出的决策结果难以避免地出现失误或欠科学性与合理性。同时，农村老年贫困治理监管机制也不完善，贫困治理主体在确定帮扶对象上往往会产生两种"错靶"情况，一方面贫困治理主体自身水平有限，缺乏精准治理理论与实践的指导，在农村老年贫困治理政策运作中出现贫困对象识别不精准、资金使用不得当等问题；另一方面贫困治理主体在贫困治理政策实施中带有一定的随意性，缺失正义性与公平性理念，尤其在认定贫困治理对象时出现"优亲厚友""弄虚作假""应扶不扶"等违规舞弊现象，造成贫困治理资金和资源的浪费与流失。

此外，农村老年贫困治理存在性别盲视。由于农村女性受教育程度明显低于男性，在生命周期中其身体状况更易受到损害，以及农村女性贫困老年的权益更易遭受侵害等负性因素，农村老年女性贫困化凸显。长期以来农村贫困老年女性被划定为家庭均质或村落均质的群体，缺乏社会性别的视角和敏感度，在解决农村老年女性贫困问题时缺乏应有的政策倾斜和体现性别向度的贫困治理策略。

（三）农村老年贫困治理存在性别盲视

在中国人口老龄化过程中，农村老年人口总量呈快速上升的趋势，而且农村老年女性的贫困问题日益凸显。造成农村老年贫困女性化的主要因素有：其一，农村女性受教育程度明显低于男性，"在中西部地区，接受过高中阶段及以上教育的农村女性比例为10.0%，比该地区农村男性低4.6个百分点"，[①] 农村老年女性接受教育与参加培训的机会均少于男性，

---

① 全国妇联、国家统计局. 第三期中国妇女社会地位调查主要数据报告 [EB/OL]. 中国网. http://www.china.com.cn/zhibo/zhuanti/ch-xinwen/2011-10/21/content_23687810.htm.

其中受教育程度明显低于男性的现象直接导致男女两性在就业与收入方面的差距，成为农村老年女性贫困化的潜在因素；其二，农村老年女性健康状况比男性差，"贫困地区老年女性患病人口高于男性，老年女性医疗支出占老年费用支出比例比男性高，随着年龄增长，女性患病比率明显上升"①，在生命周期中农村老年女性身体状况更易受到损害；其三，农村女性贫困老年人的权益更易遭受侵害。尤其在边远地区，贫困女性被拐卖、买卖婚姻、强迫婚姻、忍受家庭暴力伤害等问题时有发生。在农村，赡养纠纷中涉老案件占 60%—90%，其中老年女性占多数，在受虐待、遭打骂、被遗弃、被迫自杀的老年人中，多数是无配偶、无业、文化程度低的老年女性。"男女之间存在的巨大不平等与扶贫和经济发展有着紧密的联系"②；其四，随着大量年轻力壮的农村劳动力流向城市，留守在农村务农的主要是妇女与老年人群体，农业老年女性化现象凸显。诸多负性因素合力加剧了农村老年贫困女性化的态势，而传统贫困治理中的性别盲视使农村老年女性贫困问题日益凸显。由于中国在宏观上采取以区域性扶贫为主导的策略，在微观操作上以家庭户或村镇为单位划分贫困人口，长期以来农村老年女性贫困人口被设定为家庭同质性群体或村落同质性群体，③ 缺乏社会性别的视角和敏感度，在解决农村老年女性贫困问题时缺乏应有的政策倾斜，也未能体现社会性别意识的贫困治理策略。

三、农村老年贫困治理机制不完善

（一）农村老年贫困治理识别机制有漏洞

贫困识别就是选择并确定贫困治理对象，判定贫困治理对象是否为真正的贫困聚集区域和贫困人口的过程，是贫困治理中基础性、关键性的步骤。进入新时代，贫困治理工作步入纵深阶段，农村贫困老年是剩存贫困

---

① 王增文. 农村老年女性贫困的决定因素分析［J］. 中国人口科学，2010（1）：75－83.

② 世界银行. 2000—2001 年世界银行发展报告：与贫困作斗争［M］. 北京：中国财经经济出版社，2001：73.

③ 同质群体是根据年龄、智力、能力等指标划分，在某些方面相同或相近的群体。与"异质群体"相对。

人口中的主要群体，精准识别农村老年贫困人口是打赢脱贫攻坚战的关键环节。只有做到精准识别，才能使贫困治理政策和项目安排靶向真正的困难群体，但目前农村贫困老年识别机制还存在很多不足之处。一是贫困识别指标单一化。① 农村老年贫困人口的识别还是以全球使用最广泛的以农村老年收入为指标进行衡量，这种衡量指标并不能全面准确地反映农村老年贫困状况，这是因为农村老年所受的剥夺是多方面的，每个方面的剥夺都深刻影响农村老年的贫困状况。鉴于农村贫困老年致贫的复杂性与多维性，仅仅依靠单一的收入维度作为贫困识别指标，不足以反映其他方面的剥夺与社会排斥情况。二是贫困识别方法有待调整与完善。识别农村老年贫困人口的手段可借鉴 20 世纪 80 年代出现的农村快速评估技术（PRA）②，也可利用在实践中广泛应用的"矩阵分析法"，但从总体看，贫困识别方法体系还欠缺针对性、系统化，其精度、效度以及信度都亟待提升。三是农村老年贫困人口的统计标准不统一。从 1986 年到 2011年，中国贫困标准从 203 元到 2300 元，增长超过了 10 倍。虽然有了国家现行的统一贫困标准线，但国家统计局、民政局以及扶贫办等部门在统计贫困人口时的口径不一致。人口信息采集机制的不完善，统计的信息缺乏及时地衔接与共享，基层组织甄别贫困对象时经常出现交叉重叠的乱象，导致对农村老年贫困人口的统计欠精准，影响农村老年贫困治理效率。

（二）农村老年贫困治理需求响应机制缺失

20 世纪 90 年代中期以来，世界银行等开始逐渐引入并使用"需求响应机制"这个新概念，其定义的界定是"任何供给（资源、制度）都需要考虑需求，而基于需求或者能够充分反映需求者需要的供给才可能成为有

---

① 贫困识别指标及其对应的贫困识别标准是用于测量和识别贫困人口的重要工具。

② PRA（Participatory Rural Appraisal）参与式农村评估是一种快速收集农村信息资料、资源状况与优势、农民愿望和发展的新方法。PRA 的核心是把发言权、分析权、决策权交给当地人民；PRA 的起因是为了获得可靠、及时的信息。

效供给"①，这种供给机制的显著特质为：为了尽量使供给与需求二者之间保持相对平衡的状态，秉持需求导向理念，既注重关切需求者的实际需求状况，又考虑到供给方的实际供给能力与水平。因此，在农村老年贫困治理实践中，应力求建构一种能够有效回应农村贫困老年现实需要的、具有需求响应特质的机制。长期以来，农村老年贫困治理采用的是"自上而下"集中制的决策机制，主要体现了政府官员、组织机构、专家学者等"局外人"的意志，政府成为农村老年贫困治理的主体，拥有绝对的主导权，承担主要的责任，这种机制、模式无法及时、高效地获取农村贫困老年的相关信息，容易忽视贫困主体的现实需求。邓大才基于全国13个省72个贫困村1702位农民的调查，研究发现："在587个有效样本中，农民表示扶贫项目内容或对象确定前，参与过讨论的有158位，占比26.92%；没有参与过讨论的农民占比73.08%。"② 由此可知，超过七成的农民没有参与过贫困治理项目的讨论，部分农民对贫困治理事项一无所知，说明贫困治理计划缺乏群众参与和民意基础。由于缺乏高效率、易操作、"自下而上"、可持续性强的需求响应机制，同时，绝大多数农村老年人文化水平低下甚至文盲、信息闭塞、观念落后、权利意识淡薄，即使现实需求紧迫、身处绝对贫困境地，也因缺乏表达需求的平台与渠道，而导致"集体性失语"。农村老年贫困群体的需求无法顺利实现"自下而上"的递送，农村老年贫困治理决策往往容易偏离了以农村贫困老年需求为导向的轨道，农村老年贫困治理政策往往缺乏合理性与针对性。

（三）农村老年贫困治理监管机制不健全

任何一种有活力的制度设计必须要有自我纠偏能力，这种纠偏能力必须靠相对完善的监督体系的有效运行。正如孟德斯鸠在《论法的精神》一书中曾说："一切有权力的人都容易滥用权力，这是万古不变的经验。有

---

① 郑宝华、蒋京梅.建立需求响应机制 提高扶贫的精准度［J］.云南社会科学，2015（6）：90-96.

② 徐勇.反贫困在行动：中国农村扶贫调查与实践［M］.北京：中国社会科学出版社，2015：172.

权力的人使用权力一直到遇有界限的地方才休止。"① 改革开放以来，中国民主与法制建设取得了一定的发展，虽已初步建立了行政监督体系。但我国还处于社会主义初级阶段，在农村老年贫困治理领域，行政监督机制尚处于摸索阶段，还存在很多薄弱环节。农村老年贫困治理是一项系统工程，监督管理也具有全面性和复杂性。农村老年贫困治理监管体系包括信息监管、资金监管与组织监管三个方面，它们之间相互联系、相互补充、相互作用。

当前，贫困治理监管机制不完善成为农村老年贫困治理效果不理想的重要因素。在信息监管上，由于缺乏"大数据"思维与统筹管理意识，传统的农村老年贫困治理理念往往基于贫困治理的局部"现实"的抽象分析方法，运用单一指标，采用一定方式选择样本数据，根据部分农村老年的需求预判多数农村老年贫困人口的行为模式与需求，所得数据呈片面化、碎片化；在数据处理中，由于对数据资源缺乏统一性、标准化的应用规则，缺乏高效的信息处理行为，经常出现信息孤岛现象。另外，信息登记不全面、有误差，脱贫和返贫人口信息调整欠动态化，无法实现农村老年贫困人口数据的及时更新、共享、对接。在农村老年贫困治理的资金监管上，虽然近些年取得了一定的进展，但在实践中侧重于贫困治理项目申报与资金拨付，对于贫困治理资金能否真正用于农村贫困老年身上，缺乏追踪与问责机制。在贫困治理资金运行上，政策执行不到位，资金管理松散，经常出现拨付不及时，随意扩大贫困治理资金的使用范围，出现截留、挪用、骗取、套取农村老年贫困治理资金的现象，报账制度不完善，财务管理存在缺陷。此外，监督反馈机制依然薄弱。对贫困治理资金使用的真实性、合理性、有效性，以及是否取得预期设定的目标等仍然缺乏全过程的监督、修正与纠偏。在组织监管上，农村老年贫困治理涉及多个部门的共同运作，依靠单个组织、单个部门难以完成贫困治理使命。目前许多部门仍然是"各吹各的号，各唱各的调"，单打独

---

① 孟德斯鸠. 论法的精神（上册）[M]. 张雁深译. 北京：商务印书馆，1961：154.

斗，存在部门条块分割、各自为政、职责不清的问题，缺乏必要的衔接与配合，自律、他律和互律多元监督框架缺失，农村老年贫困治理绩效评估问责机制缺位。

四、农村老年贫困治理的模式缺陷

（一）多主体参与贫困治理模式还不成熟

农村老年贫困呈现复杂性特征①，农村老年贫困治理也是一项复杂性的系统工程，需要多主体参与治理。在长期的贫困治理实践中，虽然多方参与贫困治理的意识日渐增强，多主体参与也初显成效，但多主体参与贫困治理仍然处于探索发展的阶段。一是多主体参与贫困治理的自主自觉意识尚未形成。农村贫困老年作为"弱中之弱、贫中之贫"的特殊群体，虽然越来越多的人已经认识到对这一群体的贫困治理不能单纯是政府的责任，但目前社会公众对多主体贫困治理的理解仍然停留在"他律"阶段，即便部分社会公众具有参与农村老年贫困治理的意识，但对如何参与以及如何有效参与缺乏系统的认知。二是多主体参与农村老年贫困治理的力量弱小。从参与主体的数量看，参与农村老年贫困治理的最大主体还是政府，民营企业、社会组织和个人参与贫困治理的数量有限，规模小，缺乏应有的影响力；多主体参与贫困治理的资金来源不稳定，投入的项目强调短期效益，带有阶段性特征，缺乏可持续性。从总体看，参与农村老年贫困治理的主体中，兼具筹资能力、交流能力、执行能力等的高水平人才匮缺，造成贫困治理的专业化程度不高，贫困治理效率低下。三是多主体参与农村老年贫困治理缺乏强有力的机制支撑。主要表现在：制度保障缺失，组织管理有弊端，协调机制不健全，激励机制亟待建立与完善，尚未建立可行性强的考评机制。还有，除了多主体参与农村老年贫困治理的能力受限之外，中国农村老年贫困治理的相关法律法规建设滞后，对多主体参与贫困治理缺乏规范性的引导与保护，对合法可行的贫困治理计划缺乏

---

① 农村老年贫困的复杂性是指农村老年贫困人口众多、贫困结构特征复杂、贫困的表现多维性以及致贫原因的多样化等。

明确有力的政策激励。

（二）对农村老年的现实需要把握不精准

马克思认为"需要是人的本质属性"[1]，是人成为人的根本。中国农村老年贫困群体的需要主要体现为基本生存需要，他们缺乏基本的生存条件，是最需要得到扶持的绝对贫困群体，体现了需要的刚性特征。[2] 精准把握农村老年贫困群体的现实需要是制定与实施贫困治理政策的前提。从当前农村老年贫困治理现状分析看，对农村贫困老年的现实需要出现瞄准偏差是致使贫困治理低效的重要因素。从需要理论视角看，需要确定过程是需要理论的核心。农村老年需要确定过程的主要目标是确定目标群体的基本需要。长期以来，在农村老年贫困治理中，农村老年需要的内容往往由社会的精英群体或政府组织及官员通过"自上而下"的模式进行确定。对贫困治理项目是否契合农村贫困老年的现实需要，缺乏深入的考察与分析，致使需要确定过程产生不合理的现象。同时，衡量农村老年现实需要的途径有待完善，以往贫困治理主体主要从农村老年的收入角度判定其现实需要，容易产生判定偏差现象。由于农村老年致贫原因的复杂化与多元性，其日常支出状况也呈现差异性。倘若对农村老年现实支出现状加强调查、统计与分析，从实际或预期支出的视角进行衡量，侧重考虑他们的刚性支出，[3] 就能提高农村老年现实需要的核算精度，为开展农村老年贫困精准治理埋下伏笔。

第四节　福建宁德农村老年贫困治理的经验与启示

福建省宁德市俗称闽东，是全国最大的畲族聚居区和著名的革命老苏

---

① 马克思恩格斯全集：第 3 卷 [M]．北京：人民出版社，2016：514．

② 刚性需要多形容某一物品的某一特性不会随其他因素的改变而改变，是必需品、必要的条件，强调的是某一种物品的必需程度，例如人类对食物的需要就是刚性需要。

③ 刚性支出是指因大病重病、突发事件等原因造成刚性支出过大，远远超出承受能力，实际生活水平处于绝对贫困状态的农村老年贫困群体。

区，曾被称为黄金海岸线上的"断裂带"。它是全国 18 个集中连片特困地区之一，所辖 9 个县（市、区）均为老区重点县，其中 6 个被定为国家级贫困县，120 个乡镇共计 52 个被纳为省级贫困乡镇。"但愿苍生俱饱暖，不辞辛苦出山林。"1988 年至 1990 年，习近平总书记在担任宁德地委书记期间，将贫困治理工作摆在极为重要的位置，围绕闽东地区如何加快发展与脱贫致富这个主题，提出"为官一场、造福一方""求真务实、艰苦奋斗""扶贫先扶志""弱鸟先飞""滴水穿石""行动至上""四下基层""强化基层党建"等一系列富有创见性的理念、观点与方法。从 20 世纪 80年代末起，立下大志，务实高效，逐渐摆脱贫困。截至 2015 年底，"宁德贫困人口从 77.5 万下降到 14.5 万，其中现行国家贫困标准线以下 11.32万人；贫困面从 30% 下降至 4.26%，"[1] 逐步实现从"生存型贫困治理"向"发展型贫困治理"转变，农村老年人口贫困发生率逐步下降，老年群体获得感有所提升，创造了富有特色与突出成效的"宁德模式"。

一、建立健全农村贫困治理机制

按照党中央、国务院的决策部署，要加快形成中央统筹、省（自治区、直辖市）负总责、市（地）县抓落实的贫困治理工作机制，做到责任对位、分工明确、任务到人、考核科学。落实"六六四"工作机制[2]，实行"领导包村、干部包户、龙头带动"，建立健全"党政主导、多方参与"的贫困治理工作体系。农村老年贫困治理"宁德模式"的核心要义在于精准施策。首先，建立农村贫困治理对象瞄准机制，解决"扶持谁"的问题。找准贫困治理对象、摸清致贫病根是实施贫困精准治理的前提和基础。宁德"六六四"贫困治理机制将贫困对象锚定为贫困村、贫困户，重视基层党组织建设，各部门的相关领导组织贫困治理队伍"四下基层"，

---

① 伊漪、李益长. 增权理论在民族村寨生态资源扶贫开发中的应用研究——以"中国扶贫第一村"赤溪村为例 [J]. 广西民族研究，2016（3）：161－165.

② "六六四"指六到村、六到户、四到县，即结对帮扶干部到村到户、产业扶持到村到户、教育培训到村到户、农村危房改造到村到户、扶贫生态移民到村到户、基础设施到村到户，以及责任、权力、资金、任务的"四到县"。

通过进村进户挨家走访，深入了解民众生活状况，完善建档立卡工作，使贫困治理信息记录动态化，切实弄清楚贫困人口规模、贫困群体类别、贫困深度、致贫返贫原因。其次，建立农村贫困治理责任精准到位机制，明确"谁来扶"的问题，这是农村贫困治理的关键环节。习近平总书记强调市（地）县党组织和各级政府都要做好协调衔接工作，形成务实高效的上下联动机制。按照"市统筹、县抓总、乡落实"的工作机制，严格执行农村贫困治理"一把手"负责制，签订"军令状"，层层落实责任，建立"六项百分百责任制"，① 构建责任有人担、任务有人扛、工作有人办、成效可评估的贫困治理大格局。最后，健全贫困治理的措施，解决好"怎么扶"的问题。习近平总书记强调要因地区因贫困群体状况分类别施策，健全社会保障兜底机制，实施造福搬迁、改善交通条件、发展绿色产业、发挥慈善力量等举措合力推进贫困治理，做到靶向治疗、精准滴灌。宁德"六六四"贫困治理工作机制与习近平的"六个精准"要义高度契合，切实将精准治理理念贯穿于贫困治理全过程。

二、健全农村老年贫困治理的制度保障

关爱老年群体，重视老年贫困治理工作，着力完善农村老年兜底性制度保障，创新养老服务模式，建立健全老年群体关爱服务体系，是宁德市社会和谐度持续提升，农村老年获得感、幸福感不断增强的重要推手。

（一）夯实兜底性脱贫保障制度

宁德市深入贯彻党中央扶贫政策，不断完善农村最低生活保障制度，对依靠产业扶持和就业帮助仍无法摆脱贫困的老年贫困群体实行政策性兜底，切实发挥兜底保障功能，为老年群体编密织牢安全网。伴随人口老龄化的加剧，宁德市高龄人口空巢化趋势也愈演愈烈，截至2013年底，"全市共有60周岁以上老年人口47万人，'空巢老人'达13.1万人，占全市

---

① 六项百分百责任制即百分百落实市领导包县、县领导包乡、乡领导包村、村干部包户、下派第一书记包重点村、社会力量包重点户的挂钩帮扶制度。

老年人口总数的 27.8%，高于全省水平"①。其中不少城乡残疾孤寡老年人既没有法定赡养人又失去劳动能力，没有固定生活来源，贫病交加，生活状况令人担忧。为了保障老年群体的基本生活权益，宁德市政府部门从当地现实状况出发，出台了《关于做好残疾孤寡老人帮扶救助工作的意见》等。根据《意见》，为夯实最低生活保障制度的兜底功能，宁德市政府加大资金投放力度，全面提高农村贫困老年供养标准。针对重度残疾孤寡老人的生活救助金，由现有农村每人每月 30 元提升至 50 元，有条件的地方，还尽量实行深度贫困和重度残疾老年群体生活救助一体化政策。

（二）稳步发展基本养老服务体系

为提高养老服务水平，2015 年宁德市出台《关于加快发展养老服务业的实施意见》，该意见计划到 2020 年，宁德市按每一千名老年人为计算单位，养老机构所拥有的床位数将超过 35 张，其中护理型床位数占养老服务机构总床位比例超过 30%；根据宁德市实际需求状况，市社会福利中心将着力建成护理型养老服务机构，"养老服务设施覆盖所有城市社区 90% 以上的乡镇和 60% 以上的村"②。创新养老服务发展模式，竭力激发社会多元主体参与养老服务的热情，从政策、财力等层面支持与鼓励社会力量成为养老服务供给的重要主体，着力打造一系列覆盖面广、产业链条长、收效显著、社会反响良好、真正使老年人获益的养老服务产业集群，并且不断健全养老服务业的人力资本发展、评价考核以及管理监督问责等相关法规体系。

同时，大力发展居家养老服务，推动城乡社区居家养老服务发展。宁德市根据相关文件，将以有偿提供与优惠服务相结合为主，政府购买服务为辅的形式开展居家养老服务，宁德市 70 周岁以上的城镇"三无"人员、农村"五保"对象等城乡困难老年人可获得政府购买服务。此外，针对残疾孤寡老年贫困群体给予政策倾斜，这些人群参加城镇居民基本医疗保险或新农合需个人缴纳的费用，由地方政府给予全额补助。除外，为了提高养老服务机构应对风险与善后处理能力，由宁德市民政局牵头，同市财政局、市人保财险公司联合制定养老服务机构责任保险的实施方案，开展养老服务机构责任保险试点，为困难老年群体织就一张"安全保障网"。根据 2016 年国务院下发的《关于加快推进城乡社区居家养老专业化服务的实施意见》，预计到 2020 年，宁德市实现每一个社区对接居家养老专业化服务组织，全市实现城市社区服务站全覆盖。同时建立健全养老服务信息化平台，建立专业化服务团队，为本地老年人提供基础养老服务，为特定老年群体提供低偿服务，政府以不低于 20 元的标准为这类老年群体购买服务，并建立激励奖惩措施。①

同时，宁德市还积极探索与推广养老服务新模式。根据福建省出台的《2014—2015 年福建省社区老年人日间照料中心试点建设方案》，宁德市从城乡老年人的基本需求出发，立足于规范化、标准化的要求，借鉴其他地区日间照料中心的发展经验，建立与完善日常活动管理制度和正常运营长效机制，积极探索以社区为单位的老年人日间照管中心，发展社区居家养老服务新模式，这种新模式让老年人白天能得到照料，并参与一些活动，晚上又可以与家人共处。② 从社会需求理论看，需求是一个动态化的过程，随着社会的进步，新的需求也不断产生，老年人的多样化养老需求也在不断增长，因而，这种在家居住、日间有人陪伴和照料的养老模式倍受老年人的青睐。

（三）积极推进医疗保险服务工作

宁德市根据《中共中央国务院关于打赢脱贫攻坚战的决定》等相关文

---

① 2017 年，市级财政将安排 100 万元，采取"以奖代补"的方式，对 2016 年底前完成专业化服务落地的县（市、区）给予奖励。

② 项目建设规模原则上参照以下标准：一类，社区人口 3 万—5 万人，建筑面积 1600 平方米；二类，社区人口 1.5 万—3 万人，建筑面积 1085 平方米；三类，社区人口 1 万—1.5 万人，建筑面积 750 平方米；四类，社区人口 0.5 万—1 万人，建筑面积 580 平方米。居室功能配置上，合理设置老年人生活服务、康复保健、娱乐及辅用房。服务功能上，老年人社区日间照料中心将根据本社区老年人需求，重点完善生活照料、配餐就餐、康复保健、精神慰藉四项基本服务。

件规定，开展医疗保险工作，实施健康扶贫工程，推进医疗救助脱贫，积极防治因病致贫、因病返贫。首先，宁德市根据《福建省人民政府关于加快发展养老服务业的实施意见》等文件精神，推进医养结合、医养兼容工作，防治老年人因病致贫，逐步提高老年人的生活质量和健康水平。加强医院康复科和老年病科建设，提升医疗机构服务能力，积极开展老年人健康服务管理。① 同时，出台《宁德市人民政府关于加快发展养老服务业的实施意见》，加快落实医养结合相关措施。其次，宁德市积极推进基本医疗保险改革，出台《关于做好进城落户农民参加基本医疗保险和关系转移接续工作的办法》，将进城落户农民纳入城镇基本医疗保险制度体系，进城落户农民可以根据自身实际参加相应的城镇基本医疗保险，妥善处理医保关系转移接续中的有关权益。再次，宁德基层医疗机构为老年人提供预约上门养老服务。为了增进老年人福祉、满足老年人多样化的健康养老服务需求，宁德市转发《关于加强医疗机构与养老机构合作的通知》，要求各类养老机构与当地医疗机构签订合作协议。该协议将明确双方责任、权利义务等事宜，建立急救、转诊等合作机制，为老年人提供专业的医疗服务。最后，激发社会各界参与养老服务的热情，努力集结社会各界资源，并依托社区各类专业化服务机构和信息网络平台，实现基层医疗卫生机构与当地养老服务机构无缝对接，为养老机构、照料中心等提供健康养老指导，贯彻分级诊疗制度，积极推进基层医疗卫生机构转变服务，加强老年医疗服务的针对性、人性化供给，力争缓解老年医疗护理的供需矛盾。

三、加强对老年群体的人文关怀

二十多年前，习近平总书记在宁德地区工作，牢牢记住了中国古人的一句话："善为国者，遇民如父母之爱子，兄之爱弟，闻其饥寒为之哀，

---

① 在社区居住半年以上的65岁以上老年人（包括65岁），无论户籍和非户籍人口，都能在居住地的乡镇卫生院或社区卫生服务中心（站）享受老年人健康管理服务。服务内容主要包括生活方式和健康状况评估、一年一次较全面的健康体检和健康指导等。详见宁德市积极推进医养结合工作 [EB/OL]. 全国老龄办官网. http://www.ndll.gov.cn/cms/www2/www.ningdellb.gov.cn/942DCB485B769A86A99 B4B5 E1F2D4679/2016 - 05 - 05/37DE79E01A BF992DE6BD5364953C2723.html.

见其劳苦为之悲。"他指出："在保障和改善民生过程中，要格外关注困难群众，时刻把他们的安危冷暖放在心上，关心他们的疾苦，千方百计帮助他们排忧解难。"① 宁德市政府也时刻感怀老年人疾苦，注重对他们给予人文关怀。首先，针对老年困难群体实行一对一挂钩帮扶措施。宁德市老龄系统相关人员经常走访深入老年贫困群体，详细了解老年人生活起居与身体健康状况，叮嘱老年人保重身体，为贫困老年群体送上慰问金。2016 年1 月27 日，宁德市老龄办相关人员在镇村工作人员的陪同下，深入到挂钩帮扶残疾人家中，慰问福鼎市 29 名贫困老年人，分别送上慰问金 500 元，共发放慰问金 14500 元。除此之外，社会慈善人士也加入到老年贫困治理队伍中，积极参与帮扶老年人。②

其次，宁德市开展常态化、持续性、多样化的老年贫困精准治理活动。2016 年9 月23 日，宁德市老龄办一组人员分别走访福安市阳头、城北和下白石等地，深切看望高龄老人和贫困老年，详细询问其饮食起居、健康情况，送上大米、食用油等生活物资，为失能与半失能老年人送去轮椅，帮助他们解决实际困难。9 月30 上午，在柘荣县仙屿公园广场，宁德市、柘荣县慈善总会联合省财政部，开展由省财政部支持社会组织参与社会服务精准扶贫的"九九情"走进贫困乡村敬老助老关爱项目，为 180 多位老年人送上每人一箱长寿面，以及由福建幸福亿家电子商务有限公司提供的爱心礼包。10 月9 日，福安市通过煮"百家饭"、爱心义诊、爱心义剪等活动，开展 2016 年九九重阳节敬老、爱老公益活动。10 月14 日，宁德市老龄办会同福安市老龄办与老体协到福安溪尾镇弘林敬老院开展"爱心扶老志愿行"慰问活动，为弘林敬老院送上 3000 多元的大米和食用油，亲切关怀高龄困难老人，让老年人真切感受到党和政府以及社会的关怀。

最后，宁德市积极开展文体扶贫活动，丰富老年人的精神生活。周宁

---

① 习近平总书记系列重要讲话读本（2016 年）［M］. 北京：学习出版社、人民出版社，2016：218.

② 寿宁县坑底乡贤叶振铎常怀乡亲疾苦，2015 年就为村中 80 岁及以上老人送上了共计 2.6 万元的红包，2016 年委托村委为 80 岁至 90 岁的 25 位老人送上 1000 元红包，90 岁以上的 3 位老人送上 2000 元红包。

县按照人口集中、布局合理、设施齐全以及一村居一活动室，一社区一健身地的原则，勇于创新发展路径，力争取得上级领导、财政部门、各单位团体以及社会民众的支持，筹措资金达上亿元，在每个农村建立老年活动室或活动中心，在县城各社区设立老年健身活动场地，积极搭建活动平台，将老年人的健身、休闲、娱乐场所建设纳入新农村建设和城市公共设施建设规划的范围，精心打造老年人"半小时"活动圈。现如今，周宁县依托活动场所，全县三十多个老年门球协会、腰鼓协会、舞蹈协会、表演队等联动全县城乡老年人，精心组织并开展多元化的文体活动，努力做到天天有活动、常常有亮点。同时，宁德市大力加强老年人体育建设。2014年下发《关于进一步加强老年体育工作的意见》，根据要求，各行各业要建立老年人协会，架构"纵向到底、横向到边"的老年人体育协会组织网络，到2020年，宁德市将提高全市城乡老年体育组织覆盖率，力争达到95%以上，经常参加体育健身活动的老年人口比例达到65%以上"①。通过开展多渠道、多元化、有影响、有特色的体育活动，为促进老年人身心健康，实施老年人健康扶贫工程注入生机与活力。

四、主要启示

宁德市在老年贫困治理实践中秉承爱老敬老的优良传统，在实践中敢于创新，在推进中不断健全，摸索出一条符合宁德实际、彰显宁德特色的老年贫困治理新路径。但面对全国依然严峻的农村老年贫困问题和确保到2020年农村贫困人口实现全部脱贫的庄严承诺，中国必须反思农村老年贫困治理的现状，重构可行性的农村老年贫困治理新思路。

（一）宁德老年贫困治理的主要经验

总结宁德市多年的老年贫困治理实践，其主要启示有：其一，打赢农村老年脱贫攻坚，必须认真学习领会习近平关于贫困治理要坚持发挥政治优势和制度优势的重要精神，加强对老年贫困精准治理的组织领导，特别

---

① 李璠. 宁德市出台意见加强老年体育工作［EB/OL］. 全国老龄办官网. http：//www.cncaprc.gov.cn/contents/10/8224.html.

是《中共中央国务院关于打赢脱贫攻坚战的决定》为宁德市老年贫困治理指明了方向。诚然，大力实施精准扶贫之方略，有利于将宁德市的思想与行动统一到党中央和国务院的决策部署上来。其二，老年贫困治理要强抓基层。习近平总书记在宁德工作期间，践行了"四下基层"的崭新理念，现今宁德市仍始终牢记这一法宝。在老年贫困治理工作中，宁德市推动老年贫困治理政策、项目、资金等向基层一线倾斜，提高农村老年贫困治理的精准度和实效性；其三，要注重多方联动，集聚贫困治理的合力。宁德市着眼长效，建章立制，构建了"市、县、乡、村、户、个人"各级联动，尤其通过上下联动落实责任，严格执行"一把手"负责制，并推动区域联动以凝聚老年贫困治理的合力；其四，不断健全顶层设计，以党中央、国务院的相关方针政策为导向，从当地实情出发，建立健全相关政策法规；其五、精准施策扶持到户到人。宁德市严格按照精准扶贫之要求，建档立卡，锁定对象，挂钩帮扶；其六，强化民生兜底"保脱贫"，对贫困老年人，除了按规定全面发放基本生活保障补贴之外，对孤寡残疾的贫困老年人发放专项补贴，并适当适时提高补助水平；其七，注重完善基本养老服务体系。宁德市群策群力，创新思路，积极探索城乡老年养老服务新模式，为老年人提供居家养老、日间照料等多元化服务的选择；其八，特别注重对老年群体施以人文关怀。宁德市多元化、持续性、常态化的人文关怀让老年群体切身感受到党组织的温暖。

（二）对贫困治理的反思与重构

1. 粗放式扶贫难以实现农村老年脱贫目标

十一届三中全会以来，中国经济社会发展迅速，贫困人口大规模减少。国家心系民生，根据贫困问题与减贫形势不断调整贫困治理战略，中国的贫困大体经历了普遍性贫困、区域性整体贫困、绝对贫困大量缩减的贫困阶段。第一，1978—1985 年进入了大规模缓解贫困阶段。以 1979 年通过的《中共中央关于加强农业发展若干问题的决定》为标志，党和国家率先在农村实行经济体制改革。在此期间，农村贫困总人口快速下降，从

2.5 亿人缩减到 1.25 亿人，贫困人口的比例由 30.7% 下降到 14.8%，① 这是改革开放初期中国开展体制性贫困治理取得的巨大成果。第二，20 世纪 80 年代中期，国家开始了以瞄准贫困县为重点的有计划、有组织、强有力的区域性扶贫开发行动，贫困治理体系从体制改革向以政府为主导的公共治理转变，并注重扶贫资源的县级瞄准，在贫困治理的瞄准精度上有了一定的提高，农村贫困人口的规模持续减少。到 2000 年年底，国家"八七"扶贫目标基本实现，贫困人口由 1985 年的 1.25 亿人减少到 2000 年的 3000 万人，占农村总人口的比例由 30.7% 下降到 3% 左右。② 第三，21 世纪初启动以瞄准贫困村为重点的开发式扶贫治理行动，针对新时期的贫困问题，国家贫困治理体系转变为"一体两翼"战略，③ 取得了较好的减贫成果。

随着体制机制制度改革的纵深开展、国际国内经济社会发展的深刻变化以及人口老龄化的加速推进，不论以体制改革推动扶贫，还是以瞄准贫困县或瞄准贫困村为重点的贫困治理行动，这种粗放型的贫困治理模式已难以适应新形势下的贫困治理需要。首先，农村人口流动频繁，人口结构发生变化，农村老年人口总量不断攀升；次者，社会转型的诸多不利因素以及农村社会保障缺陷等冲击农村老年弱势群体，农村老年贫困发生率高；最后，长期以来，粗放式贫困治理模式忽视特殊群体的脱贫需求，尤其盲视农村贫困老年人的现实诉求。现实强烈呼吁必须对不断壮大的农村老年贫困人口进行精准治理，但农村老年贫困群体却被边缘化。如此，实现农村贫困老年脱贫目标与打赢脱贫攻坚战任务艰巨。

2. 精准扶贫是贫困治理的高效靶定

习近平总书记高度重视贫困治理工作，多次强调"贫穷不是社会主义"，尤其重视改善贫困地区民众的长期性贫困问题。他多次深入贫困地

---

① 国务院扶贫办. 中国农村扶贫开发概要［EB/OL］. http：//www.cpad.gov.cn/art/2006/11/20/art_ 46_ 12309. html.

② 国务院扶贫办. 中国农村扶贫开发概要［EB/OL］. http：//www.cpad.gov.cn/art/2006/11/20/art_ 46_ 12309. html.

③ 即以整村推进为主体，以产业化扶贫和劳动力转移培训为"两翼"。

区调研，提出了一系列新观点、新提法、新论断，其中着重强调要实施精准扶贫方略。精准扶贫是广大贫困群众的殷切期盼，是传统扶贫模式的调整与升级。针对不同贫困地区与贫困人口对象，运用科学有效的程序和方法对贫困区域、贫困对象实施"六大精准"贫困治理，引导各类扶贫资源优化配置，逐步建构贫困治理工作长效机制。自国家实施大规模扶贫以来，贫困人口数量大幅减少，农村面貌发生巨大改变。但农村地区公共基础设施仍十分落后，特殊困难群体长期被忽视，尤其是"贫中之贫、弱中之弱"的农村老年贫困群体，仅靠他们自身的力量，物质贫困都无望解决，这些贫困老年最期盼的就是能够在党和政府的精准扶贫下，改善贫困的处境。精准扶贫正是通过对贫困主体的精准瞄定，实施针对性、高效率的贫困治理，降低农村老年的贫困发生率，增进农村老年的获得感。福建省宁德市农村老年贫困精准治理的积极探索与成功实践不仅论证了精准扶贫之方略的合理性与科学性，同时也为中国农村老年贫困治理提供了有价值的借鉴。

第三章　国外老年贫困治理的经验与教训

老年贫困问题是世界上绝大多数国家都存在的问题，开展老年贫困治理也是各国政府的重要课题。各国政府和民众为了消除老年贫困、提升老年人生活水平一直进行着不懈的努力。由于各个国家经济发展水平不同，所处的发展阶段也有差异性，老年贫困的状况、成因以及老年贫困治理的政策选择都可能存在差别，但从纵向进行动态化地观察发现，各国老年贫困的演进具有不同程度的历史重合性。一般来说，世界各国的老年贫困治理都积累了丰富的经验与教训，这些都是现代人类社会反贫困的宝贵成果。因此，放眼全球，拓宽视野，在老年贫困治理中，进行横向比较，通过深入研究世界上具有代表性国家老年贫困治理的政策与实践，对于认识中国目前农村老年贫困治理存在的问题，提升政策选择的起点，扩大政策选择的范围和视野，以及评析各种选择产生的影响均具有重要的参考价值；同时，还可以生动地为中国农村老年贫困治理提供参照，从而提高中国老年贫困治理成效。

第一节　发达国家老年贫困治理的经验与教训

老年贫困问题不仅是发展中国家的重要问题，也是发达国家着力解决的一大难题。国际劳工组织（ILO）在 2016 年版《世界就业与社会展望》

中指出："调查结果显示，发达国家的贫困正在加剧，被视为贫困的人口的比例在日本、美国和欧盟（EU）均出现上升。"① 在贫困人群中，老年贫困主要表现为相对贫困，在生存与温饱方面存在危机的比例较小。纵观发达国家在老年贫困治理方面所做的努力，发现虽存在不足之处，但更多的是值得中国借鉴的老年贫困治理政策与实践。本节选取在老年贫困治理层面有代表性的英国和美国两个发达国家，就老年贫困状况与贫困治理举措进行梳理，以期对中国农村老年贫困治理有所裨益。

一、英国老年贫困治理的政策与实践

英国是对近代社会产生重要影响的西方发达国家，其影响不仅仅体现在经济层面，还体现在社会政治文化的发展上。作为第一次工业革命的发起国，是最早着手进行贫困治理的国家。在老年贫困治理上，从中世纪后期开始，英国地方政府就开始了救济帮扶贫困老年的行动。近年来，英国老年贫困问题不容乐观，英国政府在积极寻找应对策略，靶定老年贫困群体，采取针对性地扶贫措施，基本上形成了相对完备的老年贫困治理系统，在发达国家中具有典型的示范效应。

（一）英国老年贫困状况

英国是进入人口老龄化较早的国家之一。在 20 世纪 60 年代，65 岁以上的老年人口占到全国总人口的 15%；2007 年，65 岁以上人口达 957 万，占总人口的 16%；2016 年 6 月英国国家统计局发布的公元两千年鉴显示，"80 岁以上老年人口数量一直在增加，预计到 2021 年，这个年龄阶层将占整个人口的 5%"②，成为世界上老年人口比例最高的国家之一，与人口老龄化相伴随的是日益严峻的老年贫困问题。在 2009 年 7 月，欧盟统计局公布："英国国内生活在贫困线以下的退休者占比 30%，这一比例远高于德

---

① 日美欧发达国家"相对贫困"加剧 贫富差距扩大 [EB/OL]. 凤凰财经. http://finance. ifeng. com/a/20160519/14397639_ 0. shtml. 7639_ 0. shtml.

② 英国人口老化问题严重 [EB/OL]. 世界人口网. www. renkou. org. cn/countries/yinguo/2016/5801. html.

国的 17％、法国的 13％ 和捷克的 5％ 。"[①] 2016 年 5 月，英国广播公司报道，与相对低龄年轻的英国老年人相比，年龄在 75 岁以上的英国老年人年收入少达 3000 英镑，大约有 100 万处于这个年龄段的老年人受到贫困问题的困扰。英国老年人口所占比例在欧盟国家中最高，其中约 50 万人低于国家确立的法定贫困线，在这些人中，有 80％ 的老年人长期生活于贫困状态中；另外约 50 万人的收入只高于国家法定贫困线标准的 10％ 左右，极为勉强地脱离了贫困线，但随时可能遭遇返贫。英国贫困老年人主要靠子女、亲戚、慈善组织以及政府扶助生活，还有少部分依靠自身劳动获取微乎其微的收入，虽然这些收入仅仅成为维持生活的杯水车薪，但他们也必须坚持劳作。对于他们来说，生活更多的是一种折磨，是一种与艰辛生活的抗争，而不是惯常理解的安逸与享受。

英国老年贫困的致因很多，总体上有以下几个方面：其一，家庭养老意识淡薄。尽管英国社会呼吁尊敬老年人，但家庭子女为老年人提供生活服务并非一种社会规范，指望子女赡养父母不是英国人的习惯。英国老年人中没有子女的夫妇占有相当的比例，即便有，多数也不与子女共处。尽管早在 1601 年英国的《济贫法》就规定子女应该对年老父母尽责，但却对子女加了个前提条件："假如他们有足够的能力"，英国相关部门对这种"能力"缺乏追踪审查程序，并没有把赡养老年人的责任完全推给子女，这种传统导致老年人缺少一道保护伞，容易掉入贫困的泥潭。其二，养老金制度存在缺陷。养老金是英国老年人维持基本生活、规避贫困风险的重要保障。纵然其养老金制度被称为是世界上"相当可行"的制度之一，但继退欧之后频频出现养老金危机。一方面，公共部门养老金存在潜在的支付危机，人口老龄化成为英国现收现付制养老金制度的严峻挑战之一，公共部门养老金存在数额巨大的隐形债务，计划成本缺失透明化与公开化；另一方面，公共职业与私有职业养老金之间以及公共部门养老金计划内部存在明显的不公平现象，而且英国基本养老金待遇水平偏低，养老金供给

---

①　英国近三分之一退休者进贫困线［EB/OL］．新华网．news.xinhuanet.com/world/2009 - 07/27/content_ 11779523. hTm.

不足使贫困老年雪上加霜。① 其三，个人储蓄水平不高。即使政府不断呼吁加大自愿性个人储蓄力度，银行、保险公司等也推出多样化、富有吸引性的储蓄投资计划，但由于受到个人成长与社会环境的影响，英国传统"福利国家"体制导致的后遗症，以及政府对个人养老金计划欠缺有效的引导与建设，致使个人储蓄积极性不高，储蓄水平低下，未能有效地防范老年贫困风险。其四，社会救助未能与社会经济发展同步。英国社会救助制度在促进社会公平、保护弱势群体以及缩小贫富差距等方面发挥了积极的作用，但也存在不少问题：规避贫困风险的功能下降，容易产生老年贫困陷阱；尤其在当前经济不景气的情势下，综合国力下降，政府财政能力有限，无力提高社会救助水平，外加通货膨胀压力，使得老年人生活更加困窘。

（二）英国老年贫困治理举措

英国在老年贫困治理上介入的时间较早，是最早开展济贫活动和最早建成福利型国家的发达国家。几百年来，其应对老年贫困的主要策略是不断发展与变革社会保障制度，尤其侧重从老年贫困群体的特殊需求出发，为他们提供相应的帮扶措施与改善生活的条件，英国成为社会保障历史最悠久的西欧国家。内容丰富、系统完善的一系列老年贫困治理体系对其他国家的老年贫困治理政策产生了深远的影响。

1. 以济贫法为核心的老年贫困治理策略

16 世纪末 17 世纪初，英国处于社会急剧变革的阶段。继续进行的圈地运动在推动经济快速发展的同时，也导致更多人沦为贫民。16 世纪的英国旅行家哈里逊立足于当时的贫困现象写道："在欧洲没有一个国家没有穷人，但在我们英国，穷人是太多了，包括无劳动能力的穷苦老年人。"② 资产阶级革命的爆发和清教运动的发展使得英国社会对贫困问题的看法发生变化，在这样的背景下，英国的济贫法开始萌芽。在中世纪后期，英国

---

① 作为养老金重要支柱的企业年金遭遇发展危机，众多企业年金呈现赤字危机，有些企业甚至停止了养老金计划的执行。

② ［英］施脱克马尔. 十六世纪英国简史 ［M］. 上海：上海人民出版社，1958：8.

地方政府陆续出现了帮扶贫困老年人的行动，英国于 1536 年颁布《亨利济贫法》，法令规定应建立一个公共基金组织以负责发放救济金给老年人，该法标志着英国政府开始为解决社会贫困问题承担一定的职责，也奠定了英国济贫法体制和老年贫困治理政策未来发展演化的基本路线。1597—1598 年，形成了由《济贫法》等三个法令构成的规定，其中指出：将贫困老年人视为重点救济对象，由政府制定相关政策，如建立感化院、慈善院等救济机构，为贫困老年人等群体提供救济。1597—1598 年颁布的《济贫法》具有重要的意义，是对英国以往各项主要济贫法令的总结、继承与发展，同时，切实改善了贫困老年人的生活状况。

　　1601 年，在 16 世纪末期产生的各种社会救济立法的基础上，颁布了闻名于世的《伊丽莎白济贫法》。该法令对济贫监督官的产生、职责、退职审查等做出了明确的规定，在每个教区设立济贫监督官。在合适情况下，通过向该教区的居民、牧师、土地占有者等群体征税，以筹集资金用来救济贫困老年人。该法令对济贫基金的征缴、管理、使用、渎职以及逃税等行为进行了明确的规定，同时还强调，所有贫民、老年人、体弱多病者的父母或祖父母，如果有一定的生活能力，同样需要缴纳济贫税以救济这些贫民、老年人等。1834 年，英国根据形势的变化颁布了新济贫法，开始建立各种济贫院，强制要求接受救济的贫困老年人进入济贫院，这种举措被称为院内救济原则。济贫院一般以收养贫困老年人和病人为主，为贫困人群尤其是贫困老年人提供住所。在 1870—1914 年间，英国老年贫困逐渐严重起来。巴特认为"25.9% 的 65 岁以上的英国老年人是贫民，利特奇估计的比例为 29.3%"①，从中可见英国贫困老年人的规模。针对英国老年贫困现状，19 世纪 90 年代起，英国建立了针对老年人的"老人院"特种济贫机构，改革与完善济贫院的管理，对贫困老年人提供应有的院外救

---

　　①　Doreen Collins. The Introduction of Old Age Pensions in Great Britain ［J］. The Historical Journal，1965，No. 2.

济。①《济贫法》下的救济为贫困老年人提供了必要的生活保障，但同时也面临着越来越明显的困难。

2. 以社会保险为核心的老年贫困治理策略

19 世纪末，针对日益严重的老年贫困问题，英国开始提出各种改革方案，从 20 世纪初开始，逐渐形成了以社会保险为核心的老年贫困治理对策。首先，实施《养老金法》。1907 年，英国开始推行累进所得税制度，为实施免费养老金制度做财政准备。1908 年 8 月 1 日，英国议会正式批准养老金法案。《养老金法》是英国历史上第一次建立国家养老金制度，这种制度虽然采用免费的原则，但它不同于《济贫法》的新型社会保障制度，《济贫法》是在贫困已成为事实的情况下施行的救济，而养老金制度是通过提供国家养老金以预防老年贫困的一种积极措施。实施该法后，政府部门为了尽量降低养老金支出，严格实行养老金资格审查制度，导致相当多的养老金申请者由于种种原因无法领取养老金或难以领取全额养老金，1920 年被拒的人数高达 599000 人，占总申请人的 21.93%，老年人的生活越来越艰辛。鉴于此，社会各界强烈要求国家提高养老金津贴水平，同时要求扩大养老金制度的适用范围。1914—1917 年，英国政府考虑物价因素，适当提高了养老金津贴的标准，这在一定程度上改善了依靠养老金过活的部分老年人的生活水平，减少了贫困老年人的数量。同时，养老金津贴水平的提高以及养老金制度适用范围的扩大，使得英国政府的财政压力倍增。另外，1925 年颁布了《寡妇、孤儿及老年人缴费养老金法》，可以让更多的老年人通过养老金制度得到养老保障，有效地规避了贫困风险。②

其次，建立国民健康保险制度。19 世纪末 20 世纪初，英国政府开始

① 1906 年，接受院内救济的 70 岁以上老人总数为 61400 人，占接受院内外救济总数的 26.8%，而接受院外救济的为 168100 人，占接受院内外救济总数的 73.2%。参见 Karel Williams, From Pauperism to Poverty, London, 1981. pp. 206 – 207.

② 经过不断改革与发展的英国养老金制度复杂许多，但却相对合理。既有缴费性也有免费性养老金，既有强制性也有自愿性养老金，等。参阅丁建定. 英国社会保障制度史 [M]. 北京：人民出版社，2015：279.

着手开展各种医疗保健和促进健康的措施，为实施健康保险制度打下了基础。1908 年《养老金法》通过后，劳合·乔治就开始关注健康保险制度问题，他认为，因疾病致贫与老年问题相比较，因疾病致贫更应受到社会的重视和同情。因此，对于老年人群，建立因疾病致贫的措施与机制尤显重要。1911 年，《健康保险法》作为《国民保险法》中的第一部分在议会上获得通过，英国正式建立国民健康保险制度。健康保险津贴包括医疗、疗养、疾病、伤残等方面，被保险人年龄达到 70 岁就不再缴纳保险费。健康保险制度在预防老年人因病致贫方面发挥了积极的作用。但在两次世界大战之间，英国社会民众不断呼吁建立有效的国民保健制度，应民众要求，英国成立了健康部，关注妇女与儿童保健，积极改善医疗条件，大力发展医疗服务。卫生条件的改善、健康保险制度的实施以及国民保健制度的出台，显著改善了英国老年人的健康状况，老年人的寿命得以延长，为老年贫困治理注入了正能量。

3. 以社会福利政策为核心的老年贫困治理策略

自英国现代社会保障制度实施以来，社会保障制度历经调整与改革，虽逐步走向成熟，但仍存在不足之处。1942 年 10 月由贝弗里奇签署发表了《贝弗里奇报告》，其基本主张是满足每一国民最基本的生活保障需要，同时构建一套综合性的社会保障制度，这份报告的发表是英国现代社会保障制度发展史上意义重大且深远的一次改革，在英国社会引起了强烈的反响，成为英国福利蓝图的真正实践者。经过不断改革与完善，通过了 1945 年的《工伤保险法》和《家庭补贴法》、1946 年的《国民保险法》、1948 年开始实施的《国民救助法》和《国民保健法》，至此，英国不仅建立起比较完善的社会保险制度和社会救助制度，而且建立了以国民保健制度为核心的社会福利制度，这使英国的老年贫困治理政策由原来"碎片化"的济贫措施发展成一套相对稳定而系统的社会福利制度，英国从此成为名副其实的现代福利国家。到 20 世纪 80 年代，以国家为主导的英国福利制度逐渐转向以企业为主导。

面临日益严峻的人口老龄化态势和老年贫困问题，英国"从摇篮到坟墓"模式的福利政策在老年贫困治理上发挥着积极的作用。首先，英国以国家养老金为基础，照顾到低收入老年人群的生活状况，有效地预防老年人陷入贫困。2017年5月26日世界经济论坛发布了报告预测，如果没有采取紧急行动来应对老龄化人口的挑战，到2050年英国养老金储蓄缺口将翻一番，达到25亿英镑。① 英国精算署的预测数据也显示，至2050年，英国抚养比将上升至48%。目前，若不调整相关福利政策的情况下，在英国政府的GDP比重中，其养老金支出占比将从9.1%上升至2050年的16.1%。面临这种态势，英国政府推进养老金改革，将退休后没有其他收入来源的老年人口的比例竭力控制在12%以内，继续发挥养老金的阻贫功能。其次，英国政府在老年贫困治理中，注重老年贫困群体的差异化需求，进行靶向治疗。英国政府采取中位数计算法划定贫困线标准②，进行十分精细化的划分，不同贫困状况的老年人总能得到政府的帮扶。再次，英国政府重新定位政府责任与职能，将国家卫生保健系统与社会养老服务二者进行有机结合，实现二者信息状态的互联互通，针对贫困老年个体状况提供差异化、个性化的卫生服务保健方案。最后，通过官办民助、民办官助或非政府非营利性组织兴办等途径，加快推进社会养老服务的可及性、市场化、产业化。此外，大力调动社会企业的力量加入到老年福利服务的发展队伍中，为贫困老年人安享晚年助力。

二、美国老年贫困治理的政策与实践

人们往往很难将20世纪以来的世界头号经济强国——美国，和贫困一

---

① 报告认为，人口老龄化，出生率下降和获得养老金的门槛是扩大养老金缺口的主要原因（将退休人员收入定义在保持退休前收入水平的70%）。报告建议，为减轻潜在的养老金危机，到2050年在英国这样未来几代人预期寿命超过100岁的国家，将退休年龄为延长到70岁是合理的。政策制定者现在需要考虑如何整合75岁甚至80岁的工作人员。报告指出，包括英国，美国，日本和澳大利亚等国在内的世界上六大养老金制度国家，在2050年之前将共计面临224亿美元的退休金资金缺口，其中美国的缺口最大。世界经济论坛预测到2050年英国养老金储蓄缺口将达到25亿英镑。[EB/OL]. 中华人民共和国商务部网站. http://www.mofcom.gov.cn/article/i/jyjl/m/201706/20170602587398.shtml

② 以全国居民收入中位数（高于此收入的家庭数量与低于此收入的家庭数量相等）的60%划定贫困线，这要比国际标准还要高出10%，如果低于60%这个标准，就被认定为处于贫困之中。

词联系起来。在世界人民的眼中，美国是实现诱人的美国梦的摇篮，是世界的"面包房"，是在科技、资源等方面其他国家都难以企及的发达国家。事实上，在美国也存在贫困问题。1964年，约翰逊总统宣布"向贫困宣战"，这表明贫困问题已经成为政府和社会共同关注的议题。1964—2006年间，在相对乐观的经济发展机遇、稳步增长的经济发展水平以及更慷慨的公共福利政策的共同作用下，使贫困率从19%降至12.3%，老年贫困人口也大幅减少，这种现状说明政府政策在贫困治理方面发挥了积极的作用。认真考察美国老年贫困治理问题，对中国的农村老年贫困治理具有重要的意义。

（一）美国老年贫困状况

对美国而言，贫困概念在不同时期具有不同的内涵。富兰克林·罗斯福在1933年开始实施"新政政策"时，贫困主体主要是那些在街头流浪、以乞讨为生的人，以及在失业或福利办公室门前排队领取救济金的群体。第二次世界大战以后，贫困含义与贫困主体发生了很大的变化。当前，美国贫困线标准主要以家庭人口和家庭收入为基本参照，且标准线逐年提高。根据美国人口普查局2016年9月公布的统计报告显示，"按生活在官方贫困线以下的人群，即4口之家的年收入不超过2.4万美元的家庭进行计算，美国2015年的家庭收入中位数为56516美元，多人家庭实际中位数收入为72165美元，单身家庭实际中位数收入为33805美元，贫困人口为4310万人，贫困率为13.5%"[①]。

大部分美国人在其一生中的某个时段都将遭受贫困，从而进入福利系统，接受福利扶持。到65岁时，2/3的美国人将求助于某种形式的保障网络，到75岁时，3/4的美国人将遭遇贫困或者近似贫困，这表明，贫困是"我们"的问题，而非"他们"的问题。按美国官方贫困线标准统计，在1968年至2011年之间，除了2006年外，低于此贫困线标准的美国65岁及以上的老年贫困人口的比重都在10%以上（见表3—1）。根据PSID数据

①　朱旌. 报告显示美国贫困状况依然令人震惊 [EB/OL]. 中国经济网. www. ce. cn/xwzx/gnsz/gdxw/201609/22/t20160922_ 16161857. shtml.

显示，① 60—90 岁的老年人遭遇各种贫困的累计风险情况（见表3—2），处于贫困线1.00倍的发生情况看：到65岁时，12.2%的美国老年人口在此标准下生活过1年；到75岁，这个比例是23.3%；到85岁时，其比例是35.3%；而对于90岁的人，这个比例高达40.4%。在给定的任何一年，也许其贫困的可能性是相通与温和的，然而，这种可能性随着时间推进而累积，相当比例的人在晚年的某个时候会遭遇贫困或者近似贫困。使用PSID数据，科伊（Coe，1988）发现对于65岁及以上的老年人而言，在处于贫困阶段的前三年，他们从贫困中脱离的可能性较大，越往后脱离贫困的可能性就大幅下降。在美国，大多数老年人属于短期贫困，65%的老年人持续3年或者更短，少部分的老年人（26.1%）的贫困期持续10年甚至更长，老年人贫困时长的动态变化趋势反映了美国整体人口的贫困动态变化趋势。

表3—1　1968—2011 年美国65 岁及以上老年贫困人口占比

年份	1968	1990	2002	2006	2011
贫困率（%）	25	12.1	10.4	9.4	12.7

资料来源：美国人口普查局，收入与计划参与调查（SIPP）；U. S. Bureau of the Census. Current Population Reports ［R］Series P60 – 222，2003，and Detailed Poverty Tables（P60 Package）；徐慧. 美国养老保障体系下的老年贫困 ［J］. 外语学界（美国研究卷），2014（1）。

表3—2　美国遭遇贫困的老年人的累积百分比

年龄	贫困水平		
	低于贫困线 1.00 倍	低于贫困线 1.25 倍	低于贫困线 0.50 倍
60	5.4	8.5	1.6
65	12.2	15.8	4.1

---

① PSID 是指收入动态变化的全国性样本研究，这项研究从1968年起每年对样本家庭进行调查，是由密歇根大学问卷调查研究中心实施的，是为了跟踪收入的动态变化和人口统计学变化而特意设计的。相比 CPS（人口调查）和 SIPP（收入和项目参与调查），其明显优势是样本在时间上的跨度，而且它事实上拥有美国和世界上时间最长的持续样本数据组。

续表

年龄	贫困水平		
	低于贫困线 1.00 倍	低于贫困线 1.25 倍	低于贫困线 0.50 倍
70	17.9	22.2	5.4
75	23.3	29.1	7.1
80	28.7	34.7	10.5
85	35.3	42.4	12.2
90	40.4	47.7	14.7

资料来源：PSID，里克和赫希尔整理计算。

美国社会众多群体受到贫困问题的困扰，其中包括老年群体。事实呈现，美国老年贫困问题依然严峻，导致美国老年人陷入贫困的主要因素：首先，种族现状、婚姻状况以及受教育年限的差异化状况导致老年人遭遇不同程度的贫困问题。根据里克和赫希尔对 PSID 数据所进行的分析显示（见表3—3），在 60 岁到 85 岁之间，64.6% 的黑人遭遇过贫困，而白人遭遇过贫困的比例只有 32.7%。处于非婚姻状态的老年人中，有 51.2% 的老年人遭遇过贫困，而处于婚姻状态的老年人遭遇过贫困的比例是 24.9%。少于 12 年教育经历的老年人中，有 48.4% 的老年人遭遇过贫困，而教育时长达到或超过 12 年的老年人遭遇过贫困的比例是 20.5%。其次，劳动力市场对老年家庭的贡献度有限。相对于大多数家庭而言，就业状况是影响一个家庭发展状况的重要因素。受到疲软的劳动力市场的影响，当前就业市场的供给状况无法满足求职群体需求所产生的供需结构失衡，导致美国就业人口中有近五分之一是临时工或小时工。数据显示，美国与其他发达国家相比，有更高比例的劳动力人口处于低收入区域，除了低收入水平、半职工作规模以及福利缺失现状之外，在现有就业群体中，还存在就业匹配偏差的问题。严峻的就业形势、高失业率以及低收入状况无疑成为更多的老年人或老年人家庭滑向贫困泥潭的推手。

表3—3　美国各种种族、教育水平和婚姻状态的遭遇贫困的老年人累计百分比

年龄	种族		受教育年限		婚姻状态	
	黑人	白人	<12	≥12	非婚姻	婚姻
60	14.3	4.4	8.7	2.5	11.1	3.6
65	30.6	10.3	19.3	6.0	24.9	7.7
70	45.4	15.0	27.5	9.0	32.9	11.9
75	54.7	20.2	34.3	12.8	39.4	15.8
80	59.4	25.8	41.0	16.0	45.1	19.9
85	64.6	32.7	48.4	20.5	51.2	24.9

资料来源：PSID，里克和赫希尔整理计算。

　　再次，社会保障网络阻贫式微。美国一直是个"不情愿的福利国家"，尽管借助花言巧语、使出浑身解数向民众传达大量税金用于公共救济的信息，但社会保障网络的开支还是被整体性地压缩和削减了。不容置疑，美国社会保障总量投入尚显不足，福利保障网络可以用"仅仅满足最低要求"来描述，在与贫困老年有直接关联的投入尤显节省，其帮助老年人口脱离贫困的能力有待提高，美国老年贫困发生率持续居高不下。最后，美国民众遭遇普遍的贫困风险。根据PSID收集的数据显示（见表3—4），在20岁时，有10.6%的美国人的生活水准低于官方贫困线的1.00倍，有15%的美国人的生活水准低于1.25倍的官方贫困线，19.1%的美国人的生活水准低于1.5倍的官方贫困线；到了35岁，这三类数据分别上升至31.4%、39%、46.9%；到了55岁，这三个百分比分别上升至45.0%、52.8%、61.0%；而到75岁，这三个百分比又分别高达为58.5%、68%、76%。这表明，相当规模的美国人口在其一生中会遭遇贫困风险，而老年人更甚。

表3—4　在成年期体验过贫困的美国人的累计百分比

年龄	贫困标准			
	低于官方贫困线 0.50 倍	低于官方贫困线 1.00 倍	低于官方贫困线 1.25 倍	低于官方贫困线 1.50 倍
20	3.1	10.6	15.0	19.1
25	9.7	21.6	27.8	34.3
30	13.2	27.1	34.1	41.3
35	16.1	31.4	39.0	46.9
40	18.4	35.6	43.6	51.7
45	21.2	38.8	46.7	55.0
50	23.2	41.8	49.6	57.9
55	25.9	45.0	52.8	61.0
60	28.4	48.2	56.1	64.2
65	30.2	51.4	59.7	67.5
70	31.3	55.0	63.6	71.8
75	32.9	58.5	68.0	76.0

资料来源：U. S. Bureau of the Census, Current Population Reports ［R］. Series P55 – 213, 2012, and Historical Poverty Tables – Current Population Surrey.

（二）美国老年贫困治理举措

虽然美国老年贫困问题不容小觑，但在过去40多年中，老年人的贫困比例显著下降。老年贫困人口整体比例的大幅下降，离不开美国政府及社会各界的努力，其采取的老年贫困治理策略主要体现在以下方面。

1. 建立老年社会保障制度

在1930年初开始的经济大萧条，即罗斯福新政时期，美国老年社会保障计划开始萌芽。当时美国老年人口的贫困率超过了半数，罗斯福总统意识到贫困已经成为一个重要的社会问题，"他总是倾向于制止邪恶，纠正不公平，帮助身处逆境的人求得解脱，并改善穷人处境"①。社会保障计划就是为减缓老年贫困问题而设置的一种社会保险。1935 年，罗斯福总统签署了由国会通过的《社会保障法》，在该法中，规定了老年人保障的具体事项。出台的老年人保障条例遵循了罗斯福总统在社会保险致国会咨文中提到的一些原则：其一，对于年龄较大靠自己无法参保的群体，各州和联邦政府不再提成他的养老金，并必须帮助他们支付这笔钱；其二，按照个人主动交纳非强制性保险金，在年事高时可以获得年金收入。② 根据该法案，65 岁及以上的老年人将获得联邦和州政府的共同照顾，是帮扶贫困老年人脱贫的有力举措，该法成为美国社会保障发展史上一个重要的里程碑。

从 20 世纪 30 年代起至今，美国老年社会保障制度经历了形成、发展、成熟与变革阶段。到目前为止，主要包括两大制度：其一是退休年金制度，如果在法律规定的退休年龄前缴足规定额度的保险税，一到法定退休年龄就能够领取退休金。美国实行弹性退休制度，退休政策有三个层次：一是提前退休，年满 62 岁可以领取退休金，但只能领到总额的 70%；二是正常退休，美国社会保障局根据出生日期的不同，设定差异化的正常退休年龄，在正常退休年龄内退休的人，可以领取全额退休金；三是延迟退休，选择延迟退休的老年人，在领取原有全额性退休金的基础上还能获取奖励性收益。这种弹性退休制度呈现明显的分层次、自愿性、渐进式特点，美国老年群体可以根据差异化的退休类别所能获得的退休金，安排适合自己的退休计划，这在一定程度上激发了美国老年人的自食其力、自力更生精神，从而让更多的老年人选择延迟退休，有效地缓解了老年贫困问题。

其二是联邦医疗保险制度，这是仅次于社会保障退休年金的第二大公共开支项目。从 1965 年起，美国开始运行联邦医疗保险项目，联邦医疗保

---

① Rexford G. Tugwell. The Democratic Roosevelt：A Biography of Franklin D. Roosevelt ［M］. New York，1957：50.

② 罗斯福选集［M］. 关在汉编译，北京：商务印书馆，1982：78.

险制度具有明确的指向性，该项目旨在为年龄在 65 岁及以上的老年人口以及残疾人提供医疗保险，力争减轻他们的经济负担，大力降低遭遇贫困风险的可能性。联邦医疗保险项目包括医疗照顾（Medicare）和医疗补助（Medicaid）两大部分，联邦医疗保险福利包括医院保险（Hospital Insurance）和额外医疗保险（Supplemental Medical Insurance），前者是强制性入保计划，后者是自愿性入保计划。与医院保险不同的是，额外医疗保险的资金主要依赖联邦财政的一般性收入，而不是依靠薪资税，医院保险计划每年会支付受保人最多达 90 天的住院医疗费用和最多 100 天的老年中心护理费用。在美国老年人的医疗支出中，医院保险约占 44%，额外医疗保险约占 12%，个人自付和私人保险公司支付约占 44%。

退休年金制度和联邦医疗保险制度统称为美国老年保障制度，就美国福利制度而言，这两者占据了主要部分，对社会经济政治发展的影响也较为明显。在过去几十年中，这两者的开支大幅上升，也为老年贫困治理事业做出了突出的贡献，但同时也导致国民储蓄大幅下降，在一定程度上助长了国民的退休欲望，削弱了失业人员与老年人口的再就业动力。目前，美国老年保障体系呈分散性与复杂性，总体保障水平不够平衡，相对于其他发达国家，美国老年保障水平偏低，保险给付标准也较低，有待于形成全国统一的社会保险体系。

2. 建立老年福利救济制度

美国的老年福利救济主要包含四个部分：第一，对低收入老年人的生活实物补助，此类补助包括食物券（补充营养帮助项目）、廉价公共住房和家庭能源帮助。食物券由美国农业部负责，主要受益群体是低收入群体或没有收入的人群。申请人的年收入要接近于贫困线以及在贫困线以下的才有资格申请食物券，这有助于缓解贫困老年人的窘迫生活状态。在住房福利层面，美国主要针对低收入阶层或者年龄在 62 岁以上的老年人。家庭能源补助福利项目不仅帮助低收入老年人支付煤电费，同时也帮助与暖气和煤气设备有关的工作人员。

第二，额外保障收入（Supplemental Security Income），它是吉米·卡

特总统于 1972 年执政时创立的专门针对穷人的项目，由社会保障部负责管理，每个月为受益人支付一次福利，其资金来源是美国财政部的一般基金，其一般基金包含个人收入所得税、企业收入所得税以及其他税收等。此项目旨在为 65 岁及以上的贫困老年人、贫困盲人或残疾人提供救济金，满足他们最基本的吃、穿、住等生活需要。美国政府还通过一些与额外保障收入相关联的工作激励法令，以确保领取额外保障收入的受益人尽量保住这份福利以及能够拥有低收入医疗保险。

第三，低收入老年健康医疗救助。这种救助包括两方面，一是低收入老年的医疗补助项目，由联邦政府和州政府共同出资、州政府自行管理的健康医疗计划。对于 65 岁及以上的低收入老年人，在领取了社会保障金之后，如果其收入仍在贫困线以下，那么他们就有资格在领取额外保障收入的同时，也能领取低收入老年医疗救助。二是家中照顾计划（In - Home Supportive Services Program），该计划是为了帮助那些年龄在 65 岁及以上的低收入老年人、盲人和伤残人员能够继续在自己的家中过一种有质量、相对体面的生活。一般情况下，有资格领取额外保障收入福利的美国老年人，也就有资格申请家中照顾计划。该计划的经费来源于联邦政府、州和县政府的财政支出，提供的服务主要体现为一般性的日常家务和非医务性的家庭护理工作。

3. 建立家庭资产

为了确保老年家庭能够达到或超过最低生活水平，美国政府都会对申请福利救济的申请人进行家庭财务资产水平测试，只有申请人的财务资产在特定水平线以下，他们才有资格申请相关福利救济金。在贫困治理政策的规制和实施层面上，资产一般专指财务资产以及那些虽不属于财务资产却能在短期内转换为财务资产，并能在价值上实现升值的资产。在建立家庭资产时，通常不包括虽具有重大经济价值，却很难以市场价格进行定位的资产。在资产贫困的界定上，被普遍接受的是 2005 年威斯康星州立大学麦迪逊分校教授罗伯特·海夫曼（Robert Haveman）和纽约大学教授爱德华·沃尔夫（Edward Wolff）对资产贫困标准作出的量化定义，即"当一个家庭失去收入来源时，如果这个家庭没有足够的资产财富以保障其在三个月的时间里将生活水准维持在联邦贫困线以上，那么这个家庭就是资产贫困的家庭"①。

建立家庭资产被普遍誉为是相当彻底和比较有效的老年贫困治理措施。华盛顿大学圣路易斯分校社会发展中心认为，家庭资产建设（asset building）是"将一个家庭积累起来的储蓄金投资到有利于这个家庭的社会交往和财务发展中去"②。从本质上看，建立家庭资产的目的是通过财务储蓄以及投资长期性资产（如购置房屋、创办企业、接受教育和培训等）的途径，帮助中、低收入的家庭脱离贫困的困扰，从而实现自我供养的贫困治理策略。在美国，只有当一个家庭在持续性地建设与夯实经济安全的根基时，这个家庭才可能实现真正意义上的成功。在某种意义上，增强国民的家庭资产意识，帮助国民提升财务储蓄和投资资产的能力，能够为避免其落入贫困泥潭提供一种保障，倘若单纯通过增加国民的收入，却很难为其提供一道安全而长效的保障网。

建立家庭资产主要有以下策略：一是建立个人发展账户，二是建立微型企业发展项目，三是建立财务知识普及项目，四是联邦政府以及州政府所实施的挣得收入退税政策，五是政府的失业保险项目，六是政府针对贫困工薪族所制定的财务激励政策。这六种策略将有效预防老年贫困或帮助贫困老年脱贫，因为实施这些策略将助力实现以下愿景：第一，拥有财务上的收入和资产；第二，拥有可以提供体面薪资的职业或拥有自己的小企业；第三，拥有自己的住房或租住可支付得起的房屋；第四，接受教育和各种职业培训；第五，拥有健康医疗保险；第六，资产的积累与发展具有传承性，这些成为衡量家庭资产建设成功与否的主要标尺。

---

① Robert Haveman and Edward Wolff. "Who Are the Asset Poor? Levels, Trends, and Composition, 1983 - 1998" [M]. In Inclusion in the American Dream: Assets, poverty and Public Policy, Edited by Michael Sherraden (61 - 86). NewYork, NY: Oxford University Press, 2005.

② 王永红. 美国贫困问题与扶贫机制 [M]. 上海：上海人民出版社，2011：200.

三、主要启示

（一）立足具体国情，选择适合农村老年贫困治理的路径

老年贫困治理的路径选择直接影响贫困治理的成效。由于各国国情有别，社会经济政治发展状况存在差异，老年贫困问题也呈现差异，因而，各国采取的老年贫困治理策略与路径也存在差别。英国与美国作为发达国家的代表，综合国力强，老年贫困规模小、程度轻，老年贫困群体中的绝对贫困问题较少。因而，在老年贫困治理进程中，主要立足于原有的老年社会保障体系，通过不断完善老年社会保障制度以帮扶更多的贫困老年群体。英国从以济贫法为核心的老年贫困治理策略发展到以社会福利政策为核心的老年贫困治理策略，都是对老年贫困问题的现实关照；美国经济实力雄厚，老年绝对贫困现象较少，主要着眼于解决相对贫困问题，在老年贫困治理上，基本延续了"福利制度贫困治理"的路径。中国是发展中大国，人口基数大，经济基础薄弱，国内区域间的发展不平衡，贫困人口主要在农村，而农村老年贫困又居多，且多数体现为贫困程度深的绝对贫困问题。为此，中国在选择农村老年贫困治理路径时，应综合考虑本国实际状况，以国家财力承受为限，以解决绝对贫困问题为侧重点，以满足农村老年基本需求为重要导向，注重老年贫困治理政策的前瞻性与可持续性。

（二）重视贫困治理立法，保障贫困群体权益

立法是民主走向制度化与法律化的重要前提条件，是建设法治国家的关键性环节。立良善之法，立管用之法，增强立法的针对性和可操作性，持续完善老年贫困治理制度，是各国开展贫困治理的重要指向。纵览英国的老年贫困治理历程，其非常重视立法的规范、引领和推动作用，不断改进立法工作，推进民主立法与科学立法并驾齐驱，其贫困治理的历史亦即是完善法律的历史。从济贫法的诞生，到社会保险法的问世，再到社会福利立法行动，每一次立法行动的开展，每一部立法成果的诞生，无不在严明的法律体系下进行，并按照法律规定严格执行、落地生根，做到有法必依、执法必严，美国更是如此。这不仅推动了贫困治理相关制度的法律化

进程，大幅提升了制度的稳定性、可靠性与有效力，也有效约束了贫困治理的多方执行主体，还有助于保障贫困群体的切身权益。中国的《中共中央关于全面推进依法治国若干重大问题的决定》强调，为了形成完备的法律法规体系，坚持立法先行、发挥立法的引领和推动作用，完善立法体制。因此，将农村老年贫困治理纳入法律体系，既契合宪法规定，体现中国共产党人为中国人民谋幸福和为中华民族谋复兴的初心与使命，顺应改善民生与促进发展成果共享的诉求，也是新形势下中国贫困治理工作由政策性贫困治理转向制度化贫困治理的重要转向。

（三）靶准目标群体，强化贫困治理分类施策

贯彻执行贫困治理政策与制度的根本目的是改善贫困群体的生活处境，使贫困群体切实受益。不管在经济发展时期，抑或经济停滞时期，提高贫困治理政策瞄准的精度与效度，契合贫困群体的现实诉求，能够大力提升贫困治理的成效。英国以国家养老金为基础，照顾到低收入老年人群的生活诉求，有效地防范老年人陷入贫困。同时，从贫困老年个体状况出发，将国家卫生保健系统与社会养老服务二者之间进行结合，实现二者信息的互联互通，为贫困老年群体提供个性化、针对性的卫生服务保健方案。除外，美国也对贫困老年分类施策。对低收入老年人施行诸如食物券、廉价公共住房和家庭能源帮助等生活实物补助，对 65 岁及以上的贫困老年人、贫困盲人或残疾人执行额外保障收入计划，提供救济金，等等。瞄准老年贫困群体，针对贫困老人的差异化情况实施分类帮扶，使贫困治理资源得到优化配置，避免有限的福利资源产生浪费，大幅提高了老年贫困治理的效率，切实改善了老年群体的生活状况。当前中国的贫困治理进入了攻坚区、深水区，剩存的 3046 万贫困人口都是难啃的硬骨头，要想在 2020 年实现如期脱贫，就必须贯彻精准扶贫、精准脱贫方略，重点攻克深度贫困地区脱贫任务，瞄准靶定贫困群体，尤其要瞄准贫困人口中的主体——农村贫困老年人，并针对农村贫困老年人的个体情况分类施策，做到脱真贫、真脱贫。

第二节　发展中国家老年贫困治理的经验与教训

发展中国家自二战后就开始陆续开展贫困治理行动，尤其自20世纪80年代以来，形成了有计划、有组织、大规模、真正意义上的贫困治理战略。虽然经历长期性的摸索，但贫困形势依然严峻，绝对贫困人口仍占据不少比重，相对贫困现象日益凸显，仍难与贫困说"再见"。不容置疑，各个发展中国家都取得了不同程度的贫困治理成果，在老年贫困治理方面也积攒了不少的经验与教训。为此，本节选取贫富差距较大的巴西和贫困人口最多的印度这两个发展中国家，剖析它们在老年贫困治理中运行的制度政策和选择的具体路径，以期为中国的农村老年贫困治理提供借鉴。

一、印度老年贫困治理的政策与实践

印度是世界上人口第二多的发展中国家，也是世界上发展速度最快的国家之一。与中国一样，是一个农业大国，也有着沉重的农村贫困包袱。1947年，印度摆脱了英国殖民统治之后，历届政府都把治理贫困列为国家工作的重心之一。按照印度官方贫困线，印度仍有超过三分之一的人口生活在贫困线以下，但动态化的贫困线表明了印度贫困人口的缩减正呈现出一种加速度的态势，特别是农村地区已经取得了卓有成效的贫困治理成效。分析总结印度农村贫困治理问题，以期对中国的农村老年贫困治理有所裨益。

（一）印度老年贫困状况

印度农村地区的人口占据全国人口的70%，也是贫困人口聚集区。经过20多年的经济改革，以及于20世纪60年代末开始实施的扶贫计划，印度经济发展取得了显著的成就，贫困现象有所缓解。根据印度政府计划委员会发布的令人振奋的最新官方贫困评估消息，在农村地区，"2004—2005年、2009—2010年以及2011—2012年，印度农村地区的官方贫困评

估分别为：41.8％、33.8％与25.7％；2004/2005 年—2011/2012 年，农村地区贫困率降低指数为6.7％，2009/2010 年—2011/2012 年，农村地区贫困率降低指数上升为12.8％。"① 这表明农村地区的贫困发生率出现显著的下降，减贫的速度也明显提高。尽管如此，由于贫困人口基数大、失业人口多、城乡发展不平衡，印度贫困问题依然严峻。

根据联合国的定义，极度贫困人口是指每日依赖不足 1.25 美元维持生活的人群。2014 年 7 月，联合国发布《2014 年联合国千年发展目标报告》，该报告指出，全球极度贫困人口已经由 1990 年占发展中地区 50％ 的人口降至 2010 年的 22％；1990—2010 年，全球极度贫困人口数量从 19 亿人降为 12 亿人，但各国各地区的贫困治理进展很不均衡。在全球极度贫困人口中，印度占比 32.9％，位居最高，曾有印度官员坦言，贫困是印度面临的最大挑战。2014 年，以印度兰加拉詹（C. Rangarajan）为首的专家委员会提出了新的贫困线计算法，按照该算法，印度最低贫困线标准为："农村地区一天的生活费为 32 卢比（约合 0.53 美元），城市地区为 47 卢比。"②《印度时报》描述，生活在这个贫困线的贫困人群一天中几乎无法吃上两顿饭，该"贫困线"是"生死线"，让印度贫困人群命悬一线。

印度属于发展中大国，虽然目前的印度人口结构呈现年轻型特征，但在过去的 60 多年里，由于受到预期寿命稳步延长与生育率下降等因素的影响，印度老年人口迅速增长。2011 年，印度全国 0—14 岁和 15—64 岁年龄段的人口数量分别为：3.6 亿人和 7.8 亿人，分别占全国总人口数的 29.8％和 64.5％，而 65 岁及以上的老年人只有 0.6 亿人，仅占总人口数的 5％；根据联合国人口司（UNPD）预计，到 2030 年，65 岁及以上的老年人将翻一番，印度正快速步入人口老龄化的初级阶段。在 2011 年，生活在贫困线下的老年人高达 1690 万人，占老年总人口的 28.2％，其中印度老年贫困人口女性化趋势越来越严重，老年贫困程度深，极端贫困老年人

① 左常升. 国际减贫理论与前沿问题（2015）［M］. 北京：中国农业出版社，2015：110.
② 印度上调最低贫困线 新增贫困人口多出近 1 亿［EB/OL］. 环球网. world. huanqiu. com/article/2014 – 07/5087502. html.

口占据很大比例，而且老年贫困群体主要分布在小农、边际农以及低种姓上。预计到 2030 年，印度贫困老年人在老年总人口中的比重将超过 30%，也就是说，随着人口老龄化的逐渐加剧，老年贫困现象将成为印度一个突出的社会难题。

导致印度老年贫困问题愈来愈严重的主要因素有：一是家庭规模缩小，需要赡养的老年比率上升，老年赡养的潜在支持率下降。印度过去几十年取得的经济发展影响了大部分家庭对生养子女的看法，多数人认为不再靠大家族或多生养子女以改善生活状况。20 世纪 50 年代，印度妇女平均生育约 6 个子女，现在不足 3 个，造成年轻人口不断缩减。印度持续加速的城市化进程，致使农村青壮年人群不断涌向城市地区，农村老年规模不断壮大，而且老年人照看需求量远远超过能落实赡养行动的年轻人口数，这种"剪刀差"现象导致老年潜在支持率持续下降，"父母支持比"①也将由 2001 年的 5 个增加至 2026 年的 14 个。另外，在这些老年人中，有超过半数以上的老年人没有养老金，只能依赖子女生活，而多数子女生活维艰，没有能力赡养双亲，如此，老年人贫困成为常态化现象。二是土地资源分配不均。印度是一个农业大国，土地是最重要的生产资源，但印度存在不科学、不合理的土地所有制。

从 20 世纪 60 年代以来，印度政府虽发动了多次土地改革，但土地占有比仍然呈现两极分化的态势，约占人口总数 76% 的小农户只拥有不足 29% 的全国耕地，而占人口总数 2% 的大户却占据高达 20% 的全国耕地，②异常化、不均衡的土地分配现状减少了老年人生活的支持性资源，加剧了老年贫困问题。三是社会保障不健全。目前，印度社会保障覆盖率低下，总体保障供给不足，社会福利资源分配不均。首先，养老保险覆盖率低下，其主要覆盖的是正规就业部门，行业上的养老计划覆盖不足 10%，且仅限定于 177 个行业中的雇员总数达 20 名以上的单位，远远低于世界劳工

---

① 衡量指标是"父母支持比"（The Parent Support Ratio），这项指标等于每百名 50—59 岁人士的家庭赡养的 80 岁以上老人的数量，他所衡量的是接近退休时赡养老人家庭负担加剧的程度。

② 大户是指拥有 10 公顷以上耕地的农户，小农户是指仅拥有 2 公顷以下耕地的农户。

组织确定的 20% 的国际最低标准。同时，印度社会福利存在明显的二元化特征，那些收入低下、频繁失业、流动性强、无稳定工作、无固定收入、教育水平低下的人群无权享受社会福利，针对贫困老年人群的相关援助项目也少之甚少，而相比之下，政府公职人员不用缴费或缴费极少却能领取丰厚的养老金。除此之外，由于印度养老金管理效率低下，投资回报率低，养老保险资金入不敷出的问题很突出。在印度医疗保险层面，医疗基础设备亟待完善，医疗服务队伍严重匮缺，且在医疗保健层面缺乏管制与监督，导致医疗问题显化，有心却无力为老年人提供有效的医疗服务，老年人健康状态不理想，使老年人贫困程度加剧，其贫困问题愈加凸显，这些成为困扰印度政府的一大顽疾。

（二）印度老年贫困治理举措

面对日益严峻的贫富差距问题和老年贫困现象，印度于 20 世纪 60 年代提出"消除贫困"的口号，并开始实施贫困治理计划，从此，消除贫困成为政界和学术界关注的热点域。尤其是进入新世纪以来，印度在应对人口老龄化和老年贫困问题上，采取了一系列的贫困治理措施，取得了一定的进步。

1. 实施圣雄甘地国家农村就业保障计划（MGNREGS）

印度的贫困治理侧重于解决贫困人口的温饱和就业问题，并在此基础上增强内生"造血"能力。为此，重点实施所谓的基本需求开发战略，它是指通过创造机会，提高劳动生产率，增加农村贫困阶层的收入等途径，提高其自力更生、自我发展的能力，从而获取参加社会活动的权利，以达到消除贫困的目的。从 20 世纪 70 年代开始实施"缓解农村计划"以来，经过多年改革，演化为 2005 年颁布的国家农村就业保障计划（NREGA），该计划旨在深化民主，提升项目规划、实施与监测能力，帮助贫困群体、残障人士等边缘群体，它为世界上最大的公共工作计划——圣雄甘地国家农村就业保障计划（MGNREGS）提供了法律框架。MGNREGS 目标指向最贫困的群体，尤其关注农村中的贫困农民和贫困老年家庭，主要从改善生产劳动环境和满足生活上的基本需求这两个方面提供扶持，激发其内在发展潜力，提高他们的收入水平，从而逐渐摆脱贫困。中央农村发展部为MGNREGS 提供项目资金，在 2012—2013 年，MGNREGS 的预算总额是52.8 亿美元，占国内生产总值的 0.28%。其中，中央政府承担项目费用的90%，MGNREGS 60%的资金投放在支付公共工程的工资上；行政费用仅占中央政府资金的6%，且 2/3 的费用必须用于街道管理及其他的地方管理上。

MGNREGS 建立了一套相对完善的协商、管理、监督与问责机制。其管理由中央政府、各邦和地方共同负责，各邦提交项目建议书，工程师会同地方官员进行协商，并研究制订工作计划；中央一级、中央就业保障局（CEGC）为实施、监测和评估提供可行性建议；由大学、公民社会组织和其他专业机构组成的专业机构系统为实施、监测与评估提供技术支撑，由审计署（CAG）监督媒体曝光，并根据出现的疑难问题对症下药；各邦各地区相关部门通过开通全国电话服务热线、设立监察专员、发挥村务委员会的监督职能等途径，合力监督项目的管理与实施。MGNREGS 为超过4800 万个家庭，26%的印度农村家庭提供了就业机会，为大量老年人的基本生活提供了收入来源，有效降低了农村老年贫困发生率，相对缓解了农村老年贫困问题。

2. 推进养老保险制度改革

印度的养老保障体系包括五大方面：一是政府公共部门雇员养老保险计划。目前中央政府雇员可以获得一次性退休金、综合公积金以及未做实的确定给付养老金。政府并不创造资金以履行其养老义务，养老福利的支付由政府税收承担，从 1980—2002 年，财政总收入只增加了14%，而养老金支出却高达24%，这对诸多邦政府的财力构成了巨大的压力。二是私人部门雇员养老保险计划。相对大多数劳动力而言，雇员公积金计划（EPF）是最重要的强制性计划。1952 年，印度为确保向工厂和企业的雇员提供强制性公积金和家庭养老金等福利，制定了雇员公积金和各种保障的法案（EPF & MPAct 1952），对所有雇员而言，参加养老计划是必须的。包含雇员公积金计划（EPF）、雇员养老金计划（EPS）以及雇员存款连接险计划（EDLI）的强制性养老计划总筹资占工资的 25.66%，尽管缴费比例相当之高，但由于提款条件较宽松，养老投资回报低差，参保 EPF 计划的劳动力面临着养老金最终积累不充分和年老时可能出现的贫困问题。三是社会救助计划和福利基金。这个计划主要是针对那些绝对贫困、极端贫困、身体虚弱、年龄在 60 岁及以上的老年人。每月所提供的养老金在 55—300 卢布之间，但这类社会救助计划的覆盖面很小，仅限于不超过老年总人口中的 10%—15%。四是自愿退休计划，以及其他各种非正规安排。

目前，印度养老保险制度存在不少问题：覆盖率低下，保险资金入不敷出问题突出，养老金管理投资回报低，养老保险对老年贫困治理贡献率不高等。面临人口老龄化的巨大挑战以及严峻的老年贫困问题，为了提高覆盖面，力争发挥私营基金在养老保险基金运营中的作用，从而满足老年人群的基本生活需要，提高老年贫困治理实效，印度对现行养老保险制度进行了重大改革。2000 年 1 月，印度专门委员会提交了《老年人社会收入保障项目》（Old Age Social Income Security，OASIS）。新的养老保险计划主要内容是推动实施缴费确定型养老基金计划，该计划建议在银行或邮局成立一个以个人退休账户（IRAs）为基础的在全国范围内通用的个人不变账户。同时，养老基金引入私人管理，提高回报率。为了缓解养老金亏损问题，对于还没达到退休年限的人群，撤销预支权利，在养老基金的提款、退出以及贷款方面也进行了严格的管控。此外，每年发布投资指南参考，对贫困人群实施收益免税政策。近年来，由于印度的资本市场发展迅速，政府鼓励养老金基金投资多元化，引入了市场发展机制，逐步提高了投资回报水平，取得了明显效果。这些改革举措大力推动了老年贫困治理行动。

3. 健全医疗保险制度

印度政府非常重视农村医疗保障计划，推动农村医疗保障制度的改革与创新，民众参与农村医疗保障计划的热情较高，并且医疗保障体系呈现较强的公平性。早在 1947 年，印度政府就已经开始着力于建构免费型公共医疗卫生体系。印度宪法规定，该免费医疗体系主要包含公共医疗体系和农村三级医疗网。公共医疗体系涵盖国家级、邦（省）级、地区级、县级和乡级医院。农村三级医疗网包括保健院、初级保健院和社区保健中心，这些都是由政府提供经费的公立医疗机构。虽然居民能够享有免费的卫生防疫措施等基本的公共卫生服务，但这些服务的水平较低，只能解决小病问题。政府鼓励私立医院承担一定的社会责任，为贫困人群适度减免医疗费用，诚然，政府也为私立医院的发展提供一定的帮助，比如在私立医院的用地上大开"绿灯"。推动公立医院和私立医院的共同发展更大程度地满足了富人与穷人存在的差异化医疗需求。此外，印度拥有较为健全的农村医疗网络，占印度总人口较大比例的农村居民同样享有国家提供的免费医疗。在一定程度上，印度农村医疗体系既保证了社会公平，也减轻了贫困老年人的经济负担。印度政府将有限的投入公平地配置到最需要医疗服务的农村地区，在医疗服务资源的配置上尽力实现了公正公平。

如果居民想要获得更好的医疗服务，就需要购买医疗保险。印度医疗保险制度分为四类：一是强制性社会保险，内容包括雇员邦保险（Employees State Insurance Scheme，ESIS）和中央政府医疗保险（Central Government Health Scheme，CGHS），强制性保险面向的是某些特定人群，保费高低与收入水平相挂钩，但不考虑健康风险。二是雇主保险，这是雇主为员工购买的保险，铁路、国防、农场和采矿部门通常都是在本单位设立的医疗服务机构为员工提供医疗服务。① 三是非政府组织或团体保险基金，团体保险是典型的针对居住在贫困区的穷人而设立的，受托的医院或非政府组织为医疗服务提供一些机构，资金来源于病人所缴纳的费用、政府的补助以及社会各界的捐款等，所提供的服务主要包括预防性服务，一些门诊服务和住院治疗服务。四是自愿保险，保险公司为民众提供了多层次、内容丰富的保险产品，购买者可以向保险公司进行自愿性的购买。1986 年，印度引入了包含住院治疗和住家医疗的"医疗索赔"（Mediclaim）保险产

---

① 大约有 3000 万—5000 万人参加雇主保险，占总人口的 2.8%—4.7%。

品，覆盖了5—80岁的人群、为老年人安上了一道防护网。另一种保险是阿洛噶亚·比玛计划（Jan Arogya Bima），这是针对穷人的专门性保险，也是属于住院治疗保险，成年人1年的保费只有70卢比，贫困群体中的不足25岁的子女每人只需50卢比，虽然保费较低，但保险给付额最高可达到每人每年5000卢比。五是非正式部门的非营利医疗保险计划，它由非营利的非政府组织（NGO）提供，有独立的医疗保险计划，也有综合保险计划附加医疗保险。目前有玛塔迪（Mathadi）医院基金，自雇妇女协会（SEWA）保险计划，SPARC机构的贫民保险计划，特里布凡达斯（Tribhuvandas）基金的预付医疗计划等。非营利保险计划吸纳了很多贫困老年人群，大力减轻了由疾病产生的经济负担，为贫困老年治理工作做出了重要的贡献。

二、巴西老年贫困治理的政策与实践

巴西是整个西半球最大的发展中国家，是世界上发展最快、拉美地区贫富分化最为悬殊的国家之一。萨缪尔森曾描述："与其说巴西是一个不发达国家，毋宁说是一个经济发展极不平衡的国家。"① 自20世纪80年代中期以来，巴西政府启动了广泛的经济改革，经济实现了积极增长，社会不平等现象得到了持续改善，贫困治理工作收效显著。巴西的贫困问题与中国存在一定的相似性，该国在贫困治理过程中遇到的问题以及所采取的策略，都将为中国开展农村老年贫困治理工作产生积极的影响。

（一）巴西老年贫困状况

巴西是发展中国家的典型代表，其历史上受到欧洲殖民者的蹂躏，贫困问题较为严峻。二战后，为了摆脱贫穷落后的面貌，巴西政府推行"巴西发展模式"，由于忽视经济发展的统筹协调性，导致农业与工业发展很不平衡，贫富分化严重。面对严峻的贫困问题，巴西政府在贫困治理上倾注了巨大心力。从20世纪60年代开始，陆续实行了"发展极"战略、

---

① 尚玥佟. 巴西贫困与反贫困政策研究［J］. 拉丁美洲研究，2001（3）：47－51.

"雷亚尔计划""零饥饿计划"以及"无贫困计划"等，经济实现了快速增长，降低了通货膨胀率，就业机会增多，贫困人口大幅减少。实际上，从 20 世纪 80 年代开始，巴西大规模的减贫基本上发生在 1994 年之后。2014 年 11 月，巴西应用经济研究所指出，2003 年，巴西贫困人口总人数高达 6180 万，其中有 2600 万人处于绝对贫困状态。2013 年，巴西贫困人口总数减少了 53.6%，绝对贫困人口减少了 60%，在 2003—2013 年的 10 年中，巴西分别有 3310 万人和 1550 万人摆脱了贫困与绝对贫困的困扰。2012 年的贫困人口由 3040 万人下降至 2870 万人。

近几年，由于受到通货膨胀上升、高企债务高筑以及政局动荡等影响，巴西经济停滞。根据国际货币基金组织（IMF）的显示："新兴市场和发展中国家 2016 年经济增长预计将达到 4.2%，而巴西作为重要经济体，2015 年的经济增长为负 3.8%，而 2016 年经济增长预计仅为负 3.3%，这意味着巴西已连续两年负增长。"① 尽管特梅尔新政府声称将想方设法挽救深陷危机的巴西经济，但多数经济学家预测，经济衰退将加深，世界经合组织（OECD）预测巴西未来经济发展不容乐观。此外，受益于 1988 年宪法中相关社会福利保障政策的实施，越来越多的人有权享受养老金，营养得到改良，生育率降低，人口平均寿命延长，人口老龄化趋势明显。近 30 年来，巴西总人口翻了一番，退休总人数增加了 11 倍。受经济衰退、人口老龄化的拖累，巴西绝对贫困人口增加，2013 年生活在绝对贫困线以下的人口已经从 2012 年的 1010 万上升到 1050 万，出现了十年以来的首次增长，其中老年贫困问题也随之加剧。

产生巴西老年贫困问题的主要成因有：一是社会保障制度存在缺陷。巴西为了消除贫困、缩小贫困差距，建立了世界上最庞大的社会保障体系，但这并不能有效地助力于老年贫困治理。一方面，巴西城乡社会保障二元化严重，覆盖面低下。1990—2006 年，城市居民的社会保障覆盖率达 57.4%，而农村地区的覆盖率仅为 19%。在城市，正规部门的社会保障覆

---

① 巴西经济增速或将由负转正　发展之路依旧崎岖不平［EB/OL］. 中国金融新闻网. www. financialnews. com. cn/hq/yw/201701/t20170114_ 111203. html.

盖水平高达 84.8%，非正规部门只占 32.8%。此外，巴西社会保障制度存在不平等现象，社会保障制度向特权阶层倾斜。大部分人退休后每月只能领取约 130 美元的退休金，而一位巴西议员只需在职 8 年，交纳一定的保险税，退休后就能领取每月约 2000 美元的退休金，可领取退休金存在的巨大差距，凸显了老年人的贫富分化程度。另一方面，在社会保障制度层面，巴西制定不合理、有欺诈行为的规则，社会保障管理监督不力，社会保障资源得不到优化配置，社会保障资源浪费严重，在老年贫困治理上无法发挥最大效力。二是土地问题突出。在历史上，巴西是一个落后的农业大国。不科学、欠合理的土地所有制，导致农村土地以及社会财富高度集中于少数富人群体上。据巴西地理统计局统计，大量农民没有耕地，1%的土地所有者占据了全部耕地的 44%，出现少数富人生活极奢，而广大农民的生活极度窘迫的现象，其中老年人的贫困程度深。而且土地利用率低下，生产经营落后，造成农业生产率低下。大地主从自身利益出发，片面追求利润而占用土地，不考虑农民的生产需求，导致大量农民食不果腹，这种状况将大量的巴西农村人口推向贫困境地。

（二）巴西老年贫困治理举措

为了改善贫困状况，巴西政府将消除贫困作为重要国策之一，并采取了一系列强有力的贫困治理策略。尤其是 2003 年以来，巴西加大贫困治理项目的投入，大力推行旨在重新分配收入的计划，贫困治理政策逐渐呈现务实与深化的特点。10 多年间，贫困人口减少了三成以上，提前实现了联合国千年发展目标，老年贫困问题显著改善。认真研究巴西政府的老年贫困治理的政策与实践，对中国农村老年贫困治理具有十分重要的意义。

1. 发展社会救助养老金

在过去的 20 多年中，巴西社会救助被普遍誉为推动贫困治理、降低老年贫困和改善不平等现象的重要推手，也成为巴西政治发展的核心议题，巴西社会救助不断创新与发展。1988 年开始实施的巴西宪法，就已经出现老年救助计划，该宪法的亮点之一就是明确指出老年人和残疾人享有获得最低收入的权利。目前，巴西已经建立了独立的社会保障体系，该体系显著体现了公民权利、社会权利以及国家责任等政策要素，既包括基于基本公民权原则的社会救助，也包括公民自愿缴费型的社会保险。

第一，实施持续福利提供计划（BPC）。该计划亦即社会救助型养老金计划，主要为农村老年人和残疾人提供以政府为主导的、非缴费型的社会救助津贴。为了进一步健全社会保障体系，更好地发挥政府职能，明确政府机构在实施社会救助中的角色和责任，1993 年，巴西政府颁布了《有机社会救助法》。该法使得持续福利提供计划（BPC）得以付诸实施，推动了老年救助与老年贫困治理的进一步发展。BPC 计划取代旧的终生月度养老金计划，并于 1996 年首次实施，是终生月度养老金计划的延伸。[①] 根据 1988 年实施的宪法，BPC 计划面向的受益对象是：年龄在 70 岁及以上（2003 年年龄限定为 65 岁及以上）的老年人、残疾人，以及家庭人均收入低于最低工资的四分之一的人群，每个月向这些人群转移一次最低工资。该计划由巴西社会发展部和社会保障部负责管理实施，其资金来源很单一，巴西联邦政府提供全部的资金支持。按照计划规定，每隔两年还要对领取养老金的申请者开展一次资格审查。

第二，实施农村社会福利计划（PSR）。在 1988 年的巴西宪法中，提及巴西存在巨大的城乡差异，并强调必须解决这种差异悬殊的问题，为此推出农村社会福利计划，该计划的前身是 1963 年巴西政府建立的农业工人救济基金（FUNRURAL）。农业工人救济基金是专门为农业工人提供医疗保险和养老金的救济基金，1971 年，这项救济基金重新启动，并冠以农村优先（Pro – rural）的名义。该计划与终生月度养老金计划存在相类似之处：资格审查非常严格、目标人口数量很小以及转移支付水平低下等。为了扩大社会保险计划的覆盖范围，农村社会福利计划将从事农业的非正规工人纳入受益对象，女性年龄在 55 岁及以上和男性年龄在 60 岁及以上，并能提供曾经在采矿、农业或渔业从事非正规工作的证明，满足向社会保险缴纳十年及以上的条件的人群，就有资格每月申领一份相当于最低工资

---

① 终生月度养老金计划由军人统治者在 20 世纪 70 年代出台，限制条件既多又严格的终生月度养老金制度。

的养老金，这项计划由巴西劳动部和社会保障部负责。①

持续福利提供计划（BPC）和农村社会福利计划（PSR）虽然存在很多差异，但二者在支付水平、受益对象以及资金筹措渠道等方面存有相似之处。这两项计划已经扩大了巴西城市家庭和乡村地区老年人家庭的覆盖面，其中，持续福利提供计划已覆盖至全国。根据2010年的PPI计算，社会救助型养老金惠及的人口数量达310万人，占GDP比例为0.6%；农村社会福利计划惠及的人口数量为780万，占GDP的1.4%，数据显示，这两项计划惠及的人口数量超过1000万人，并呈现稳定增长的态势。2008年，有86.2%的65岁及以上的巴西老年人口获得了转移支付，2009年农村社会福利计划惠及530万老年人口和残疾人，巴西成为拉丁美洲国家中老年人口养老金覆盖率最高的国家之一。

随着持续福利提供计划（BPC）和农村社会福利计划（PSR）的出台，使老年人的贫困问题得到了充分的关注。这两个非缴费型养老金计划在治理老年贫困层面卓有成效，为缓解老年贫困问题，尤其是极端老年贫困做出了巨大的贡献，同时也大幅缩小了收入上的差距。向贫困老年人提供现金支付，之所以能够有效促进减贫，是因为这两项转移支付可以在家庭内部实现共享，有助于大力消减经济转型对贫困家庭的冲击力，刺激了农村地区的经济发展。诚然，伴随这些计划的持续推进，对贫困治理与缓解老年贫困的作用将进一步加强。

2. 健全医疗保障制度

巴西医疗保险制度建立于20世纪20年代，在80年代末进行的医疗改革之前，医疗保险只是富人的专利。1988年巴西颁布的新宪法中提出，所有公民都享有健康权，都有权利获得政府提供的免费医疗服务，因为保障公民健康权是国家的责任与义务。在该法第三编"经济和社会秩序"中的第165条第15款规定"实行医疗、住院补助和卫生预防"。为解决医疗领域存在的问题，巴西决定建立以全民免费医疗为主、个人医疗保险为辅的

_____

① 为了让非正规工人有缴纳社会保险的动力与机会，实施该法的实际时间推迟至2005年，推延了十年。但在实施中，只实现了"部分缴费"。

"统一医疗体系"。①

该体系遵循"分区分级"的诊疗理念。通常情况下，居民看病先找社区卫生站（挂号、检查、手术、化验、药品等全免费），然后根据自身病情与需求状况，决定是否选择治疗水平较高的二级或三级医院。该诊疗模式的优势是有利于促进医疗资源与人力资源的优化配置，提高诊疗效率。为有效降低发病率，增强居民体质，巴西卫生部对不同年龄段的人群分别需注射何种类别何种剂量的药品做出了明确的规定。为提高"统一医疗体系"管理水平，促进医疗体系的网络化、高效化，1999 年，巴西逐渐引入信息技术，设立了联邦、州、地区和市四级医疗信息网络，开始引入并上线使用"全国医疗卡"磁卡系统。该系统的主要优势是，有助于大幅提高相关主管部门了解各层级医院的病人数量、药品需求量以及医生工作状况的准确性与效率；相关审计监管部门也可以更便捷地审计资金运转情况，有效打击贪污腐败等不端现象，提高了监管效率；还可以预防与监控流行病，便于医疗系统做出及时有效的应对策略。为减轻老百姓看病负担，巴西卫生部与市政府以及相关慈善组织协作，在全国各大城市陆续建立低价药房，这些低价药房的许多药品价格比市场价格低达 40%—85%，并积极推广使用大量国产药品。巴西非常重视农村居民的医疗保障问题，为此，除了实施全民性的医疗保健外，还专门实施由联邦和州政府主管与运作的农村"家庭健康计划"②，不断提高农村医疗卫生服务水平。该计划的实施，使农民医疗服务的可及性至少高达 90%。

虽然巴西的"统一医疗体系"尚存在不少问题，现行的医疗体系也亟须进行改革，但是该体系自运行至今，惠及总人口高达 90%，全国广大民众感受到了实实在在的"获得感"。这种以"统一医疗体系"为主，个人

---

① 该体系由全国所有的公立卫生站、大学医院、实验室、制药厂、血库以及医疗科研机构等聘用的私立医疗机构组成，由卫生部、州卫生厅和市卫生局统一领导。该体系规定联邦、州和市三级政府的责任与职能。参见巴西保障人民健康实行全民免费医疗制度［EB/OL］．新华网．http：//news. xinhuanet. com/world/2005 – 08/17/content_ 3366051. htm.

② 该计划具体的实施内容为：建立家庭健康小组，每个小组至少配备有 1 名全科医生、1 名护士、1 名助理护士以及 4 – 6 位社区健康代理，每组通常要为 600 – 1000 个家庭服务，组中医护人员的薪资高出城市公立医院同类人员薪资的 2 倍左右。

医疗保险为补充的医疗制度，基本实现了全民享有基本医疗服务的目标，绝大部分老年人不用担心因病致贫或因病返贫，为全民提供免费医疗层面上，巴西走在了世界前列。

三、主要启示

（一）积极发挥政府在农村老年贫困治理中的职能

有效的政府是一个能够治理并且善于治理的政府。政府在农村老年贫困治理的政策制定、资金筹措以及组织实施中扮演着非常重要的角色。在实施圣雄甘地国家农村就业保障计划（MGNREGS）中，印度政府积极筹措资金，建立健全一整套协商、实施、监测、管理与追责机制，为26%的农村家庭提供了就业机会。印度政府还着力将体现印度特色的民主与政府主导型的养老医疗卫生体制相结合，注重制度创新，建立了几乎免费的相对发达的农村医疗网络，取得了明显的老年贫困治理效果。巴西政府在实施持续福利提供计划（BPC）、农村社会福利计划（PSR）以及在发展巴西医疗保障方面，较好地实现了政府在财政支持、行政管理、制度设计等方面的职能回归。在资金筹集上，巴西政府给予了大力的财政支持，使得这些计划得以顺利实施；在履行职责上，落实制度建设、经办管理、基金管理以及监督管理等工作；在制度发展上，政府积极开展纠错工作，发挥制度的最大效力。长期以来，中国政府在农村养老医疗保障建设上，制度建设不足，政府职责边界模糊，财政投入严重不足，行政管理低效化，监督管理缺位，农村老年贫困治理成效低。为此，在农村老年贫困治理进程中，要提升重视程度，积极发挥政府在贫困治理中的职能，加大对农村贫困治理的财政支持力度，完善行政管理监督体系，加快健全相关制度。近年来，印度与巴西财政赤字加剧，财政收支长期处于失衡的局面，影响了老年贫困治理计划的顺利实施。因此，中国政府也应从本国国情出发，科学合理地锚定职能边界，量力而行地开展农村老年贫困治理。

（二）不断推进农村老年贫困治理的制度化与协同化

推动贫困治理项目之间的协调与整合，加强贫困治理的制度化建设，优化农村老年贫困治理的顶层设计，力争收获制度运行释放出的最大红利，这是中国打好脱贫攻坚战的关键因素。巴西注重保障公民权利，将持续福利提供计划（BPC）与农村社会福利计划（PSR）纳入宪法之中，这两项计划与家庭补助金计划相比，呈现出更强的制度性。这些计划在老年贫困治理方面贡献巨大，原因不只在于实施层面，更是在计划本身的目标定位和规划设计，贫困治理的前瞻性与制度化凸显重要。印度与巴西推行的贫困治理计划，体现了明显的整合性，这种整合体现在横向维度与纵向维度上。从横向整合上，印度的国家计划包括国家农村就业保障计划（NREGA）、社会救助计划、福利基金计划以及免费医疗计划等；巴西的联邦计划包括持续福利提供计划（BPC）、农村社会福利计划（PSR）以及"统一医疗体系"计划等，这些计划之间提供了有效的相互转移支付的便利，成为应对贫困问题的重要手段。在纵向上，整合几乎涉及联邦、州、市、区以及庄园层面的诸多行动。同时，注重对各个贫困治理计划之间的统筹协调。从表象上看，印度与巴西所推行的计划似乎较为独立，实际上，如巴西的基本社会保障计划要通过巴西社会救助中心（CRAS）提供预防贫困的社会服务，而更复杂的问题则需要交由巴西社会保障计划部负责，随着社会救助养老金计划施行范围的不断扩大和执行进度的持续推进，对老年贫困治理的贡献度将不断提高。中国应当吸收巴西和印度贫困治理实践中的宝贵经验，持续推进农村老年贫困治理的制度化建设，促进各贫困治理计划的整合与协调，以期收到良好的效果。

（三）健全农村医疗保障制度，增强农村居民医疗可及性

提升医疗保障的公平性、可及性与可操作性，切实推进医疗资源的共享性，有助于提升农村老年贫困治理效率。印度建立了公平性强、民众参与度高、几乎免费的公共医疗卫生网络。印度政府重视加强农村医疗保障体系建设，积极出台相关扶持政策，大力推进医疗保障制度的发展与创新。鼓励与发展形式多样的私营医院，以弥补公立医疗系统的医生少、环境差、怠工偷懒等问题。同时，公立医疗机构与私立医疗机构的协同发展，为富人与穷人提供了多样化的诊疗需求。巴西建立了惠及高达全国人

口 90% 的全民免费医疗的"统一医疗体系"，而且城乡之间的医疗保险差距小，其公平性与可及性令人瞠目。中国是人口大国，贫困人口主要在农村，农村老年贫困现象严重，农村老年人看不起病、因病致贫、因病返贫现象普遍。城乡医疗保障二元化突出，农村医疗保障水平低下，医疗设备落后，医护人员短缺。积极借鉴印度与巴西的医疗保障发展经验，加强城乡医疗保障的一体化建设，扩大农村医疗保障的覆盖面，推进医疗保障体系的公平性、可及性以及可操作性，为农村老年建起一道防范因病致贫与因病返贫的安全网，真正体现共享发展理念。

第四章　精准扶贫的当代
马克思主义新视界

　　改革开放以来，经过中国政府、社会各界、贫困地区广大群众与干部的协同努力以及国际社会的积极帮助，中国的贫困治理事业取得了举世瞩目的成就。伴随人口老龄化的加剧和国内贫困形势的变化，中国共产党人从本国国情出发，立足中国特色社会主义贫困治理体系，秉持立党为公、执政为民的执政理念和全心全意为人民服务的宗旨，坚持科学发展观，统筹城乡发展，为打赢脱贫攻坚战，适时调整贫困治理战略，提出了以决胜全面建成小康社会、确保到2020年我国现行标准下农村贫困人口实现脱贫为目标导向的精准扶贫方略。精准扶贫战略是对马克思主义反贫困理论的继承、发展与创新，蕴含深刻的政治经济学意涵，拓宽了当代马克思主义的新视界，将助力中国取得贫困治理发展的新突破。着力推进精准扶贫向纵深发展，首先必须做到对象精准。农村老年贫困人口是当前剩存贫困人口中的主体，瞄准农村老年贫困对象，切实推进中国农村老年贫困治理是打赢脱贫攻坚战的关键。因此，要汲取马克思主义理论的精髓，坚持马克思主义基本原则，侧重解决农村老年贫困治理存在的关键问题，共同助力如期脱贫和共同富裕目标。

第一节　精准扶贫的政治经济学意涵

贫困治理事关决胜全面建成小康社会，事关人民福祉，事关党的执政根基，事关千万贫困人口"中国梦"的实现。精准扶贫战略既体现了中国特色社会主义的本质要求，又是践行党的根本宗旨、推进"四个全面"战略布局、实现"五位一体"整体布局的必然诉求；既是对中国经济发展形态发生的实质性变革即经济新常态的回应，又是促进资源优化配置与推动城乡经济协调增长的精准动力；不仅详尽阐明了脱贫攻坚的具体路径，而且严密剖析了中国贫困治理的内在规律，是在马克思主义的世界观与方法论指导下的成果展现，也是对马克思主义政治经济学的深化。

一、用马克思主义反贫困理论指导中国脱贫攻坚的意义

马克思主义理论体系博大精深，作为中国共产党和社会主义贫困治理事业指导思想的马克思主义反贫困理论，是马克思主义理论体系的精髓。它既包括马克思、恩格斯创立的反贫困基本理论、基本观点与基本方法，也涵盖列宁等对马克思、恩格斯反贫困理论的捍卫、继承与发展，还包括以毛泽东、邓小平、江泽民、胡锦涛、习近平为代表的中国共产党领导人将马克思主义经典作家的反贫困理论与中国具体实际情况相结合，不断丰富和发展的马克思主义反贫困理论。马克思主义反贫困理论呈现鲜明的科学性、革命性、实践性、人民性与发展性，其对中国当前和今后的贫困治理事业具有广泛的实践意义和深刻的理论意义。

（一）有利于始终坚持发展生产力作为脱贫攻坚的根本前提

消灭剥削、解放生产力和发展生产力是马克思主义的一条基本原则。在马克思主义基本原理中指明，生产力与生产关系、经济基础与上层建筑的矛盾是社会基本矛盾，这个基本矛盾是社会历史发展的根本动力。生产力决定生产关系，生产关系对生产力的发展具有反作用，影响历史前进步

伐的主要因素是生产力发展状况。社会主义必将蓬勃发展，资本主义必将走向颓败，追本溯源，资本主义生产关系状况逐渐成为生产力发展的桎梏是出现这种反差的症结所在，因此，社会主义必胜。马克思认为，消除贫困的根本途径是大力发展生产力，消灭私有制，使生产力达到较高的发展水平。在资本主义私有制下，企图通过发展资本主义生产力而改变贫困人民被剥削被压迫的境遇，那只是一种妄想。中国、苏联以及东欧一些国家虽然已经铲除了贫困的制度根源，但落后的生产力发展状况仍然成为反贫困的主要掣肘。因此，进入新时代，在中国特色社会主义制度下，大力发展生产力，拥有充裕的物质储备，是打赢脱贫攻坚战的必要条件。

中国共产党人作为马克思主义的继承者与发展者，始终将发展生产力作为头等大事。新中国成立之初，中国一穷二白，生产力发展水平低下，为了改变贫穷落后的现状，毛泽东同志作为中国社会主义建设事业的伟大先驱者、开拓者和探索者，他提出"社会主义革命的目的是为了解放生产力。"① 在新中国成立前夕，他警醒全党，我们的目标就是发展城市的生产力，其他工作都要围绕生产建设这个中心而展开。毛泽东同志在其一生中始终重视经济建设，重视把发展生产力与变革生产关系联系在一起。基于马克思主义基本原理，以及中国社会主义建设的实际现状，邓小平同志强调："社会主义的本质是解放生产力，发展生产力，消灭剥削，消除两极分化，最终达到共同富裕"，② 提出"科学技术是第一生产力""发展是硬道理"等一系列科学论断，为中国的反贫困开拓新的视阈。以江泽民同志为代表的党中央领导集体进一步指出要将发展生产力同党的建设密切联系起来，提出"三个代表"重要思想，强调中国共产党在革命、建设、改革的各个历史时期，要始终代表中国先进生产力的发展要求。在新时期，胡锦涛同志在继承与发展马克思主义理论的基础上，提出了发展是第一要务的思想，强调要落实科学发展观，发挥科技是第一生产力的作用，推动科技进步和创新，为中国的脱贫攻坚提供丰厚的物质基础。进入中国特色社

---

① 毛泽东选集：第7卷［M］．北京：人民出版社，1999：1．
② 邓小平文选：第3卷［M］．北京：人民出版社，1993：373．

会主义发展的新时代，在决胜全面建成小康社会的新形势下，习近平总书记强调，打赢脱贫攻坚战必须以五大发展理念为引领，坚持创新、协调、绿色、开放与共享发展，让全体人民摆脱贫困，过上小康生活。要始终把大力发展生产力放在首位，才能为当下以及未来的贫困治理打下坚实的物质基础，才可能实现让贫困人口和贫困地区同全国一道进入全面小康社会的庄严承诺。

（二）有利于精准把握脱贫攻坚新脉动

一切从实际出发是马克思主义哲学的基本的方法论要求。马克思说："问题就是公开的、无畏的、左右一切个人的时代声音。问题就是时代的口号，是它表现自己精神状态的最实际的呼声。"① 因此，聚焦于贫困现状，密切把握贫困问题新脉动是马克思主义反贫困理论保持旺盛生命力的重要品质。马克思、恩格斯通过对无产阶级贫困现状的深入考察与剖析，辩证性地提出了相对的贫困和绝对的贫困，并断言"工人阶级处境悲惨的原因不应当到这些小的弊病中去寻找，而应当到资本主义制度本身中去寻找"②，一针见血地提出要从制度性层面寻找反贫困的出路，并且从无产阶级的立场出发，提出实现共同富裕及人的全面发展的伟大构想，对未来社会的反贫困指明了发展方向。中国的反贫困成就有目共睹，离不开中国共产党领导人对中国贫困现状的精准把握。毛泽东同志深入群众，始终牵挂民众疾苦，他强调要科学辨识产生中国贫困问题的根源，根据具体贫困现状设定了实现共同富裕的贫困治理目标。邓小平同志灵活运用马克思主义理论法宝，解放思想，实事求是，对中国社会主义社会的贫困问题始终保持清醒的认识，并从社会主义本质的新高度回应人们对中国贫困问题的困惑与诘问，从多维度提出了一系列反贫困的具体对策，对中国的反贫困进程产生了积极而深远的影响。江泽民同志提出"国家八七扶贫攻坚计划"，实施西部大开发战略和《中国农村扶贫开发纲要（2001—2010）》，坚持均衡发展与可持续发展战略，施行有计划、有组织、大规模的开发式扶贫方

① 马克思恩格斯全集：第40卷［M］. 北京：人民出版社，2016：289.
② 马克思恩格斯文集：第1卷［M］. 北京：人民出版社，2009：368.

略。胡锦涛同志坚持以人为本和统筹兼顾，力争构建社会主义和谐社会，建设社会主义新农村，切实开展贫困治理工作，提高贫困治理实效。这些贫困治理策略都离不开中国共产党人对中国贫困现状的深入剖析与准确把握。

贫困现象是一种结果，而导致贫困的因素很多。在印度的阿比吉特·班纳吉和法国的埃斯特·迪弗洛合著的《贫穷的本质：我们为什么摆脱不了贫穷》一书中，他们认为，多年来的反贫困实践多以失败收场，原因之一在于人们对贫困的理解以及对贫困现状的把握不够深刻和精准，好钢没有使在刀刃上。因此，时刻对贫困问题保持清醒而到位的认知，是脱贫攻坚的关键环节。习近平总书记深入贫困地区，体察民情看真贫，在全面了解中国贫困现状的前提下，创造性地提出精准扶贫战略，多次强调："要坚持因人因地施策，因贫困原因施策，因贫困类型施策，区别不同情况，做到对症下药、精准滴灌、靶向治疗。"① 诚然，始终坚持问题导向，一切从实际出发，精准把握贫困新脉动，才能对反贫困战略做出科学合理的部署，从而使脱贫攻坚行动收到事半功倍的成效。

（三）有利于在贫困治理工作中坚持群众路线

群众观点是马克思主义的基本观点，群众立场是无产阶级政党的根本立场。在国际共产主义运动史上，马克思、恩格斯、列宁都非常重视同群众的联系，重视群众工作。其实早在一个多世纪前，马克思与恩格斯在创立共产主义者同盟时，就很注重党群关系。列宁还曾经把人民群众比作大海，而共产党人则仅是沧海一粟。人民群众是历史的主体与创造者，是马克思主义政党的力量之源。中国共产党之所以能够取得贫困治理的伟大成就，其重要的原因就在于中国共产党始终坚持群众路线，始终深深扎根于人民群众之中，在实践中形成了"一切为了群众，一切依靠群众，从群众中来，到群众中去，把党的正确主张变为群众的自觉行动"的群众路线理论。② 群众路线是中国共产党的独创，是毛泽东思想活的灵魂的具体化。

① 习近平论扶贫工作——十八大以来重要论述摘编［J］. 党建，2015（12）.
② 习近平. 习近平谈治国理政［M］. 北京：外文出版社，2014：27.

随着中国不断向前发展，群众路线也不断丰富和拓展，这为中国提高脱贫攻坚实效提供了坚实基础与根本保证。只有坚持群众路线，深入了解贫困群体，中国的脱贫攻坚工作才能做到有的放矢。只有坚持群众路线，站在贫困群体的角度看问题，才能帮助贫困群体更实、更准地解决贫困问题。习近平总书记强调"群众路线是党的生命线和根本的工作路线"，他不仅熟谙农村实际状况，而且对农村贫困问题有着深刻独特的体会。早在20世纪60年代末，未满16岁的习近平，就只身从北京来到陕西省延川县的一个小村庄当农民，中国农村百姓的绝对贫困状态深深地烙进了他的心底。从1982开始，习近平总书记先后在县、市、省、中央工作，他一贯坚持群众路线，经常深入群众，体察民情，到过中国绝大部分最贫困的地区，包括陕西、甘肃、宁夏、贵州、云南、广西、西藏、新疆、河北、海南、湖南、山东、内蒙古、河南、吉林等地，他牢记古人的一句话："善为国者，遇民如父母之爱子，兄之爱弟，闻其饥寒为之哀，见其劳苦为之悲。"2016年腊月二十七，他踏雪走进张北县德胜村徐海一家，拿着收支单一笔一笔算，问收成、问计划、问扶贫情况。六年来，习近平总书记几乎走遍所有集中连片贫困地区，替老百姓算账。他的心里有一本大账，记的是对几千万贫困群众的承诺，算的是脱贫攻坚"一个人都不能少"，这是中国共产党人对国家、对民族的担当，体现"但愿苍生俱饱暖"的情怀。习近平总书记强调，中国的脱贫攻坚工作切勿脱离人民群众，要时刻将贫困群众放在心中，要紧紧依靠群众，对贫困群体要格外关注、格外关爱、格外关心。通过对贫困群众的走访、视察与调研，发现"大水漫灌式"的粗放式扶贫已适应不了新时期的脱贫攻坚新形势，他及时对过去30多年扶贫开发实践进行总结与调整，提出了精准扶贫战略。坚持群众路线，始终心系群众，唯有如此，才可能实现到2020年我国现行标准下农村贫困人口实现脱贫的脱贫目标，才能做到"脱真贫""真脱贫"。

　　（四）有利于不断完善脱贫攻坚制度体系

　　制度是要求相关组织成员共同遵守、按照一定程序和规章执行的依据，没有制度就不存在所谓的管理，它的功能在于规范和约束行为，以消解人性弱点、克服不利因素，提高制度执行的可行性、科学性和有效性。马克思、恩格斯作为马克思主义理论的创始人，最早从制度层面揭露工人阶级生活处于贫困悲惨处境的原因，认为在资本主义制度下，无产阶级之所以难以摆脱贫困之厄运，究其根源在于资本主义制度本身。因为在这样的制度下，资本主义生产资料私有制使无产阶级丧失了生产资料所有权，只能靠出卖劳动力维持生存，而资本家的生产只是为了贪婪地攫取更多的剩余价值而已。既然"现今的一切贫困灾难，完全是由此不适合于时间条件的社会制度造成的"，就应当"用建立新社会制度的办法来彻底铲除这一切贫困"。① 马克思、恩格斯立足于无产阶级立场，从制度贫困视角出发，科学预见了无产阶级贫困化的发展趋势，将铲除资本主义制度下的贫困与人类的解放相结合，指明了反贫困的路径取向，体现了鲜明的人民性与强烈的正义性，为世界的反贫困事业做出了巨大的贡献。

中国共产党把马克思主义基本原理同中国国情相结合，积极借鉴人类政治文明成果，经过长期的探索与实践，最终确立了中国特色社会主义制度。中国特色社会主义制度坚持把根本政治制度、基本政治制度同基本经济制度以及各方面体制机制等进行有机结合，为脱贫攻坚、实现中国梦提供了强有力的制度保障。中国共产党始终坚持中国特色社会主义制度，不断汲取马克思主义反贫困理论之精髓，重视中国脱贫攻坚制度体系的建设与完善。脱贫攻坚制度体系涉及福利支持、金融支持、产业发展等多元层面，只有不断健全脱贫攻坚的顶层设计，才能增强脱贫攻坚的科学性、人文性、公信力与长效性。在当下，大扶贫格局虽已形成，但脱贫攻坚的相关制度体系还存在不少漏洞，与其他制度的衔接协调尚不足，制度体系的统一性与灵活性不够，产生相关制度体系整体功能低下的现状，影响脱贫攻坚实效。因此，坚持马克思主义反贫困理论的指导地位，参透马克思、恩格斯关于贫困的制度分析理论，从中国的贫困现状与脱贫攻坚形势出发，针对目前反贫困制度体系的不足，进行精准补漏，力争建构一套科学

---

① 马克思恩格斯选集：第4卷［M］．北京：人民出版社，2012：364．

合理、闭合关联、切实可行的制度体系，提高制度建设水平，重视发挥反贫困制度体系的整体功能，努力实现脱贫攻坚制度体系的整合协调优化。

（五）有利于始终坚持以实现共同富裕为脱贫使命

实现共同富裕是千百年来人类孜孜以求的梦想，这一点非常显著的体现在古代中国的大同社会理想与近代西方美妙的乌托邦设想之中。在伟大的马克思主义理论诞生之前，实现共同富裕只是一种幻想。马克思主义理论尤其是马克思主义反贫困理论中蕴含着丰富的共同富裕思想，首次从资本主义发展规律、人类走向共产主义社会的历史必然性等视角出发，阐释实现共同富裕的必然性、科学性、历史性与阶段性特征。马克思主义经典作家设想，未来的共产主义社会，劳动不再是一种谋生的手段而成为人类的需要，因而就必须消除贫富分化现象，消灭生产资料私有制，从而实现人的自由而全面的发展，实现共同富裕。实现共同富裕成为马克思主义反贫困理论的主要指向。

在马克思主义反贫困理论的指导下，毛泽东同志首次提倡"共同富裕"，在1953年12月16日指出要"使农民能够逐步完全摆脱贫困的状况而取得共同富裕和普遍繁荣的生活"[①]，领导全国人民走社会主义的大同之路，团结人民，共同与贫困做斗争。邓小平同志提出："我们坚持走社会主义道路，根本目标是实现共同富裕，然而平均发展是不可能的。"[②] 他强调贫穷不是社会主义，社会主义的本质就是解放与发展生产力，消除两极分化，鼓励一部分地区、一部分人先富起来，先富带动后富，最终达到共同富裕。江泽民同志强调在扶贫开发进程中，要兼顾效率与公平，让广大群众共享改革发展的成果，提出加快西部地区发展的大思维、大战略。胡锦涛同志坚持人民主体地位，立足于新时期新形势的实际，提出了科学发展观，强调要妥善处理中国特色社会主义事业中的重大关系，统筹城乡、区域以及经济社会等协调发展，充分调动各方面的积极性，坚持走共同富裕的道路。习近平总书记强调，脱贫攻坚要始终以消除贫困为首要任务，

① 建国以来重要文献选编：第4册［G］.北京：中央文献出版社，1993：662.
② 邓小平文选：第3卷［M］.北京：人民出版社，1993：155.

以改善民生为基本目的，以实现共同富裕为根本方向，立下愚公移山志，咬定目标、苦干实干，坚决打赢脱贫攻坚战，增进困难群众的获得感与幸福感，充分体现社会主义制度的优越性。习近平总书记在中国共产党第十九次全国代表大会上强调全党同志一定要永远与人民同呼吸、共命运、心连心，永远把人民对美好生活的向往作为奋斗目标。始终坚持以实现共同富裕作为脱贫目标是中国共产党的重要使命，要时刻牢记于心、外化于行，切实增强责任感、使命感、紧迫感。

二、彰显中国共产党执政为民的民本诉求

习近平总书记在第十三届全国人民代表大会第一次会议上指出："人民是历史的创造者，人民是真正的英雄。"① 得民心者得天下，全心全意为人民服务是中国共产党的根本宗旨，让人民群众过上美好的生活是中国共产党的奋斗目标和政治追求。习近平总书记在中国共产党第十九次全国代表大会上指出中国共产党人的初心和使命，就是为中国人民谋幸福，为中华民族谋复兴。中国共产党只有始终践行以人民为中心的发展思想，真正做到心中有人民、行动为人民，中国共产党的执政根基才能坚不可摧。只有贫困地区长期贫困面貌得到改善，群众生活水平得到明显提高，贫困群众实现真正脱贫，才能真正体现执政为民、以人为本。在几十年国际风云的激烈变幻中，缘何苏联、东欧国家等像多米诺骨牌一样倒下，而中国特色社会主义制度和中国共产党却仍能岿然不动，取得改革开放和社会主义现代化建设的历史性成就，就是因为中国共产党全心全意为人民服务的根本宗旨，执政为民的路线方针政策为人民带来了实实在在的好处。中华人民共和国成立成立以来，中国共产党始终致力于贫困治理，改善民生，不断加强扶贫开发力度，特别是改革开放以来，在中国共产党的领导下，扶贫开发工作获得了广大人民群众的拥护与支持，取得了举世瞩目的成就。中国共产党第十八次全国代表大会以来，习近平总书记高度重视中国的贫

---

① 习近平. 在第十三届全国人民代表大会第一次会议上的讲话［EB/OL］. 中国网. http：//www. china. com. cn/lianghui/news/2018 – 03/20/content_ 50729988. shtml

困治理工作，他"曾经前往 28 个省市自治区的 30 多个贫困村镇进行调研，深入了解各区困难群众的生活境况，鼓励乡亲们在党委政府的帮助下用多种形式摆脱贫困，从而过上小康生活。在太行深处，在西南边陲，在黄土高原，在大别山下，处处留下了习近平总书记的足迹"①。习近平总书记在 2017 年新年贺词里说，在过去的四年多时间里，他最牵挂的还是困难群众。以习近平为核心的党中央重视贫困治理问题，提出精准扶贫方略，立下"脱贫军令状"，坚决打赢脱贫攻坚战，不但体现党中央重拳治理贫困的力度，也足可窥见中国共产党真正执政为民的信心和决心。

打赢脱贫攻坚战，贵在精准扶贫。切实推进精准扶贫，提高贫困治理成效，做到脱真贫、真脱贫，增强贫困群众的获得感、安全感、幸福感，才真正将党执政为民的理念落到实处。因此，实施精准扶贫战略，一要精准识别贫困治理对象，明确"扶持谁"，靶定贫困人口，将精准扶贫、精准脱贫落到实处；二要明确贫困治理主体，落实"谁去扶""谁去治理"，明晰分工，落实责任；三要统筹安排贫困治理的项目，落实贫困治理项目，解决"扶什么"；四要明确"怎么扶"，找准"贫根"，对症下药，靶向治疗。同时，脚踏实地地实施"四个切实"——"切实落实领导责任、切实做到精准扶贫、切实强化社会合力、切实加强基层组织"，提升贫困治理质量，解决贫困治理的"低效问题"。努力建构有中国特色的农村老年贫困治理体系，以民为本，以农村老年贫困人口生存和发展的实际需求为出发点，以满足农村老年贫困人口基本需求为导向，以防范农村老年贫困为基本要务，以切实增进农村老年贫困人口的获得感、幸福感为依归，确保每一户贫困群众在脱贫攻坚战中不落伍、不掉队，建立更加公平更可持续的农村老年贫困治理体系，让社会主义制度的优越性得到更充分地体现，让中国共产党立党为公、执政为民的政治理念真正为民谋福利。

---

① 央视新闻客户端. 习近平最牵挂的人是谁？［EB/OL］. 光明网. http：//difang. gmw. cn/cq/2017－02/01/content_ 23610913. htm.

三、回应经济新常态进行的扶贫战略升级

伴随改革开放的纵深推进，从 20 世纪 80 年代起，中国经济开始腾飞，保持了近 40 年的稳定增长，综合国力显著提高，中华民族迎来了从站起来、富起来到强起来的伟大飞跃。经济发展为贫困治理带来了巨大的红利，主要体现在：一方面，快速推进的城市化进程和飞速发展的制造业发挥了巨大的就业吸纳作用，数以亿计民众通过多种途径实现了脱贫；另一方面，快速发展的第二产业与第三产业产生的溢出效应，带动了第一产业的发展，使大量农民得以脱贫。总之，不断增强的综合国力为国家实施贫困治理战略提供了坚实的物质保障。20 世纪 80 年代中期起，国家先后在全国开展了有组织、有计划、大规模的开发式扶贫行动和国家八七扶贫攻坚计划等战略，基本解决了农村贫困人口的温饱问题，千百年来吃饱穿暖的愿望基本实现。但从 21 世纪以来，经济增长带来的减贫效应明显下降，中国扶贫攻坚面临新形势新挑战，中国的经济发展进入新常态，① 经济下行压力持续加大。

在增速换挡、结构优化、新旧动能转换的大背景下，要保持经济中高速增长、迈向中高端的发展水平，必须培育发展新动能，推进贫困地区经济社会的全面发展。因此，要充分认识中国贫困地区的现状和脱贫攻坚面临的艰巨性与复杂性，在扶贫脱贫上不断创新理念，探索贫困治理的新办法、新途径，实施精准扶贫方略，这是对接经济新常态，优化贫困治理的资源配置和提升经济发展水平的体现，是回应经济新常态进行的扶贫战略升级，是中国新形势下扶贫攻坚的战略新导向。坚决打赢脱贫攻坚战，在精准扶贫上下真功夫，实现真正脱贫，可以催生新的经济增长点，产生新的经济增长极，助推经济协调健康发展。贫困地区覆盖面广，仅 10 多个集中连片特困地区在国土总面积中，占比就高达 40% 左右。从消费层面上，

---

① 经济新常态就是在经济结构对称态基础上的经济可持续发展，它强调结构稳增长的经济与在对称态基础上的可持续发展。简单地说，就是用增长促发展，用发展促增长。参阅陈世清. 什么是新常态经济？ ［EB/OL］. 求是网 . http：//www. qstheory. cn/laigao/2015 – 03/19/c_1114688943. htm.

如果贫困地区收入得到稳步增长，可以刺激与扩大有效消费需求，为产业结构优化升级做好准备。从投资层面上，加大贫困地区的基础设施建设，提高公共服务水平，既有助于消化过剩产能，又可以增加新的有效投资需求。此外，一些贫困地区拥有丰富的土地资源和劳动力资源，多措并举地推进这些贫困地区实现更好地发展，就有可能产生新的经济增长动力，既能为中国经济博得更多的回旋余地和更大的发展空间，又能使贫困人口感受到实实在在的获得感，有利于增进人民群众福祉，促进社会的和谐发展。

第二节　中国农村老年贫困治理需贯穿马克思主义立场

贫困治理贵在精准，重在精准，农村老年贫困治理也重在精准。当前中国处于贫困治理攻坚克难阶段，要始终将马克思主义立场贯穿于农村老年贫困治理之中，始终站在广大农村老年贫困群体的立场之上，把服务农村老年、造福农村老年作为重要责任，不断创新贫困治理思路，实施精准扶贫战略，稳妥解决农村老年贫困治理的问题，提高农村老年贫困治理实效，为顺利实现如期脱贫扫除障碍。

一、坚持农村老年贫困治理的问题导向

坚持问题导向是马克思主义的重要立场之一，也是马克思主义认识论的基本要求。马克思主义反贫困理论指导中国进行农村老年贫困治理的最根本最深厚的根基在于实践，最直接最强大的动力在于坚持问题导向，直击农村老年贫困问题。习近平总书记指出，改革是由问题倒逼而产生，又在不断解决问题中得以深化。因而，首先必须树立问题意识，坚持问题导向，紧紧抓住主要矛盾与关键问题，找对办法，对症下药。刘云山同志在《增强问题意识　坚持问题导向》中说，自中国共产党第十八次全国代表

大会以来，习近平同志所做的一系列讲话，都是深深扎根于中国在发展进程中所面临的重大现实与理论问题，无不体现出鲜明深刻的问题意识，是求真务实的科学态度的真诚流露。在新形势下，"领导干部必须有发现问题的敏锐、正视问题的清醒、解决问题的自觉。……应当有敢于触及矛盾、解决问题的责任担当。"①

同样，坚持农村老年贫困治理的问题导向是顺利开展农村老年贫困治理行动的前提条件。当前，农村社会保障水平低下、农村老年福利供给不足、贫困治理监管不到位，贫困治理模式有缺陷、老年贫困治理手段单一、老年人的有效需求难以得到满足，还存在普惠式贫困治理、难以精准脱贫、老年特殊群体的精准扶贫盲视、贫困治理决策有缺陷等问题。鉴于此，中国首先应当以农村老年存在的贫困问题及其贫困治理存在的困境为出发点，以农村老年贫困治理面临的深层次矛盾和关键问题为着力点，以积极回应并解决农村老年贫困治理问题为归宿点，客观系统且精准地把握农村老年贫困治理的问题。唯有如此，农村老年贫困治理才能有的放矢，才能针对农村老年贫困的具体状况，运用科学有效的方法实现精准帮扶、精准管理、精准脱贫。

二、加强农村老年贫困治理的人文关怀

在马克思主义哲学体系中，人的世界取代了物的世界，致力于人的解放与人的自由全面发展成了最终目标。因而，注重人文关怀也成为马克思主义哲学的基本特征与价值取向。一直以来，中国惯常于将贫困治理的目标定位在满足贫困对象的物质需求层面。对于占全国贫困人群多数的农村贫困老年而言，除了明显地体现为物质贫困，但更深层次的是人文贫困。"人文贫困"②（Human Poverty）概念出自联合国开发计划署，其在《人类发展报告1997》中强调，贫困的内涵已大大丰富，贫困不再单纯指经济贫困或收入低下，它还包括人文贫困等。关于贫困标准，国务院扶贫开发领

---

① 刘云山. 在中央党校 2014 年春季学期第二批进修班开学典礼上的讲话［EB/OL］. 人民网. http：//cpc. people. com. cn/n/2014/0516/c64094 – 25024405. html1.

② 人文贫困是指人们在寿命、健康、居住、知识、参与、个人安全和环境等方面的基本条件得不到满足，而限制了人的选择。

导小组办公室主任刘永富表示，贫困的标准在世界上不是统一的，各国有各国的政策。伴随中国贫困治理的深入开展，中国的贫困线标准应根据社会发展状况和贫困的变化态势，适时作出合理地调整，已有以维持生存为基本标准的贫困标准线已不能全面客观准确地反映民众在各方面的情况，因而，研究与制定新的贫困治理标准成为必然要求。① 在中国，政府历来是贫困治理的主体，传统"救济式"的贫困治理模式不但无法精准靶向农村老年贫困群体，在反人文贫困层面更是空白。受到年龄、能力、就业等多因素的制约，相较于其他群体，农村老年更容易陷入贫困处境。受到市场经济浪潮的疯狂席卷，农村老年的承受能力愈显脆弱，被边缘化的倾向更明显、程度更严重。另外，农村社会保障体系的不完善与农村老年福利制度的亟待建构与发展，使得农村老年人文贫困现象愈加凸显。

针对农村老年的脆弱性与易贫性特征，以及农村贫困治理存在的缺陷，在农村老年贫困治理过程中，加强人文关怀成为实施农村老年贫困精准治理必须遵循的马克思主义立场。只有树立人文关怀理念，加强对农村老年贫困群体的人文关怀，才能强力对抗与消解农村贫困老年在精神、感情、心理以及发展等层面受到的一系列冲击。注重人文关怀，才能走进农村贫困老年的内在世界，从而深入体察民情民意。在贫困治理实践中，为农村贫困老年所做的贫困标准界定、顶层制度设计、物质医疗援助等才能真正流露出人文特质，贫困治理政策和措施与农村贫困老年的现实需求才能实现良性对接。"在中国，先富起来的人帮助后富起来的人，是一种义务，是一种责任，也是一种制度，不是施舍嗟来之食。"② 这里的"帮扶"不止停留在物质层面，还包括人文帮扶。诚然，实现贫困治理的规范化、法制化、制度化是一种必然，而在贫困治理中将人文关怀视作为一种义务与责任，实现对农村贫困老年人文关怀的常态化，才能真正体现中国共产党全心全意为人民服务的根本宗旨。

① 孙岩、王雅文. 农村人文贫困探析 [J]. 思想政治教育研究，2009（1）：122－125.
② 曹洪民. 关于贫困问题的几点思考——经济活页文选（理论版）[M]. 北京：中国财政经济出版社，2000：27.

三、强化农村老年贫困治理的实践性

马克思指出："从前的一切唯物主义——包括费尔巴哈的唯物主义——的主要缺点是：对事物、现实、感性，只是从客体的或者直观的形式去理解，而不是把它们当作人的感性活动，当作实践去理解，不是从主体方面去理解。"① 马克思强调实践的重要性，在《关于费尔巴哈的提纲》中首次将实践纳入马克思主义哲学体系，把实践视作检验真理的标准。在影响实践环节的诸多因素中，政策制定成为关键性的因素。在农村老年贫困治理中，其相关的政策必须体现实践性与可操作性，方有意义。农村老年贫困治理政策设定是否合理与科学将直接影响贫困治理的实践效度，因为贫困治理政策本身不会制造贫困，但如果政策存在不合理的因素甚至出现重大失误，将会产生负面影响从而加剧贫困问题。长期以来，受传统观念等影响，中国贫困治理理论的成果鲜少聚焦在贫困治理政策对贫困问题的缓解上。在改革开放之前，从个体主义范式解释致贫原因的占多数，认为个体内生动力与发展能力是生成贫困的主要影响因素，因此，针对贫困个体的补缺式贫困治理政策应运而生，主要表现为农村五保制度、民政部门救济制度等。从 20 世纪 70 年代后，中国的贫困治理理念发生转向，开始从结构主义范式关注致贫原因，认为国家制度安排或区域性地理劣势等宏观层面的结构性状况是生成贫困的主要因素。事实上，对农村贫困老年而言，造成其贫困的因素是动态、复杂与多元的，是个体因素与结构因素相互钳制与共同作用的结果。因此，在农村老年贫困治理政策的安排上，首先要对致贫的多方因素进行客观、系统与精准地研析。在此基础上，针对致贫因素的研究结果，对农村老年贫困治理政策做出科学、合理与精准地设计与安排，如此，才能为打赢农村老年贫困治理攻坚战迈出关键的一步。反观现实，中国现有的农村老年贫困治理政策还很不完善，政策缺乏公平性、合理性与灵活性，农村老年贫困治理顶层设计任重道远。

---

① 马克思恩格斯选集：第 1 卷 ［M］．北京：人民出版社，2012：83.

要让政策转变成高效实践行动，在很大程度上取决于政策的可实践性，如果实践效度低下，再优秀的政策方案也只是一纸空文，不具有实际意义。缘于此，美国著名行政学者 G·艾利森指出："在实现政策目标的过程中，方案确定的功能只占10%，而其余的90%则取决于有效的执行。"[①] 农村老年贫困治理政策实践是指政策实践主体通过特定的组织形式，运用贫困治理资源，采取解释、宣传、协调、控制等相应的手段与措施，将政策内容转化为贫困治理行为，从而实现既定的农村老年贫困治理政策目标的动态过程。农村老年贫困治理政策实践的基本构成要素包括实践主体、实践方案、实践对象以及政策实践的环境与条件等。农村老年贫困治理实践是检验农村老年贫困治理政策可行与否的重要环节，是调整与完善政策的重要参照。目前中国农村老年贫困治理政策实践存在诸多弊病，例如：贫困治理政策解释与宣传不到位，各政策实践主体沟通不足或沟通存在障碍，政策实践对象靶向欠精准，政策实践信息不对称，政策实践出现时滞性等，这些都大幅降低了农村老年贫困治理政策的落地操作效度。因此，强化农村老年贫困治理的实践性成为当务之重。

四、提高农村老年贫困治理的效率

　　效率，从经济学角度看，主要指资源的有效配置，即投入有限的资源获取最大的生产效率，或者有限资源达到某些特定标准的最佳分配方案，帕累托最优（Pareto Optimality）[②] 是资源分配的一种理想状态，是公平与效率的"理想王国"。马克思强调效率在社会运动发展中的导向作用。按照马克思主义的观点，人类实践活动是社会历史向前发展的重要推手，而追求效率是实践活动的重要目标。实践效率的提高，将对生产关系的变动和政策制度的调整发挥积极作用。因此，注重农村老年贫困治理政策的执行效率，是脱贫攻坚的重要指向。在贫困治理上，习近平总书记非常重视

---

　　① 王福生．政策学研究［M］．四川：四川人民出版社，1991：167.
　　② 它是指资源分配的一种理想状态，假定固有的一群人和可分配的资源，从一种分配状态到另一种状态的变化中，在没有使任何人境况变坏的前提下，使得至少一个人变得更好。帕累托最优状态就是不可能再有更多的帕累托改进的余地。

贫困治理的效率，他说，要在"脱贫成效精准上想办法、出实招、见真效"①，在 2015 年的中央扶贫工作会议上强调："要坚持精准扶贫、精准脱贫，重在提高脱贫攻坚战成效。……在精准落地上见实效。"② 在中国共产党第十九次全国代表大会上，习近平总书记强调要"做到脱真贫、真脱贫"。农村老年贫困治理是脱贫攻坚战的关键战役，农村老年贫困治理的实际成效直接影响脱贫攻坚战的整体成效。2016 年 8 月习近平总书记在《关于创新政府配置资源方式的指导意见》中指出："创新政府配置资源方式，……提高资源配置效率和效益。"③ 基于现有的生产力发展状况，应当将国家有限的资源投入到农村老年贫困治理项目上，以期收获预期的贫困治理效果，实现资源的有效配置，从而增进农村老年的获得感与幸福感。农村老年贫困治理主要通过外在帮扶与内生发展而实施，但为数不少的农村老年贫困人口，主要还是依赖启动外部资源以实现减贫或脱贫。

实施农村老年贫困治理一般要经过资源的筹集、资源的传输与资源的使用三个阶段，每个阶段都是农村老年贫困治理过程的重要环节，也都涉及效率问题。有效率的农村老年贫困治理，事半功倍；低效率甚至无效率的贫困治理，则浪费资源，力倍功寡。农村老年贫困治理的效率除了涉及贫困治理过程中的效率，在宏观层面还体现为贫困治理对整个经济运行效率的影响。只有在农村老年贫困精准治理上理清思路、出实招、下实功，不断完善农村老年贫困治理效率的评估体系与反馈机制，才能切实提高农村老年贫困治理的实际成效。

---

① 习近平. 习近平谈扶贫 [EB/OL]. 人民网. http：//theory. people. com. cn/n1/2016/0901/c49150 – 28682345. html.

② 国家行政学院编写组. 中国精准脱贫攻坚十讲 [M]. 北京：人民出版社，2016：10.

③ 习近平. 按照时间表路线图推进改革 [EB/OL]. 人民网. http：//sn. people. cn/n2/2016/0831/c190207 – 28921442. h tml.

第三节　中国农村老年贫困治理的关键问题

在中国农村老年贫困治理工作中，老年贫困人口底数识别不清、具体情况不明、责任落实不到位、贫困治理帮扶合力不够、资金投入不足以及分类贫困治理亟待加强等问题长期存在。"谁是真正的农村贫困老年""致贫原因是什么""谁负责贫困治理""如何有针对性地开展贫困治理"等，这些是农村老年贫困治理必须直面的一系列问题。习近平总书记强调："我们注重抓六个精准，即扶持对象精准、项目安排精准、资金使用精准、措施到户精准、脱贫成效精准、确保各项政策好处落到扶贫对象身上。"①目前，国家发展进入了新时代，人口老龄化加剧，还剩3046万贫困人口，农村老年贫困的发生形态与贫困治理的具体战略均发生了显著的变化。在具体实施层面上，农村老年贫困治理应瞄准面临的关键问题，调整思路，加大力度，切实开展农村老年贫困精准治理。

一、精准识别农村老年贫困对象——解决"扶持谁"

农村老年贫困精准治理关键在准，农村老年贫困治理瞄准治理对象的精准度情况关系到贫困治理资源能否顺利传送到目标人群，这是提高农村老年贫困治理效率的关键环节。准确识别农村老年贫困人口，摸清贫困程度，找准致贫返贫原因，是精准治理贫困的第一步。如果贫困治理对象未能精准识别，那么贫困治理工作就会偏离预设的贫困治理目标，将会大幅降低贫困治理效率。确定"扶持谁"是实现农村老年贫困治理资源高效供需与有效对接的前提，是贫困精准治理的重要基石。"扶持谁"的问题首先涉及农村老年贫困治理对象的选择，农村老年贫困治理资源供给与农村贫困老年需求相匹配是开展贫困精准治理的关键。在贫困治理工作中，应

---

① 国家行政学院编写组．中国精准脱贫攻坚十讲［M］．北京：人民出版社，2016：83．

选择不同的贫困治理方式以精准地对接贫困程度不同、贫困类型各异的农村贫困老年。另外，也需关注农村老年贫困治理对象的"进入—退出"环节。从中国贫困治理瞄准对象看，经历了县级瞄准—村级瞄准—贫困户瞄准的发展历程。虽然贫困治理工作已开始瞄准到户，但在贫困治理实践中仍然存在对象瞄准偏离、贫困治理对象识别标准过于单一、农村老年贫困户的收入难以核实、识别漏出、瞄准率低下的现象。在全国很多地方还没有建立起高效互联的贫困治理信息共享网络，出现了不少"富人戴帽""穷人漏选"的"人情贫困户""关系贫困户"等乱象。

农村老年贫困治理工作要到村到户、精准识别，要遵循"精准贫困治理、极贫重治"的原则，首先要按照国家制定的统一的贫困治理识别办法，认真地开展贫困人口底数摸查，造册登记，启动农村老年贫困治理对象实名制管理。统一农村贫困老年的识别标准，依据农村老年致贫的具体原因和脱贫需求，科学划分"农村贫困老年开发户、贫困治理低保户、纯低保户、五保户"四种贫困户类型，完善农村贫困老年规模管控机制。按照群众评议、入户调查、公示公告、抽查检验、信息录入等灵活有效的程序，把识别农村贫困老年的权力交给基层群众，力求实现民主评议和集中决策二者的有机结合。严格审核各村上报的帮扶贫困老年名单，公开、公正、公平地确定贫困治理对象，切实做到"应保尽保"。按照农村老年脱贫出、返贫进的原则，以年度为节点，以贫困治理目标为指向，逐村逐户建立贫困帮扶档案，并及时进行数据更新，不断完善可比可查可追溯的动态管理机制。逐步做到：有贫困老年档案、有贫困具体问题、有贫困治理具体需求、有结对帮扶主体、有贫困治理脱贫时限，并且力争做到定标准、定程序、细分类、把脉准，真正做到农村老年贫困治理的底数清、问题清、对策清、责任清、任务清。如此，才能提高农村老年贫困治理工作的针对性和有效性。

二、明确农村老年贫困治理主体——解决"谁去扶"

落实农村老年贫困治理责任，确定贫困治理"谁来扶"，推动贫困治理主体意识回归是实现农村老年贫困精准治理的重要保障。积极推进农村老年贫困治理有利于增进农村老年福祉，促进农村社会协调发展，促进社会和谐稳定，以及助力打赢脱贫攻坚战，具有较强的正外部性。因此，在农村老年贫困精准治理主体的锚定上，应当遵循"责任原理"与"利益对称原理"，① 针对农村老年多样化的致贫类别，不同的贫困程度，贫困老年分布的区域状况等，采取相应的贫困治理策略。精准认定农村老年贫困治理主体的目的是为了最大限度地推动各贫困治理主体各司其职、各效其力。关于农村老年贫困治理的实施主体，从相异的视角分析会产生不同的结果。从社会参与和公共治理层面上，尽管政府、社会以及贫困老年自身都是贫困治理工作的构成主体，但随着人口老龄化的加剧，农村老年贫困人口规模的不断壮大，如果还单纯依靠政府力量以实现农村老年贫困人口脱贫，实非长远之计。从全国各地各镇各村的实际情况出发，培育本地具有特色的农村集体经济土壤，逐渐发展与壮大村镇集体经济，以此带动农村老年贫困人口脱贫，才是实现农村老年贫困精准治理的主要主体。

贵州印江县根据村居现状、贫困群体差异性、个体发展前景等具体化状况，各级扶贫主体因户施策、因人施策，坚持党组织主导、金融助推的原则，每年整合财政、扶贫等资金 5000 万元，用于村级集体经济发展。"明确专人专职抓村级集体经济，成立村级集体经济办公室，并组织人员深入基层、村居调研村情民意，对集体资产进行排查分类，摸清'空壳'原因，找准发展目标。"②通过发展村级集体经济，真正帮到点子上，扶到农村贫困老年人的心里。在 2017 年两会期间，来自广西基层的全国人大代表梁丽娜做了题为《因地制宜发展产业　帮助村民脱贫致富》的发言，提出了《关于发展农村集体经济的建议》。梁丽娜结合陆河村的发展情况，总结道："要推进各种专业合作社和协会的建设，通过品牌化建设，建成

---

① 责任原理是指在合理分工的基础上明确各部门与个人的任务和承担的责任，其本质是保证效益和效率；利益对称原理的特点在于"以人为本"的管理理念，该理念能够使人们从多维度启发新感知与新思维，最终实现资源的最佳配置。

② 田武.贵州印江精准施策发展村级集体经济纪实［EB/OL］.陕西党建网.http://www.sx - dj.gov.cn/Html/2017 - 4 - 27/ 094706.Html

集生产、加工、包装、销售为一体的村级企业，提高村集体收入。村集体经济发展好了，村里要修桥铺路修水利，农村老年贫困人口要实现脱贫，过上好日子，都可以从村集体经济中开支。"① 事实证明，梁丽娜所在村的村民通过养殖陆川猪、种植橘红增收的生动实践，实实在在地带动了当地农村老年贫困人口脱贫。因此，要加快形成中央统筹、省（自治区、直辖市）负总责、市（地）县镇村抓落实的贫困治理系统。"农村富不富，关键在支部"，选派优秀人才到贫困地区担任第一书记，夯实农村基层基础，对改变农村贫困面貌、推动农村老年精准脱贫至关重要。因此，要在选派贫困地区第一书记上下功夫，确保"因村派人精准"，为村级集体经济发展找准路子、出好点子，只有真正帮助群众发展，切实帮助农村老年贫困人口脱贫，才能做'村里人'的'自家人'，有效地解决"谁负责""谁来扶"的问题。

三、安排农村老年贫困治理项目——解决"扶什么"

农村贫困老年要精准脱贫，必须确保贫困治理项目真正落实到农村贫困老年人群上。针对农村贫困老年的贫困状况和致贫原因，制定贫困治理方案，确定具体化贫困治理实施项目，在农村老年贫困治理中解决"扶什么"的问题。回顾中国贫困治理的发展历程，在农村老年贫困治理上，发现农村老年贫困治理项目存在不同程度的供需失调情况，甚而出现农村老年贫困治理的盲视问题。主要表现在：农村养老保障水平低下，总量严重不足，无法实现农村低保与农村老年贫困治理的有效衔接，兜底脱贫功能不足，难以解决农村贫困老年的养老之忧。农村基本医疗卫生服务水平低，政策落地操作亟须增强，医疗救助覆盖范围小，医疗救助准入门槛高，补助水平低下，农村公共卫生宣传普及力度不够，农村老年"常生病、看不起病、看不好病、看不上病"的现象普遍。城乡基本公共服务均等化水平低，尤其农村地区的养老服务供给更显薄弱，部分贫困地区呈现

---

① 梁丽娜. 扶贫需发展农村集体经济［EB/OL］. 央视网. http：//tv. cntv. cn/video/C10313/9b20615871a f414c9f1bd1f 6d153e640.

养老服务供给空白的情况。

习近平总书记多次强调，扶贫贵在精准，重在精准。贫困治理项目供给精准与否，关系到农村老年贫困治理的成效。针对农村老年贫困治理的薄弱环节，调整贫困治理思路，按照"重点统筹、项目精准"的原则，破除农村老年贫困治理壁垒，使贫困治理项目输送与农村贫困老年的脱贫需求力争做到有效对接。尽快制定农村最低生活保障制度与农村老年贫困治理政策有效衔接的运行方案，加强农村老年贫困治理的标准、对象、管理、信息以及考核等相关方面的衔接。对农村贫困老年人口中部分丧失劳动能力或完全丧失劳动能力的群体，由社会保障进行兜底。统筹协调农村老年贫困治理标准和农村低保标准，按照国家扶贫标准合理确定各地低保的指导标准。根据各地区的综合发展水平，对于低保标准较低的贫困地区，参照国家扶贫标准，稳步提高低保标准，力争实现农村老年贫困治理标准线与农村低保标准线的"两线合一"。大力加强农村老年低保申请的家庭经济状况核查工作，将符合条件的贫困老年纳入低保范围，实现"应兜尽兜""兜住兜牢"。稳步推进农村医疗救助工作，推动农村医疗救助政策的调整与完善。加大农村医疗救助力度，促进农村医疗救助项目与大病保险项目的有效衔接，使重特大疾病救助能够覆盖到全部老年贫困人群。完善农村老年特困人员的救助供养、临时救助等制度，积极引导社会力量参与农村老年医疗救助，指导各地养老院、农村敬老院、救助管理站有序开展农村老年贫困治理工作。同时，实施农村健康贫困治理工程，加强贫困地区老年常见病、慢性病、地方病的防治工作，切实保障农村老年贫困人口享受实实在在的基本医疗卫生服务，增进农村老年贫困人口的获得感。

四、实施农村老年贫困"靶向疗法"——解决"怎么扶"

在确定"扶持谁""谁来扶""扶什么"的基础上，解决"怎么扶"的问题是农村老年贫困治理工作的落脚点。农村贫困老年能否摆脱贫困的困扰，能否安度晚年，关键看贫困治理方案是否合理，贫困治理策略是否得当，以及贫困治理措施是否得力。实现农村老年贫困精准治理，需要做出长远性、全局性的决策，循序渐进地消除致贫返贫的短期性因素与长期性因素，以及内在因素与外在因素，通过"靶向疗法"，实现"脱真贫""真脱贫"的目标。由于不同的农村贫困老年个体在贫困根源、贫困表现、贫困特点和贫困治理需求等方面呈现明显的差异性，推进贫困精准治理就得针对贫困老年群体的具体情况，找准"穷根"，对症下药，分类施策，即因人因地施策、因贫困原因施策、因贫困类型施策，实施针对性和差异化的贫困治理。第一，对于农村老年贫困人群中尚有劳动能力，但缺少资金支持或缺少技能支撑的，要把农村老年贫困治理攻坚的重点放在改善生产生活条件层面，着重加强农村基础设施、技术培训、医疗救助等公共服务供给。同时，这部分贫困老年人应立足于当地资源，因地制宜，发展内生动力，依靠自己的双手"造血"，努力实现就地脱贫。第二，针对尚有劳动能力的农村贫困老年人，他们生活在生存条件恶劣且自然灾害频发的地方，并且通水、通电、通路难度大，成本又高，就地脱贫希望渺小，可以在尊重农村老年贫困主体意愿的前提下，实施异地搬迁计划，确保他们搬得出、稳得住、能脱贫、可致富。其中，对于生态系统重要性强、亟待修复保护但生存条件较差的贫困地区，应当根据生态环境保护与治理的相关条例，完善生态补偿机制，扩大退耕还林还草范围，合理调整基本农田保有指标。

第三，对于农村贫困老年人中部分丧失劳动能力或完全丧失劳动能力，有劳动能力转变为无劳动能力，脱贫后返贫而再脱贫可能性小，因病致贫而脱贫困难，以及家庭供养支持率低下的农村老年贫困人群，要通过完善社会保障制度，实施政策性兜底的贫困治理。特别要健全农村最低生活保障制度，加大农村低保统筹力度，努力提高农村低保水平。加大临时救助在贫困地区的落地操作力度，逐步改善农村老年供养条件，稳步提高农村特困老年的供养水平。建立健全农村医疗保险和医疗救助制度，对因病致贫返贫的老年人群提供切实有效的救助。同时，全面实施面向贫困地区的重大公共卫生项目，保障农村贫困老年享有基本的医疗卫生服务。此外，还要不断完善农村养老系统，引入合理化、可接受的养老服务，适时提高基础养老金标准等。不断发扬济贫扶困的传统美德与公益慈善精神，发动多元社会力量助力农村贫困老年脱贫。农村老年贫困治理是一个渐进发展的过程，需要不断反思、纠偏与完善"怎么扶"环节，切实实现农村老年贫困治理工作的"量质齐升"，力争做到农村老年贫困治理的人文化、精准化、高效化。

五、提升农村老年贫困治理质量——解决"低效问题"

2018 年 2 月 12 日，习近平总书记在四川成都市主持召开打好精准脱贫攻坚战座谈会上强调："打好脱贫攻坚战是党的十九大提出的三大攻坚战之一，对如期全面建成小康社会、实现我们党第一个百年奋斗目标具有十分重要的意义。要清醒认识把握打赢脱贫攻坚战面临任务的艰巨性，清醒认识把握实践中存在的突出问题和解决这些问题的紧迫性，不放松、不停顿、不懈怠，提高脱贫质量，聚焦深贫地区，扎扎实实把脱贫攻坚战推向前进。"[①] 在脱贫与摘帽的关系上，国务院扶贫办原主任范小建指出："脱贫是摘帽的基础，没有质量的脱贫对摘帽毫无意义，要从老百姓的利益出发，不能搞所谓的数字脱贫和假脱贫。"[②] 农村老年贫困人口是贫中之贫、困中之困的群体。经过长期的贫困治理，虽然中国农村贫困人口和贫困发生率持续减少，但目前剩存的 3046 万农村贫困人口都是属于难啃的"硬骨头"，由于一直以来实施的是以传统普惠式为主导的贫困治理模式，在贫困治理实践中，欠缺精准靶向性的贫困治理策略。贫困治理对象瞄准机制不完善，也没有实施专项性、常态化的农村老年贫困治理体系，导致农村老年贫困治理制度不健全，贫困治理效率不高，农村老年贫困人口依然庞大，生活境况窘迫，农村老年群体的获得感低下。因为贫困，农村老年人不得不参加劳动，由于中国目前农业现代化水平普遍低下，农业生产

---

① 习近平：提高脱贫质量聚焦深贫地区　扎扎实实把脱贫攻坚战推向前进［EB/OL］. 中国政府网. http：//news. ifeng. com/a/20160722/49507174_ 0. shtml.

② 范小建. 中国脱贫不能一蹴而就 需难易并举 ［EB/OL］. 中国新闻网. http：// www. chinanews. com/gn/2016/11－20/8069348. shtml.

极耗体能，日积月累的劳作使得农村老年人的身体机能退化快，农村老年人"因病致贫""贫病交加"现象普遍，农村老年绝对贫困问题依然严峻。

针对当前农村贫困治理存在的薄弱环节，必须增强问题意识，扫除农村老年贫困治理障碍，逐步建立健全农村老年贫困治理的制度、政策、机制与模式，提高农村老年贫困治理效率，提升农村老年群体的获得感，这对实现既定的脱贫目标具有战略性的意义。农村老年贫困治理是一项系统性的工程，不仅涉及贫困治理部门、民政部、卫生服务部等部门，还涉及财政部、农业发展部等众多部门，亟须激发政府各部门的力量以及集聚各类农村老年贫困治理的资源，使农村老年贫困治理政策与其他相关性政策相互协调与对接，全面提升实施农村老年贫困治理战略的效度。首先，从农村老年贫困群体的切身利益出发，充分发挥政治优势和制度优势，增强责任感、使命感和紧迫感，把精准扶贫、精准脱贫作为基本方略，妥善处理好兜底目标与总体目标、政府主导与社会民众主体、脱贫与摘帽等关系。其次，推进农村老年贫困治理工作，要有雄心壮志，讲究科学态度，要做到"四实"：一是各级地方政府贫困治理工作要实，力争做到农村老年贫困治理规划实、实施推进实、真抓实干与求真务实；二是农村老年贫困治理任务责任要实，明确各部门责任，实施问责激励措施，实现责任分工实、问责追责实；三是资金资源运作要实，精打细算，用在关键，用出效率，努力实现投放实、到位实、效率实；四是督查反馈要实，在开展农村老年贫困治理中，要实施长期性、常态化与可持续性的实时追踪计划，加强落地操作力度，做到各项制度政策规则实，监督检查反馈纠偏实。只有贫困治理各主体齐心合力抓好抓实农村老年贫困治理的每一个环节，坚持贫困治理脱贫时间服从质量与效率，农村老年贫困治理效率与质量才会得到稳步提升，农村老年贫困处境才会得到切实地改善。

第五章　坚持以马克思主义反贫困理论
推进农村老年贫困精准治理

党中央、国务院高度重视百姓疾苦，相继制定《中国农村扶贫开发纲要（2011—2020 年）》《关于打赢脱贫攻坚战的决定》等贫困治理政策。习近平总书记在中国共产党第十八次全国代表大会上提出："确保到二〇二〇年我国现行标准下农村贫困人口实现脱贫，贫困县全部摘帽"的战略目标。[①] 虽然"十二五"时期全国农村贫困治理成效十分显著，但未来中国的贫困治理依然面临严峻的挑战。目前，中国剩存的贫困人口还有三千多万，其中农村老年贫困人口占据相当的比例。农村老年人在社会加速转型、市场经济不断冲击、家庭保障功能弱化以及自身可行能力日趋下降等种种负性因素的影响之下，相较于其他群体，更容易遭遇贫困。农村老年贫困群体呈现的地区分布分散性，贫困现象复杂性，致贫因素多元化，以及返贫严重性等特征，同时，农村老年贫困治理效率低下等现状，决定了中国必须调整贫困治理战略，方能为打赢脱贫攻坚战注入动力。因此，中国贫困治理必须进行科学统筹，始终坚持以马克思主义反贫困理论为指导，按照精准扶贫的战略思想和脱贫攻坚的总体目标，遵循精准扶贫的基本原则，瞄准农村老年贫困群体，根据农村老年贫困治理的现状、特征、困境等，探索农村老年贫困精准治理策略，增

---

① 习近平. 决胜全面建成小康社会　夺取新时代中国特色社会主义伟大胜利 [M]. 北京：人民出版社，2017：47 - 48.

强农村老年贫困精准治理的针对性、可操作性、协同性、可复制性，稳步提高农村老年贫困治理成效。

第一节　构建有中国特色的农村老年贫困治理体系

贫困问题由来已久，是世界各国面临的共同问题。各个国家的国情不同，贫困问题的具体状况也存在差异。中国剩存的 3046 万人口都是难啃的"硬骨头"，农村老年贫困人口又是"贫中之贫"、贫困治理"难上加难"的重要群体，贫困治理进入了攻坚克难的关键期。从中国国情与贫困现状出发，构建有中国特色的以马克思主义反贫困理论为指导的农村老年贫困精准治理体系，对实现如期脱贫目标具有重要的战略意义。

一、以满足农村贫困老年基本需求为导向

人类的历史活动产生于人类的需要，贫困治理行动也不例外，"因此第一个历史活动就是生产满足这些需要的资料，即生产物质生活本身"[①]，"物质生活的生产方式制约着整个社会生活、政治生活、精神生活的过程"[②]。基本需求是一个经济学概念，是指在一定时期内消费者对主要生活必需品的基本需要状况。马克思所指的物质生活需求是人类的基本需求之一，对于多数农村贫困老年人而言，基本物质需求匮乏或处于绝对贫困状态是农村贫困老年人的主要表现。农村贫困老年人的基本需求满足状况体现在：基本生存条件匮乏，如粮食、衣物等基本生活必需品匮缺；基本生产条件薄弱，尤其在偏远地区，水利、交通与通信等基础设施供给不足，这些在很大程度上降低了尚有劳动能力的农村老年人依靠自身实现脱贫的可能性；基本发展水平落后，基础教育、职业技术教育落后；基本公共保障水平低下。以上种种基本需求现状不是中国特色社会主义社会的应有之

---

① 马克思恩格斯选集：第 1 卷［M］. 北京：人民出版社，2012：79.
② 马克思恩格斯选集：第 2 卷［M］. 北京：人民出版社，2012：32.

义，实施以满足农村贫困老年基本需求为导向的农村老年贫困治理成为必然诉求。

实施以满足农村贫困老年基本需求为导向的农村老年贫困治理关系到社会的和谐与稳定，体现了"执政为民""以民为本"的政治理念，是中国特色社会主义的本质体现。"民惟邦本，本固邦宁"，中国共产党第十八次全国代表大会以来，党中央坚持以民为本的执政理念，紧紧抓住民生工作和社会治理工作，让广大人民共享改革发展成果。因此，在农村老年贫困治理实践中树立以满足农村贫困老年基本需求为导向的理念，首先，必须满足农村贫困老年人的基本生存需要。在全面了解农村贫困老年贫困现状，贫困形成原因，以及贫困呈现特征的基础上，锚定最需要得到扶持的绝对贫困老年人，向他们输送基本生存需要，解决基本生存问题。对丧失基本劳动能力、很难通过扶持手段脱贫的特困老年人要夯实最低生活保障制度，发挥最低生活保障的兜底作用；对缺乏基本生存条件或基本生存条件严重落后的农村老年人群，要着力解决其吃、穿、住的问题。其次，对于身体状况良好、尚有劳动能力，但经济收入水平低与教育水平低下的农村贫困老年人，可以通过政府扶助、以工代赈、社会支援等途径向农村贫困老年人提供基本生产条件，帮助他们修建基本农田水利设施，引导农村贫困老年将传统农业生产技能与现代农业技术相结合。同时，优化农业产业结构，拓宽其可能的增收门路。最后，满足农村贫困老年的公共保障需要，加大对农村贫困老年特殊群体的保障力度，逐步健全农村贫困地区县、乡、村三级医疗卫生服务网，提高新型农村合作医疗的参合率，提高农村最低生活保障水平、农村五保供养水平和社会救助水平等，全面提升农村贫困地区的公共服务水平和公共保障水平。

二、以防治农村老年贫困为基本要务

农村老年贫困是一种动态化的现象，在一定时期内，农村老年因身体健康状况、家庭养老情况、社会保障水平等出现的反复波动而进出"贫困线"。进入贫困和退出贫困的农村老年都具有脆弱性特质，陷入持续性贫困的农村老年在经济收入或其他各类资源的拥有上都比较匮缺。农村贫困老年人群经常遭受多元化的风险冲击，这种状况成为一种常态化现象。农村贫困老年遭受健康风险，如突发大病，慢性病恶化，导致可行能力骤降；农村贫困老年遭受自然风险，如泥石流、地震、干旱、洪水、野生动物侵袭等；农村贫困老年遭受家庭风险，如劳动力主体丧失、家庭经营失败、人情世故开支、家庭成员患重病等；农村贫困老年遭受市场经济风险，如农产品价格大跌，农产品销路不理想，遭遇假种子、假农药化肥等。贫困风险的频繁冲击以及农村老年应对贫困风险能力不足是农村贫困老年人陷入不同程度的贫困的主要原因。农村贫困老年受制于种种因素，在面临一系列贫困风险的冲击时，多数只能采取"事后"应对策略，这些策略在缓解农村老年贫困上往往收不到明显的效果，因而农村贫困老年也很少能在短期内脱离贫困处境。同时，当前的贫困治理政策在应对这些风险，以及消除这些风险冲击带来的影响上，也主要体现为一种事后应对机制，其本质是一种被动式的贫困治理策略。主动式贫困治理侧重于"事前""事中"的防范贫困策略，相较于被动式贫困治理，能更有效地避免贫困或降低贫困风险。

建立农村老年贫困预警防治机制是"被动式贫困治理"转变为"主动式贫困治理"的关键。其一，要从农村贫困老年主体出发，加强农村地区气象、地质、水利等相关部门的联动合作，密切关注与农业生产相关的信息，加强分析预判，为农村居民提供农业生产发展的可靠资讯，切实提高农村贫困老年应对风险冲击的能力；其二，要建立科学、精准的农村老年贫困对象识别与监测体系，为有效防治农村老年贫困打好准备战。政府相关部门应当从农村老年贫困人群的地区分布差异性、年龄分布特征、男女性别比状况等多视角出发，提高对农村老年贫困群体的重视程度。引入多样化贫困对象瞄准技术与方法，加强对农村老年贫困对象的识别与监测。充分利用大数据平台，逐步建立与完善农村贫困老年的动态化数据库。设计多维度、合理化的贫困测算指标体系，建立多层次的农村老年贫困状况测算与分析模型，满足脱贫攻坚新形势下的贫困对象精准识别需求，实现对农村老年贫困人口现状的全面而精准的把握，为防治农村老年贫困迈好第一步，也为促进贫困治理资源的优化配置提供有力保障。其三，在构建防范农村老年陷入贫困的系统的前提下，需要逐步建立与完善农村老年应对贫困风险的政策支持网络。关于贫困治理的政策与机制因素对农村老年贫困治理的成效影响深远。虽然中国已经出台了一系列支持性的政策，如"新型农村合作医疗""新型农村社会养老保险""农村大病医疗救助"等，但尚还存在诸多不足之处，如覆盖面很低，保障救助水平低下，可操作性差，对防范农村老年贫困的贡献力度有限。因此，切实推进农村基本公共服务均等化与着力健全农村老年保障系统是防治农村老年陷入贫困的重要环节。

三、以增进农村贫困老年获得感为依归

习近平总书记在 2015 年主持召开的全面深化改革领导小组会议上强调要"突破'中梗阻'，防止不作为，把改革方案的含金量充分展示出来，让人民群众有更多获得感。"[①] 此番讲话一经报道，"获得感"一词立即获得广泛认同与共鸣，成为 2015 年兼具概括性与代表性的热词，且使用范围出现固化趋势。在中国共产党第十九次全国代表大会上，习近平总书记又强调："不断满足人民日益增长的美好生活需要，不断促进社会公平正义，形成有效的社会治理、良好的社会秩序，使人民获得感、幸福感、安全感更加充实、更有保障、更可持续。"[②] "获得感"表示获取某种利益后所产生的满足感。学界与民众普遍认为的"获得感"不仅指物质层面的获得，也有精神层面的收获，既有看得见的获得，也有看不见的获得，多指人民群众共享改革成果，获得实惠而产生的幸福感，是物质与精神的兼得。改革开放以来，中国各方面的发展取得了巨大的成就，为促进社会公平正义提供了坚实的物质保障，国家贫困治理行动也取得了举世瞩目的成果，广

---

① 中共中央宣传部编．习近平总书记系列重要讲话读本（2016 年版）［M］．北京：学习出版社、人民出版社，2016：76－77.

② 习近平．决胜全面建成小康社会　夺取新时代中国特色社会主义伟大胜利［M］．北京：人民出版社，2017：45.

大人民的获得感明显增强。但随着农村人口老龄化的加剧，中国农村老年贫困人口依然庞大，农村老年贫困问题依然严峻，在农村贫困治理过程中仍存在违背公平正义的现象。

农村老年贫困群体作为当下剩存贫困人口的主要群体，他们在改革发展与贫困治理中，所收获的切实利益有限，贫困问题没有得到显著的改善，生活处境依然窘迫，农村老年的"获得感"普遍低下。这主要与传统贫困治理存在的政策缺陷，农村社会保障制度不健全，以及农村救助体系不完善等有关。习近平总书记强调要"审视各方面体制机制和政策规定，哪个领域哪个环节问题突出，哪个领域哪个环节就是改革的重点"，倘若改革无法营造更加公平正义的社会环境，也没能为广大人民群众送去实实在在的好处，甚而产生更多更严重的不公平、非正义的现象，那么改革就是失败的。因此，中国必须认真审视贫困治理领域的体制机制，抓住农村老年贫困治理的薄弱环节，以确保到 2020 年我国现行标准下农村贫困人口实现脱贫为目标，以切实提升农村老年贫困人口的获得感为出发点与归宿，以精准扶贫、精准脱贫为强力抓手，增强农村老年贫困治理主体的责任感、使命感和紧迫感，加强贫困地区的公共基础设施建设，大力破除农村社会发展的制约因素。不断健全精准扶贫工作机制，按照"六个精准"的要求，落实贫困治理的每个环节。强化贫困治理的政策保障，健全农村老年脱贫攻坚支撑体系，大力推进医疗保险和医疗救助脱贫进程，切实开展农村最低生活保障制度兜底脱贫工作，做到脱真贫、真脱贫。提高贫困治理的针对性与实效性，增强贫困治理实践的可复制化与可持续性，让农村贫困老年人的获得感、幸福感、安全感更加充实、更有保障、更可持续。

第二节　建构农村老年贫困治理瞄准机制

贫困治理瞄准机制是由贫困治理瞄准的主体、对象、内容、表现形式等多元要素构成的一个动态、有机的系统，其根本目标是实现贫困治理资源投放的科学化与精准化，能够切实帮助农村贫困老年脱贫。科学高效的贫困治理瞄准机制是打好脱贫攻坚战的关键。虽然中国特色社会主义进入了新时代，中国社会主要矛盾已经转化为人民日益增长的美好生活需要和不平衡不充分的发展之间的矛盾，但是中国还处于社会主义初级阶段，生产力发展水平还不高。在贫困治理资源供需矛盾突出以及贫困治理任务艰巨的形势下，只有不断健全农村老年贫困治理的瞄准机制，才能切实改善农村贫困老年的生活状态，才能有效降低农村老年贫困发生率，从而实现让贫困人口和贫困地区同全国一道进入全面小康社会的庄严承诺。

一、建构农村老年贫困精准识别机制

精准识别农村老年贫困主体是一项民心工程，主要关注的是识别农村老年贫困人群的准确度，重点解决的是"脱真贫"的问题，这是贫困治理的基础环节，也是精准扶贫的第一道工序。不解决农村老年贫困人口的精准识别问题，贫困治理项目的有效运作和贫困治理资源的高效投放就无从谈起。因此必须坚持公平、公开、公正的原则，力求农村老年贫困对象识别的程序化、科学化与精准化。

首先，确定科学合理的农村老年贫困标准，这是精准识别农村老年贫困人口的重要依据。中国现行农村老年贫困标准是按 2010 年定的每年 2300 元的标准，也就是每天 6.3 元。国家统计局通过对贫困监测的有关数据和相关情况的分析与总结，同时使用世界银行推荐的方法进行换算，得出现行农村贫困标准约为 1.6 美元的结论。① 然而，目前中国贫困标准存在两个问题：其一，贫困标准具有全国统一化的特点，不论哪个省份和具体区域都采用同一条贫困线确定农村老年贫困人口，而事实上，农村老年贫困变化具有动态性，相异时间段以及同一时间段的地理空间分布都存在差异性。因此，科学合理的贫困标准要随时间变化进行相应的分区域的调

---

① 这个数据介于两个常用的国际贫困标准即每天 1.25 美元和 2 美元之间。详见王萍萍、徐鑫、郝彦宏. 中国农村贫困标准问题研究 [J]. 调研世界, 2015 (8)：3 - 8.

整。其二，单一维度的贫困标准并不能全面精准地反映农村老年贫困人口的现实状况。仅仅从收入和消费指标测度农村老年的贫困问题欠科学性，需要引入多维度的贫困标准以衡量农村老年贫困状况，并根据物价水平、消费水平以及经济社会发展等变动情况进行适时地调整。

其次，精心落实建档立卡工作流程。保持建档立卡工作的规范性与持续性极其重要，是夯实精准识别工作的基础环节。《中国农村扶贫开发纲要（2011—2020年）》提出，建档立卡是了解贫困人口状况和致贫原因的有效方式。因此，贫困治理主体要按照国家精准扶贫建档立卡工作的总体要求，结合具体的省情、区情与村情，按照"省级统筹、市负总责、县镇村抓落实"的工作规划：一要落实村民民主评议。以村为单位召开大会，宣传解说相关政策，大力引导村民进行公开、公平、公正的民主评议，严禁优亲厚友，禁止提供虚假的老年贫困信息等；二要认真开展入户调查工作，调查核实工作关系到农村老年的切身利益，应秉持"走百村、进千户，访万人"的工作态度，深入到农村老年人群的家中，采取询问当事人与向其他群众了解情况相结合的方式，获得可靠准确的情况，保持数据的翔实性，切勿出现"漏人漏户、闭门估计"现象。针对了解的情况还须进行公示公告，抽查检验确认，录入信息等，实现民主评议与集中决策相结合，确保真正的农村贫困老年进入帮扶范围。

最后，建立动态化监测管理系统。一方面，要重视对农村老年人口的动态化贫困监测，其监测所得结果是精准识别贫困对象的重要参考。一直以来，最具权威性的国家统计局每年都会对农村贫困状况进行监测，并出版《中国农村贫困监测报告》，但对农村老年贫困问题的监测，却存在盲区。现有的监测只是对农村老年贫困发生率的数据进行简单地描述，其他有关农村老年贫困的监测与研究均未体现。因此，要依托全国农村住户调查办公室，加强对农村老年的关注与贫困监测，通过对农村老年的收入、支出、生产、消费等情况进行全方位、多层面的调查，引入能反映测评对象所处的生存环境、整体生存质量以及生存效果的多维测评指标，建立健全农村贫困老年人口的动态监测体系。同时，不断完善精准识别的信息数据管理系统。要按照"脱贫出、返贫进"的原则，以年度为节点，对农村老年贫困人口的数据进行及时地更新，并录入到全国贫困治理信息网络数据库，形成联网动态的数据链条，不断完善贫困治理信息数据平台建设，推动农村老年贫困治理识别机制的网络化、信息化建设。

二、健全农村贫困老年需求双向响应机制

坚持以农村老年贫困人口为主体，深入了解农村贫困老年的现实需求，建立健全农村老年需求响应机制，是实施农村老年贫困精准治理的必然要求。长期以来，中国对农村老年贫困治理的重视不足，实行的是"自上而下"的传统贫困治理模式。诚然，这种模式带来了贫困治理的巨大成就，但也逐渐暴露其弊端，政府主导型贫困治理模式无法精准地了解农村老年贫困群体的个体性、差异化需求状况。尤其在当下，中国的贫困治理已然进入了纵深攻坚阶段，农村老年贫困主体作为最难啃的"硬骨头"之一，如果不密切关注其需求动态，贫困治理政策就可能出现靶向偏差，农村贫困老年的有效需求得不到满足，也将导致贫困治理资源的流失与浪费。同时，在贫困治理过程中，由于缺失可操作性的"自下而上"的贫困主体需求表达机制，农村老年贫困人口需求表达困难，其需求状况无法向上传达。

为提高农村老年贫困治理的瞄准精度与贫困治理成效，要建立"自上而下"与"自下而上"相结合的双向需求响应机制。一方面，农村老年贫困治理主体要切近农村老年的基本需求，实现农村贫困老年需求的精准定位。《中国农村扶贫开发纲要（2011—2020年）》强调"坚持中央统筹、省负总责、县抓落实的管理体制"构架，这种三级主导体制充分体现了"扁平化管理"理念①。在传统的贫困治理模式下，"自上而下"式的贫困治理决策缺乏以贫困对象为主体的理念，决策过程与结果容易被贫困治理

①　"扁平化管理"相对于传统的自上而下的等级结构贫困治理模式而言，它具有组织层次少、管理幅度大、信息渠道宽、应变能力强等特点，能最大限度地节约社会资源和提高贫困治理效率。

主体的意志所"绑架",无法精准定位并如实呈现农村老年贫困人口的需求状况,而且贫困治理决策层层上传下达,容易导致贫困治理决策信息传递衰减和失真,加剧了贫困治理决策瞄准的偏差程度,而"扁平化"管理削减了管理层级,大幅降低了贫困治理决策信息传递衰减和失真的可能性,有助于提高贫困治理成效。因此,要拓展农村老年贫困治理的"扁平化"管理思路,严格执行贫困治理攻坚一把手负责制,省市县乡村五级书记要齐抓共管。加强贫困地区农村基层的党组织建设,各层级领导与组织要严格履行自身的职责,坚持以农村老年贫困人口为主体,扎根于农村老年贫困群体之中,深入了解农村贫困老年的所想所需,动态化地把握农村贫困老年的具体需求状况,由"供给导向"努力向"需求导向"转变,为"真脱贫"走好每一步。

另一方面,完善农村老年贫困人口的需求表达机制,疏通"自下而上"的需求信息传送渠道。农村老年贫困群体的教育程度低下、文化水平有限、需求表达意识薄弱、信息可及性差以及需求表达平台缺失等,致使农村老年贫困人口的基本需求信息无法成为贫困治理主体的决策参考内容。因而,首先,要增强农村老年贫困群体的需求表达意识,可以借助电视、村部广播、村落海报等途径加强宣传,培育农村老年贫困群体的民主、平等、法制理念,增强自身的需求表达权利意识。其次,探索农村老年贫困群体表达需求的可及性与多元化通道,拓宽农村贫困老年需求表达平台,比如大力发挥"一事一议"制度的功能,广泛听取带头人的意见与建议。最后,既优化各级农村老年贫困治理主体自上而下获取农村老年贫困人口需求信息的途径,又重视与健全农村老年贫困人口自下而上传达需求的机制,打造更加顺畅、更可持续、更加有效的双向需求响应机制,加强农村老年贫困群体需求的精准定位,力争实现农村老年贫困治理决策与农村老年贫困人口需求的无缝对接。

三、构建农村老年贫困协同治理机制

《中共中央国务院关于打赢脱贫攻坚战的决定》强调要"强化政府责

任，引领市场、社会协同发力，鼓励先富帮后后富，构建专项扶贫、行业扶贫、社会扶贫互为补充的大扶贫格局。"① 促进多元贫困治理主体帮助农村老年贫困群体解决温饱问题，满足他们的基本需求，增进农村老年的获得感，是中国共产党和中央政府的重要责任，也是全社会的共同责任。农村老年贫困问题是贫困治理中的重点与难点，需要汇聚多方力量，集结海量资源，打破单纯依靠政府力量实施贫困治理的格局，发展农村老年贫困的协同治理机制，为打赢脱贫攻坚战齐心协力。

首先，坚持政府主导的农村老年贫困治理道路。中国几十年的贫困治理历程证实，政府贫困治理行动在中国农村的反贫困实践中扮演了不可替代的角色，发挥了至关重要的作用，形成了多渠道的贫困治理系统，在中国整个贫困治理体系中占据着主导性的地位。坚持以政府为主导的农村老年贫困治理战略是中国贫困治理道路的基本经验，也是科学认识与总结中国贫困治理规律的结果。农村老年贫困人口的分布具有分散性、偏远性特征，所在地区的地理条件复杂，各项公共基础设施建设滞后，农村经济发展水平普遍低下，农村贫困老年通过自身实现脱贫的可能性小，亟须发挥政府的主导性作用，引导各类贫困治理资源形成有利于农村老年贫困治理的配置格局。同时，由于农村老年可行能力日趋衰减，救济式、输送式贫困治理成为农村老年贫困治理的主要策略。这种贫困治理方式能够有效保障农村贫困老年人的基本需求，但也存在难以突破的瓶颈，那就是无法有效提升农村老年贫困主体的内生能力与"造血功能"，如此，政府在农村老年贫困治理中的作用愈加凸显。因此，各级党委和政府要进一步提高认识，强化农村老年贫困治理领导小组的综合协调职能，加强领导，统一部署，加大省县决策统筹力度和资源整合力度，切实发挥政府在农村老年贫困治理中的主导性作用，积极开辟贫困治理资金筹集新渠道，确保政府贫困治理职责与脱贫攻坚任务相对接。

其次，呼吁更多的社会力量参与到农村老年贫困治理中，大力发展社

---

① 中共中央国务院关于打赢脱贫攻坚战的决定［M］. 北京：人民出版社，2015：2－4.

会贫困治理。① 在剩存的 3046 万贫困人口中，农村老年贫困人口众多，贫困现象各异，贫困状况复杂。农村贫困老年主要以绝对贫困为主，突出表现在能力贫困、人文贫困、权利贫困等层面，在区域分布结构、所处的家庭结构、性别化结构等方面也呈现复杂性，这种现状亟须动员社会力量参与到农村老年贫困治理实践中来。另外，农村老年贫困群体的贫困致因多样化，有能力贫困、收入贫困和权利贫困等。不仅如此，农村老年贫困还呈现出新态势，如多维贫困等，除了政府要发挥贫困治理的主导性作用，更需要农村老年贫困治理多主体的支持与协同。目前，中国已经开启贫困精准治理新篇章，实施农村老年贫困精准治理成为如期实现脱贫攻坚目标的必备战略。如何精确瞄准农村老年贫困人口，避免产生溢出效应，诚然，单凭政府的力量远远不够，必须发挥社会力量。社会力量介入到农村老年贫困治理实践中，可以在贫困治理政策的选择、项目的组织实施、瞄准精度的提高等层面上，为农村老年贫困治理事业注入动力。因此，要不断推动企业参与农村老年贫困治理，将农村贫困老年所在地区的资源优势转化为产业特色与产品优势。积极引导多元社会组织参与农村老年贫困治理，鼓励社会团体、基金会、协会等各类社会组织创新农村老年贫困治理方式，与农村老年贫困个体形成长效有序的帮扶对接，充分了解帮扶对象的具体情况，定期不定期地加强与农村老年贫困个体的沟通联系。大力发挥工会、共青团、妇联、公益慈善组织等多方力量，通过爱心捐赠行动等方式，参与农村贫困老年的贫困识别、贫困治理调研、支医助教等贫困治理实践。通过不断完善农村贫困老年的贫困治理协同机制，才能更加显著地提升农村老年贫困治理的成效。

四、完善农村老年贫困治理监管机制

瑞典学派和新制度学派的主要代表人物冈纳·缪尔达尔认为所有贫困

---

① 社会贫困治理的基本理论支撑是社会治理理论，即用社会治理的理论与主张来指导贫困治理实践，与单一型政府贫困治理模式相对应，广义的社会贫困治理，涵盖了更为宽泛的社会主体，体现了中国特色社会主义贫困治理道路的特征。

国家的政治制度均属于"软政权"，其不足之处为："缺乏立法和具体法律的遵守与实施，……腐败也属于软政权这个概念"，"权力集中在上等阶层手中，他们能够提供平等的法律和政策措施，但是居高无上的地位又阻挠其实施。"① 虽然冈纳·缪尔达尔的"软政府"理论过于绝对与极端，但其揭露出的问题尤其值得反思。中国农村老年贫困治理结构中必不可少的一项内容，就是必须充分发挥贫困治理监管机制的作用。《中共中央国务院关于打赢脱贫攻坚战的决定》强调："推进扶贫开发领域反腐倡廉建设，集中整治和加强预防扶贫领域职务犯罪工作。贫困地区要建立公告公示制度，强化社会监督，保障资金在阳光下运行。"② 习近平总书记在中国共产党第十九次全国代表大会上也指明："要加强对权力运行的制约和监督，让人民监督权力，让权力在阳光下运行，把权力关进制度的笼子。强化自上而下的组织监督，改进自下而上的民主监督，发挥同级相互监督作用。"③ 农村老年贫困精准治理是一个系统工程，同样也必须加强自上而下与自下而上的监督与管理。农村老年贫困治理监管体系包含了贫困治理信息监管系统、资金监管系统与组织监管系统，这三个子系统构成了农村老年贫困治理的监管系统，因此，不断健全以三个监管子系统为主的农村老年贫困治理监管机制成为提高农村老年贫困治理成效的关键环节。

一要建立健全农村老年贫困治理信息即时监管机制。世界上越来越多的国家开始从战略层面认识大数据平台的重要性，在国家治理领域上引入了大数据思维，不断加强大数据建设，逐步提升大数据技术。粗放僵化、缺少大数据支撑的贫困治理模式是导致近年来贫困治理收效下滑的重要原因。在此背景下，农村老年贫困治理必须打破思维定势，务必借助大数据、物联网、移动互联网等先进信息技术，建立省、市、县、镇、村五级农村老年贫困治理的数据统计监测系统，重点加强镇村两级农村老年贫困

① [瑞典] 冈纳·缪尔达尔. 世界贫困的挑战——世界反贫困大纲 [M]. 北京: 北京经济学院出版社，1991: 173; 184.

② 中共中央国务院关于打赢脱贫攻坚战的决定 [M]. 北京: 人民出版社，2015: 21.

③ 习近平. 决胜全面建成小康社会 夺取新时代中国特色社会主义伟大胜利 [M]. 北京: 人民出版社，2017: 67.

人口数据的采集、更新、比对、监测的系统化管理，不断推进农村老年贫困精准治理的大数据平台建设，建构共建共享的决策体系、运行体系、协调体系等，为农村老年贫困治理工作提供决策参考与实践参照。同时，运用现代信息化技术，优化农村老年贫困治理的信息监督机制，加强农村老年贫困治理信息的固定终端和移动终端的动态化管理，做好与国家贫困治理信息系统的协调与对接工作。借助贫困治理信息平台，推动政府部门与各类组织、社会民众、帮扶单位以及农村贫困老年主体之间开展互动与监督，推动农村老年贫困治理监管的公开化、透明化、动态化与常态化。对于贫困治理信息化建设落后的地区，当地贫困治理主体可以将贫困治理数据以纸质化的方式进行公告公示，接受广泛的监督，同时，发动各方力量推动贫困治理信息化建设。

二要健全农村老年贫困治理资金监管机制。贫困治理资金是民生专项资金的重要组成部分，是农村老年贫困人口的"保命钱"，是推动贫困治理行动的物质要素。《中国农村扶贫开发纲要（2011—2020 年）》指明要"加强扶贫资金使用管理。完善扶贫资金和项目管理办法，开展绩效考评。建立健全协调统一的扶贫资金管理机制。"[①] 但长期以来，贫困治理资金使用和管理存在不少缺陷，资金使用无法做到封闭运行，具体使用状况不公开、不透明，社会公众难以知情，监督检查力度有漏洞，社会监督无从跟进，造成贫困治理资源漏出与流失。改善这些状况需要从以下方面进行努力：一是加强对农村老年贫困治理资金拨付的监管。利用互联网建立贫困治理资金管理平台，加强对农村老年贫困治理数据信息的挖掘、整理、分析和研究，建立严格的农村老年贫困治理的专项资金管理制度与资金运行全过程的监督检查机制，以及完善农村老年贫困治理资金的信息披露制度，力求农村老年贫困治理资金使用的透明化、公开化与可追溯，保证资金的使用与管理在阳光下运行。二是加强对农村老年贫困治理项目的管理。按照"项目跟着规划走，资金跟着项目走，监督跟着资金走"的原

---

① 中国农村扶贫开发纲要（2011 -2020 年）［M］. 北京：人民出版社，2011：21.

则，推行招标制、公示制、合同制等方式，完善农村老年贫困治理项目的立项、审批、实施、评估、验收等管理程序，加大贫困治理资金管理部门的协调力度，优化贫困治理资金使用的结构。三是强化农村老年贫困治理的资金审计监督，拓宽监管渠道。加强对审计人员的培训，提高审计人员的综合素质，借助先进技术与审计方法，提高审计质量与效率。完善农村老年贫困治理资金审计的责任追究机制，对于审计中发现的问题，及时进行整改与纠偏，追究相关责任人，并加强后续审计，促进农村老年贫困治理资金审计的制度化、科学化和常态化。

三要加强农村老年贫困治理人才队伍与组织体系建设。农村贫困治理人力资本不足，贫困治理的组织建设严重滞后，这些已成为制约农村老年贫困治理化的重要掣肘。习近平总书记在听取 2017 年省级党委和政府脱贫攻坚工作成效考核情况汇报会上指出："加强扶贫干部培训，坚决查处扶贫领域腐败和作风问题。"① 因而，必须加强农村老年贫困治理人才队伍与组织体系的建设与管理，这对提高农村老年贫困治理的成效具有深远意义。首先，加强"外输型"贫困治理人才队伍的建设力度。目前，农村贫困治理人才以"村庄大户""村庄能人"和"村干部"等居多，这些"内生型"人才为主的贫困治理队伍制约了贫困治理人才整体素质的提升。为改善这种状况，必须把驻村帮扶的选派型干部与培养贫困治理人才相结合，坚持以重点选派思想觉悟水平高、政治素质过硬、政策执行力强、组织协调能力强、能贴近民心、热心农村老年服务、热爱农村老年贫困治理工作的干部为原则，健全农村老年贫困治理主体队伍的建设机制。同时，充分发挥高校院所科研平台的作用，发动专家队伍参与到农村老年贫困治理工作中，鼓励大学生参与"三支一扶"计划②，吸纳更多的外生力量帮扶农村贫困老年人群。其次，加强农村老年贫困治理组织建设，贫困治理

---

① 习近平主持召开中共中央政治局会议［EB/OL］．中国新闻网．http：//www. chinanews. com/gn/2018/03－30/8480128. shtml
② "三支一扶"是指大学生在毕业后到农村基层从事支农、支教、支医和扶贫工作。计划的政策依据是国家人事部 2006 年颁布的第 16 号文件《关于组织开展高校毕业生到农村基层从事支教、支农、支医和扶贫工作的通知》。

人才队伍职能的发挥需要依托稳固的组织系统。因此，针对农村贫困治理组织匮乏的现状，应该加大基层贫困治理组织建设的力度，在已有建设经验与技术的前提下，建立可操作性、可及性强的农村老年贫困治理"一站式"服务模式。最后，逐步建立科学合理的农村老年贫困治理人才队伍的监管考核体系，合理设定贫困治理人才队伍的各项考核权重，推动农村老年贫困治理专项考核体系的规范运作，建立与完善农村老年贫困治理激励奖惩机制，推动农村老年贫困治理监管走向规范化与科学化。

第三节　完善农村老年贫困治理的制度保障

追求理性、公正、民主、幸福是优良制度建构的基本价值诉求，健全的农村老年贫困治理制度保障是农村老年贫困精准治理的前提。任何一项制度的调整与改善，都会涉及不同利益群体之间的博弈，农村老年脱贫制度的改革与完善也是如此。虽然贫困治理的相关制度在不断完善之中，但农村老年贫困治理的相关制度却相对薄弱与滞后。目前中国进入脱贫攻坚的关键阶段，中国必须高度关注农村老年贫困问题，直面农村老年贫困治理制度存在的短板，在多方利益的博弈中，要对农村老年弱势群体的利益给予充分的关注与倾斜。只有不断建立健全农村老年贫困治理制度，为农村老年贫困精准治理保驾护航，才能真正体现公平与正义、幸福与和谐，才可能如期实现脱贫攻坚目标。

一、夯实农村兜底性社会福利制度

所谓农村社会福利①，"是指以农村为基础，以农村居民为对象，由政

_____

① 社会福利与社会保障二者存在区别。后者从属于前者，社会保障的项目不能覆盖社会福利。与前者相比，后者是属于"低层次"的，主要为了满足基本生活需要。而社会福利的项目既包含低层次的基本生活需要，也包含较高层次的生活享受；其提供者不仅包括由国家提供的社会保障，而且包括国家、地方、企业、国际社会等提供的福利；后者主要针对特殊的社会成员，而前者则是针对全体公民，后者是国家社会福利制度的组成部分，是社会福利体系的一个子系统。

府主导、社会组织参与，为满足农村居民的物质文化生活需要而提供的各种福利性物质帮助、福利性设施和社会服务"①。长期以来，由于受到城乡二元经济政治架构的禁锢，城乡社会福利制度存在着严重的壁垒，造成农村社会福利制度贫困，农村社会福利发展滞后，在许多贫困地区甚至呈现社会福利空白的现象。从发展路向上，城镇社会福利已经开始侧重于提高居民的生活水平，而对于农村居民而言，低层次的基本生活需求都得不到有效地满足。因此，逐步消解农村社会福利制度贫困，加快夯实农村兜底性社会福利制度成为推进农村老年贫困精准治理的紧迫任务。

首先，要健全农村最低生活保障制度②，强化农村最低生活保障制度与农村老年贫困治理二者之间的有效衔接。农村最低生活保障制度是在对农村特困群众实施定期定量生活救济的基础上，随着经济社会的发展而逐步发展起来的渐趋规范化的一项社会救助制度。完善农村最低生活保障制度是满足农村老年贫困人口基本生存需求的重要举措，对于促进农村经济社会发展，逐步缩小城乡老年人之间的差距，维护社会公平正义，增进老年人福祉具有重要意义。目前，中国许多农村地区最低生活保障水平低下，农村各地区之间的保障水平差距较大，平均保障水平总体低下。农村最低生活保障标准的确定欠合理，瞄准对象还不精准，在管理环节上还存在不少漏洞。《中共中央国务院关于打赢脱贫攻坚战的决定》指出要不断完善农村最低生活保障制度，对无法依靠就业和产业扶持帮助其脱贫的家庭实行政策性保障兜底。2016 年 9 月 27 日国务院办公厅发布《关于做好农村最低生活保障制度与扶贫开发政策有效衔接的指导意见》，该意见表明要"坚持精准扶贫精准脱贫基本方略，以制度有效衔接为重点。坚持应保尽保。健全农村低保制度"③。因此，要坚持依法行政，保持政策的可持续

---

① 周沛、李静、梁德友. 现代社会福利［M］. 北京：中国劳动社会保障出版社，2014：199.

② 所谓农村最低生活保障制度，是指由地方政府为家庭人均纯收入低于当地最低生活保障标准的农村贫困群众，按最低生活保障标准，提供维持其基本生活的物质帮助。

③ 国务院办公厅. 国务院办公厅转发民政部等部门关于做好农村最低生活保障制度与扶贫开发政策有效衔接指导意见的通知（国办发〔2016〕70 号）［EB/OL］. 中国政府网_ 中央人民政府门户网站. http：//www. gov. cn/zhengce/content/2016－09/27/content_ 5112631. htm.

性，加强县级民政部门与贫困治理各部门之间的配合协调工作，根据当地村镇经济发展的状况，动态地调整农村最低生活保障标准，适时提高农村最低生活保障水平。对农村老年贫困人口开展建档立卡工作，实施保障对象的专项动态化管理。加强农村最低生活保障制度与农村老年贫困治理政策之间的有效衔接，保持农村最低生活保障标准与国家贫困治理标准之间的衔接，以及加强农村最低生活保障标准在管理层面上的衔接，对符合农村最低生活保障标准的农村老年贫困人口切实实行政策性保障兜底。

其次，通过供给侧结构性改革，完善农村基本公共服务制度，加速推进农村基本公共服务均等化。基本公共服务均等化的原则体现了广大社会成员的公民权，它要求政府保障所有社会成员平等地享有基本的经济与社会权利，如基本的生活条件、基本的健康保障和基本的居住条件等。放眼现实，政府在基本公共服务供给层面上出现不均等的现象，主要体现在基本公共服务供给不足和供给不均衡交织并存。受制于长期以来的"重城轻乡"的影响，产生了城乡二元化的基本公共服务制度，导致基本公共服务制度供给失衡。同时，在"工业反哺农业，城市扶持农村"的国家政策的导向下，中央与地方各部门在基本公共服务财政支出上出现明显的失衡现象。在各基本公共服务部门的人员配备与设施配置上，城乡之间的数量供给与质量供给也出现明显的不均衡问题，导致城乡之间老年群体的获得感也随之产生明显的差距，加剧了社会的不公平与不正义。要改善这些现状，就要推动基本公共服务领域的供给侧结构性改革，结合各省各县域各地区农村的实际情况，侧重于填补农村基本公共服务在制度供给、财政供给、管理供给等层面存在的漏洞。同时，将农村基本公共服务供给纳入贫困监测范围，力求建立稳定、长效的财政投入机制，拓宽农村基本公共服务的供给渠道，抓住农村居民最关心最直接最现实的利益问题，同时对最需要关心的特殊群体，如农村老年贫困群体，进行倾斜。通过稳步夯实农村基本公共服务供给这个底线，织牢农村贫困老年安全网的"网底"，大力完善基本公共服务制度，使基本公共服务制度更加公平、更具普惠和更可持续，为顺利开展农村老年贫困精准治理扫除障碍。

二、健全农村基本养老制度

中国的农村老龄化程度大幅高于城镇，2010 年中国人口普查数据显示，"60 岁及以上的老年人口，农村占比为 57.12%，城市占比为 25.54%，镇老年人口占比为 17.33%"。① 城乡老龄化程度的明显差距告诉我们，应当加强农村基本养老制度建设，② 但事实上，与城镇相比，农村基本养老发展非常滞后。许多农村地区的养老保险刚刚起步，参加率低，保险水平低，发展不成熟。农村养老服务需求大，但养老服务供给严重不足与供给水平低下并存，不少地区养老服务供给空白。鉴于此，必须加强农村基本养老体系建设，除了加快填补不少地区的养老服务供给空白，还要大力推进养老体系建设的规范化与可持续性，方能补齐农村老年贫困治理短板，从而有效解决区域性贫困。

一方面，切实开展新型农村基本养老保险工作。《国务院关于开展新型农村社会养老保险试点的指导意见》强调要切实解决农村民众老有所养之大事，尽快建立健全社会保障体系，积极探索建立个人、集体、政府三者相结合的新农保制度，"实行社会统筹与个人账户相结合，与家庭养老、土地保障、社会救助等其他社会保障政策措施相配套"③。《中共中央国务院关于打赢脱贫攻坚战的决定》也指明要"适时提高基础养老金标准，引导农村贫困人口积极参保续保，逐步提高保障水平"④。根据中央文件精神，立足于农村实际，遵循"保基本、广覆盖、有弹性、可持续"的基本原则，始终坚持以城乡统筹协调的养老保险发展道路为导向，不断改革与创新农村养老保险制度，增强农村养老保险制度供给的针对性与精准性。从发达国家养老保障改革的历程看，建设城乡一体化的养老保险体系是养

① 国务院人口普查办公室、国家统计局人口和就业统计司. 中国 2010 年人口普查资料 [EB/OL]. 中华人民共和国国家统计局. http://www.stats.gov.cn/tjsj/pcsj/rkpc/6rp/indexch.htm.

② 这里的农村基本养老制度包括农村养老保险与农村养老服务两大内容。

③ 国务院关于开展新型农村社会养老保险试点的指导意见（国发〔2009〕32 号）[EB/OL]. 中国政府网_ 中央人民政府门户网站. http://www.gov.cn/zhengce/content/2009–09/04/content_7280.htm.

④ 中共中央国务院关于打赢脱贫攻坚战的决定 [M]. 北京：人民出版社，2015：14.

老保障发展的必然结果。因此，中国在建立农村养老保险制度时应该明确这个长远目标，在新型农村社会养老保险试点的过程中，对于出现的新情况和新问题，积极寻求应对方案，及时总结经验教训。从新型农村社会养老保险试点情况看，尽管实现城乡养老保险一体化的难度很大，但不断完善与创新农村养老保险制度依然重要。首先，要加快试点进程，尽快完成全覆盖。《国务院关于开展新型农村社会养老保险试点的指导意见》预期在 2009 年完成全国百分之十的县的试点覆盖面，2020 年之前基本完成对农村适龄居民的全覆盖。这一进程有些保守，可以缩短试点进程，尽快实现全覆盖，缩小各地区在实施进程中的时间差，避免新型农村社会养老保险在各地出现参差不齐的实施现象，尽快实现覆盖也更有利于推进脱贫攻坚进程。

其次，尝试建立多层次分类别的农村养老保险制度。这里的多层次是指：第一层次是建立农村老年基本补助金制度，保障对象是在当地农村居住满一定年限的 65 周岁及以上的老年人，由政府主导进行筹资，明确政府责任，保障农村居民平等地享有养老权利。这与《国务院关于开展新型农村社会养老保险试点的指导意见》相比，虽然试点地区也明确政府的筹资责任，但财政补贴往往划到个人账户中，农村老年人只有参保了，方能享受实实在在的政府补助。在中国农村地区，老年人极为有限的资金来源仅够维持基本生活需要，而多数农村老年贫困群体生活窘迫。在这种状况下，要求农村老年人拿出一部分资金参保，此举实有难处。此外，农村老年人还要应对各种贫困风险的冲击，因此，政府有责任为农村老年群体做出可靠安全的养老安排。换言之，农村老年人普遍处于低收入的状态，这与中国政府长期以来实施的"重城轻农"的政策导向不无关系，为农村老年人提供养老保障是政府应有的义务与责任。第二层次建立健全个人账户养老金制度，资金以个人缴费为主，政府财政进行适当的补助，并以地方财政的承受能力为限，明确厘定具体的财政补助比例。有条件的农村集体经济组织可以给予补助支持并记入个人账户。第三层次是探索农村商业保险。为了满足有更高层次的农村老年人的养老保险需求，政府应当提供政策支持，引导商业保险公司从农村老年人的实际出发，开发适合农村老年人的保险产品。这种分层次、分类别的农村养老模式从多元化的养老需求出发，适应了农村老年人差异性、个体化的养老需求状况，在一定程度上缩小了城乡老年人之间的养老差距，同时，一定程度上为防范农村老年贫困提供了兜底性政策保障。

另一方面，逐步建立农村养老服务制度，满足农村老年人持续增长的养老服务需求。近年来，中国养老服务业虽取得了快速发展，但城乡区域之间发展不平衡的现象十分突出。在城镇，以居家为基础、社区为依托以及机构为支撑的养老服务体系正在快速发展与完善，老年消费市场也渐趋形成。在农村地区，农村养老服务需求增长迅速，但养老服务供给严重不足，农村养老服务发展存在种种问题，如农村敬老院基础设施建设大多依靠乡镇财政支撑，总体设施陈旧落后，建设标准偏低，敬老院规划设计不够合理，许多已近危房。城乡养老资源配置不合理，养老服务内容单一，管理水平低下；县镇养老院入住率低，空置现象严重等。2013 年出台的《国务院关于加快发展养老服务业的若干意见》中指出："切实加强农村养老服务，要完善农村养老服务托底的措施。"[1] 一要加快健全农村养老服务网络。做好农村五保供养工作[2]，保障农村五保供养对象的正常生活，促进农村社会保障制度的发展。将农村"三无"老人纳入五保供养范围[3]，中央财政部门给予一定的资金支持。各地区依据当地村镇的经济财政状况，适时调整农村五保供养水平，提高农村五保供养供给的总量与质量，切实发挥农村五保供养制度的功能。在农村五保供养对象供养需求得到基

---

[1]　国务院关于加快发展养老服务业的若干意见（国发〔2013〕35 号）［EB/OL］. 中国政府网＿中央人民政府门户网站 . http：//www. gov. cn/zhengce/ content/2013 – 09/13/content＿7213. htm.

[2]　根据《农村五保供养工作条例》的规定，老年、残疾或者未满16周岁的村民，无劳动能力、无生活来源又无法定赡养、抚养、扶养义务人，或者其法定赡养、抚养、扶养义务人无赡养、抚养、扶养能力的，享受农村五保供养待遇。中华人民共和国国务院令（第456号）农村五保供养工作条例［EB/OL］. 中国政府网 . http：//www. gov. cn/gongbao/content/2006/content＿219932. htm

[3]　农村"三无"人员通常指由民政部门收养的无生活来源、无劳动能力、无法定抚养义务人或法定抚养义务人丧失劳动能力而无力抚养的农村居民。

本满足的前提下，民政局等相关部门应积极建设乡镇养老服务中心，提高养老服务发展的社会化程度，提升养老服务管理运营的协同化水平。积极支持农村养老服务工作，农村各地区根据当地实际情况盘活农家大院、农村卫生室、闲置学校等资源，建设老年活动中心、日间照料所等。此外，个别地区从当地的实际情况出发，发挥农村老年协会、农村宗祠教化以及村民自治功能，敦促家庭养老。发扬互帮互助的传统美德，促进农村邻里互助，发展互助型养老服务模式。激发志愿服务的热情，充分动员社会力量参与农村养老，对农村老年贫困群体给予养老服务倾斜，给予特殊的关爱与保护，切实解决农村贫困老年人的养老问题。

二要积极探索农村养老服务的多元化渠道。其一，大力拓宽资金来源渠道，政府提供政策支持，推动养老资源向农村养老服务项目倾斜。用于养老服务的财政资源，各地方政府也应向农村地区倾斜，共同助力城乡养老服务统筹协调发展；其二，建立农村养老服务协同发展机制。积极探索城市公办养老机构与农村养老服务之间建立对口支援与协同帮扶的长效化机制，并且重点从人员培训、技术指导、设备支援等层面着手，鼓励发达地区支持援助欠发达地区，建立长期性、可持续性的帮扶机制。鼓励各类企业积极履行企业慈善责任①，参与和支持农村养老服务事业。激发慈善公益组织以及个人参与到农村养老服务工作中，为农村老年贫困群体实现老有所养贡献力量。

三、构筑农村医疗保险的阻贫制度

疾病风险是农村居民面临的主要风险之一，农村老年贫困人口又是疾病高发率的群体。保障农村老年人享有基本医疗服务，稳步推进健康农村建设，防止农村老年人因病致贫、因病返贫，让农村老年人在患病时能够

---

① 企业慈善责任主要指营利性企业为实现自身与社会的可持续发展，基于"社会公民"与"利益共享"的价值理念，遵循道德原则，自主自愿承担对社会和谐发展有助推力的不以获取回报（至少不是直接回报）为目的的物质或服务的单向流动，包括企业作为公民的慈善实践与作为企业代表者的企业家个体的慈善行为。参见［美］菲利普·科特勒、南希·李. 企业的社会责任［M］. 姜文波译，北京：机械工业出版社，2011：2-4.

获得基本的医疗救助，这是农村老年人享有的基本权益，也是政府应尽的责任和义务。目前，中国农村医疗保险制度尚不完善，农村医疗卫生事业仍面临严峻的形势，彭新万和程贤敏指出："现有农村医改规模还远不充足，未能在防范风险和降低脆弱性方面产生重大影响，'疾患贫困（或疾患返贫）'在农村还非常普遍。"① 尤其是农村贫困地区的医疗卫生资源极其短缺，80%的医疗卫生资源集中在城市，城乡之间和农村地区之间的医疗资源供给存在较大的差距。此外，农村医疗服务机构基础设备拥有率也很低，难以满足农村居民日益增长的基本医疗卫生服务需求。

党中央、国务院高度重视农村医疗问题，先后出台了《国务院关于整合城乡居民基本医疗保险制度的意见》《关于实施健康扶贫工程的指导意见》等相关政策，明确指出要大力贯彻实施城镇居民基本医疗保险和新型农村合作医疗两项制度，积极推进健康扶贫工程的开展。争取到 2020 年，提高农村地区的大病有效救治率，实现人人享有基本医疗服务，基本公共卫生指标接近全国平均水平，区域之间的医疗卫生资源配置和人民健康水平差距进一步缩小。② 为了提升农村老年贫困人口的医疗保障水平，增进农村老年贫困人口的保健意识，全面提高农村老年贫困人口的健康水平，积极响应党中央的相关指示与精神，遵循可及性、公平性与可持续性原则，为农村老年贫困群体构筑强有力的、可信赖的农村医疗保险阻贫制度。

一要打破体制藩篱，大力健全农村医疗保险制度，着力提高农村医疗保险工作的实效。首先，在新型农村合作医疗和大病保险的制度安排上，对农村老年贫困人群给予明确性的政策倾斜。对于参加新型农村合作医疗的农村老年贫困人群，政府要加大财政支持力度，提高财政投放水平。同时，通过降低大病保险起付线，提高政策范围内农村贫困老年的大病保险和住院费用的报销比例。在医疗费用报销层面，尽量简化报销流程，增强

---

① 彭新万、程贤敏. 脆弱性与农村长期贫困的形成及其破解 [J]. 江西社会科学，2015 (9)：205 - 210.

② 关于实施健康扶贫工程的指导意见（国卫财务发〔2016〕26 号）[EB/OL]. 中国政府网_ 中央人民政府门户网站. http：//www. gov. cn/xinwen/2016 - 06/21/content_ 5084195. htm.

报销的可操作性，提高费用报销支付的效度和精度，降低农村贫困老年的看病支出，提高农村老年贫困人口的受益水平，切实解决农村贫困老年"看病难、看病贵、看不起病"的问题。加大对大病保险的支持力度，增加重特大疾病保险项目，扩大农村老年贫困群体的重特大疾病救助范围，增进农村贫困老年人的安全感、获得感。在参加新型农村合作医疗保险与大病保险后仍存在困难的人群，还要考虑采取附加的救助策略以帮扶这类特困群体。借鉴印度农村实行的分级诊疗制，同时从中国农村各地区的实际状况出发，逐步建立和完善中国农村分级诊疗机制。加大县域内多病种专科建设力度，探索县、乡、村三级协同诊疗模式，提高各基层基础医疗服务供给水平，尽快实现大病治疗不出县。提高各类医疗保险之间的衔接效度，稳步提高农村医疗实效。

二要加强农村地区医疗卫生服务体系建设，大力实施健康扶贫工程。切实贯彻《国务院办公厅关于印发全国医疗卫生服务体系规划纲要（2015—2020 年）的通知》，按照"填平补齐"和可持续发展的原则，各级政府加大财政投入，推动全国各地区县级医院、乡镇卫生院、村卫生所的标准化建设与规范化管理。以防治地方病、慢性病等疾病为重点，加强对卫生机构专业化建设的扶持力度，逐渐完善村镇公共卫生服务网络平台。充分挖掘与利用传统中医药资源，在村部、乡镇设点成立具备一定规模且医治成效明显的中医馆、国医馆等中医综合服务部，完善中医药基础配备，加强中医药人才队伍建设。通过推广县级医院综合能力可及的医疗技术，定期不定期地派驻医疗指导团队，为农村居民提供可持续、有实效、常态化的集中诊疗服务，并在技术支持、人员培训、管理指导等层面给予帮扶。同时，相关单位与部门应逐步建立远程医疗帮扶平台，完善全国三级医院对各地贫困治理重点县医院的帮扶机制①。统筹推进城乡医药卫生体制改革，加强村、镇、县医疗服务价格管理，使医保支付更高效，

---

① 三级医院是跨地区、省、市以及向全国范围提供医疗卫生服务的医院，是具有全面医疗、教学、科研能力的医疗预防技术中心。其主要功能是提供专科（包括特殊专科）的医疗服务，解决危重疑难病症，接受二级转诊，对下级医院进行行业务技术指导和培训人才；完成培养各种高级医疗专业人才的教学和承担省以上科研项目的任务；参与和指导一、二级预防工作。

医疗机构控费更合理、更透明与更公开。加强人力资源建设，稳步实施优惠政策，提高人才引进待遇，吸纳优秀人才，建立健全县、乡、村医疗服务人才的综合培养机制。健全多元主体参与农村健康扶贫的政策机制，架构政府机构、社会组织、公益慈善机构等救助资源供给主体与农村老年贫困群体需求二者之间互联互通的信息平台，促进有效对接。

四、完善农村老年群体的贫困救助制度

农村贫困问题不容忽视，农村老年人口的贫困问题更应引起重视。人口老龄化的加剧、市场经济的冲击以及农村贫困老年可行能力渐趋下降等多重负性因素的影响，农村老年贫困人口对救助的需求更加迫切。农村老年群体的贫困救助制度主要以满足农村贫困老年人的基本需求和发挥贫困救助的兜底作用为目标导向，向最需要或最贫困的农村老年群体供给救助资源，这种供给主要包括三大类：一是涵盖农村最低生活保障制度与农村五保供养制度的生活救助制度，二是涵盖农村医疗救助制度等在内的专项救助制度，三是包括临时救助制度、灾害救助制度等在内的农村特殊救助制度。

为农村老年人口编密织牢贫困救助安全网，是坚持共享发展理念、如期实现脱贫攻坚目标以及决胜全面建成小康社会的必要举措。《社会救助暂行办法》总则中强调："社会救助制度坚持托底线、救急难、可持续"[1]，增强社会救助制度与其他相关制度的衔接力度，并根据国家经济发展状况适时地、合理地调整救助水平。《国务院关于进一步健全特困人员救助供养制度的意见》指出："以解决城乡特困人员突出困难、满足城乡特困人员基本需求为目标，坚持政府主导，发挥社会力量作用。"[2] 但现实上，农村老年贫困人口的基本需求满足状况不甚满意，贫困救助托底功效还不够

---

① 社会救助暂行办法（国令第 649 号）[EB/OL]. 中国政府网＿中央人民政府门户网/站. http：//www. gov. cn/zhengce/ content2014 – 02/27/content＿ 8670. htm.

② 国务院关于进一步健全特困人员救助供养制度的意见（国发〔2016〕14 号）[EB/OL]. 中国政府网＿中央人民政府门户网站 . http：// www. gov. cn/zhengce/content/2016 – 02/17/content＿ 5042525. htm.

显著。从总体上看，社会救助呈现"碎片化"的态势，救助制度在农村老年贫困治理进程中的作用有待进一步发挥，其公正性、公平性与透明度都尚待提高。① 因此，大力加强对农村老年群体的贫困救助，切实提高救助成效凸显重要。

一方面，构建综合性、多层次的农村老年贫困救助制度。与农村老年贫困治理一样，首先也要根据国家贫困治理标准线，精准识别农村老年贫困状况，这是对农村老年贫困人口实施分层次救助的前提。从全国各地区农村老年的实际状况出发，重点了解农村老年人群的收入状况、消费支出水平以及家庭供养情况等，做好建档立卡工作，完善农村老年贫困救助的信息管理，建立科学合理的农村贫困老年精准识别机制。根据农村贫困老年识别结果，可将农村老年贫困救助人群划分为普通贫困人员与特殊贫困人员。扩大农村老年贫困救助的覆盖面，夯实农村老年贫困人口的兜底性贫困救助，根据各个地区的财力水平和物价状况适时调整贫困救助水平。对于农村特困老年群体，在提供贫困救助普遍性供给的基础上，对他们进行救助倾斜，给予特殊的关爱，适度提高救助标准，力求提高农村老年贫困救助的精准性与有效性。此外，加强农村老年贫困人口的生活救助制度、专项救助制度以及特殊救助制度等制度之间的衔接，探索建立综合性贫困救助体系。加强组织与领导，将农村老年贫困救助纳入各地政府的重要议事日程，落实资金投放、监督管理以及统筹协调等一系列工作，促进农村老年贫困救助信息的互联互通，力争形成整体推进、分层救助、齐抓共管的大救助格局。

此外，建立健全农村老年贫困救助的基层服务与管理体系。一要根据各地区的具体条件，进一步推动村镇敬老院、农村老年协会、农村老年人活动中心等农村老年服务的建设与发展，发挥传统农村老年贫困救助平台的功能，积极开拓具有创新性、灵活性的农村老年贫困救助平台，拓宽农村老年贫困救助渠道。二要设立可及性强的村镇农村老年贫困救助事务

---

① 陈友华、苗国. 老年贫困与社会救助 [J]. 山东社会科学，2015 (7)：104－113.

站。遵循公开、公平、高效的原则，在村镇设立定点贫困救助事务所，积极开展农村老年贫困群体救助的受理、调查、取证、报批、公布、建档、救助资源输送等工作，推动农村老年贫困救助的规范化、常态化运作。三要完善农村老年贫困救助的服务队伍建设。各地区、各相关部门要大力宣传农村老年贫困救助政策，通过多样化、"接地气"的宣传途径，积极营造齐力关爱农村贫困老年群体的和谐氛围，激发多元主体参与农村老年贫困救助工作，壮大农村老年贫困救助服务的队伍，逐步完善农村老年贫困救助服务的人力配备，推动农村老年贫困救助主体的社会化与农村老年贫困救助队伍的专业化。四要推进农村老年贫困救助的法制化进程，加快基本法、专项法规等立法步伐，明确农村老年贫困救助的救助对象、救助标准、救助方式以及救助主体等，使农村老年贫困救助工作朝着精准化、规范化与高效化的方向发展。

第四节　对农村贫困老年分类施策

精准扶贫的核心要义和重要抓手，就是"六大精准"（对象要精准、项目安排要精准、资金使用要精准、措施到位要精准、因村派人要精准、脱贫成效要精准），要切实推进农村老年贫困精准治理，就得具体掌握农村老年贫困人口的具体状况。尤其要从致贫返贫原因、农村老年所处地区状况、农村老年贫困人口的性别比特征等出发，探索多层次、分类别、靶向性强的对策，以更大的决心、更明确的思路以及更有效的实施路径开展农村老年贫困精准治理。

一、因致贫返贫原因施策

在实施农村老年贫困精准治理中，需重点垂注致贫返贫的多元化因素。在进行农村老年贫困治理决策时，要根据农村老年致贫返贫因素制定相关策略，这是实现精准扶贫的内在要求。导致农村老年贫困的主要原因有：第一，城乡二元化经济政治制度的长期禁锢，农村福利制度供给严重不足，国家在农村老年贫困治理上存在重视不足，从而产生制度与政策供给失衡。第二，传统孝道文化式微，家庭成员敬老孝老意识淡化，不少人对家中老年人供养不周甚至有的家庭拒绝供养老年人。第三，农村老年人年事日高、文化素质普遍低下以及个体技能水平有限等因素造成个体综合能力低下。第四，农村老年生理机能退化，健康水平逐日下降，不少老年人病痛缠身致使生活负担越来越重。第五，在市场化与全球化等多元化风险的影响下，农村老年应对风险能力不足，更加凸显其脆弱性。第六，从所处的地理区域层面看，农村老年多分布在自然地理条件恶劣、生态环境脆弱、基础公共设施薄弱、灾害频繁发生的地区。农村老年返贫现象的频发性日益引起重视，返贫原因是多方面的，具有复杂性，有些甚至是不可预测的。以上所述的农村老年致贫因素往往也成为农村老年返贫的原因。除此之外，推动农村老年贫困人口脱贫的相关制度与政策的滞后性与不稳定性，使得农村老年贫困治理无法获得制度与政策层面的强有力的支撑；农村老年贫困人口总体素质水平低下所致的能力贫困；突发的自然灾害或生态灾害，家庭成员突发的重特大疾病等家庭变故也都是农村老年致贫返贫的普遍因素。

事物的发展变化并不会总是以一种简单重复的方式出现。在农村老年群体中产生致贫与返贫的问题并不可怕，关键要秉持客观严谨的态度，尊重事实，注重实践，认真分析农村贫困老年人的致贫与返贫原因，有针对性地解决农村老年贫困治理中的问题。因此，首先必须正视农村老年群体的特殊性，同时认真对待农村老年致贫返贫问题，加强对农村老年致贫返贫原因的理论研究及政策指导。保持农村老年贫困治理相关制度与政策的适应性与可持续性，不断完善农村公共基础设施建设，完善农村老年综合配套与设施，不断健全农村老年兜底性福利制度，力争推动农村老年贫困治理制度与政策的改革创新与全面发展。加大对农村老年贫困治理的专项经费的投入，健全农村老年贫困治理资金运作的监督问责机制，管好用好贫困治理资金，促进贫困治理资源的优化配置。明确农村老年贫困治理目标，加大农村老年贫困治理协同治理、综合治理的力度，阻断农村地区自然—经济—社会等系统之间的不良循环状态，推动贫困地区自然、社会与经济等各个系统之间的相互协调与积极互动。促进农村老年贫困人口所处地区的自然、生态、环境、经济、社会等协调发展，持续提高村镇集体经济对农村老年贫困治理的支持力度，从总体上改善贫困地区的面貌，为防治农村老年致贫返贫编密织牢防护网。

二、因地因贫困类型施策

目前，中国特色社会主义虽然进入了新时代，但仍处于社会主义初级阶段，受到历史、自然、社会等因素影响，贫困地区的发展面临的主要矛盾和深层次问题还未得到根本解决。中国农村老年贫困人口主要分布在连片特困地区①，这些地区覆盖全国 21 个省（自治区、直辖市）680 个县，9823 个乡镇，"大分散、小集中"是中国农村老年贫困人口的地区分布特征。根据全国农村贫困监测调查，按现行国家农村贫困标准测算，2016 年连片特困地区农村贫困人口 2182 万人，贫困发生率 10.2%。2016 年全国 14 个集中连片特困地区农村居民人均可支配收入只有 8348 元，农村居民收入水平仅相当于全国农村平均水平的 67.5%，与全国农村平均水平的差距还很大。② 由于连片特困地区具有多重特征，一是地理空间连片的特征，14 个特困地区大多是围绕某一山脉走向连接在一起的贫困山区，特殊的地理位置使得连片特困地区的资源禀赋、气候特征、文化习俗以及发展历史比较相似。二是农村老年贫困人口聚集度高，《中国农村扶贫开发纲要（2011—2020 年）》中所列的连片特困地区覆盖了中国绝大多数的贫困地

---

① 这些地区贫困的范围广、程度深，贫困治理工作难度大，关键的是，既往的贫困治理模式已难适应这些地区的贫困治理，迫切需要转换贫困治理的模式。中国确定了 14 个集中连片特困地区，包括六盘山地区、秦巴山区、武陵山区、乌蒙山区、滇贵黔石漠化区、滇西边境山区、大兴安岭南麓山区、燕山—太行山区、吕梁山区、大别山区、罗霄山区、西藏、四省藏区、新疆南疆三地州，并将这些地区确定为未来十年贫困治理工作的主战场。参见陈琦、宋奏. 连片特困地区贫困人群自我发展能力研究［M］. 武汉：华中科技大学出版社，2014：7 – 19.

② 国家统计局住户调查办公室. 2017 中国农村贫困监测报告［M］. 北京：中国统计出版社，2017：52 – 55.

区，在连片特困地区内呈现出农村老年贫困人口相对集中的特征。三是连片特困地区大多是中国少数民族的聚居地，具有明显的独特性和民族性，民族大融合在这些连片特困地区充分表现出来。四是连片特困地区的贫困治理成效不够显著。经过几十年的贫困治理探索，连片特困地区贫困治理虽然取得了一定的成就，但农村老年贫困人口还占有相当的比例。目前，连片特困地区基础设施仍有待改善，公共基础服务供给不足，村镇经济发展动力不足，多数农村老年人仍处于绝对贫困的状态。五是连片特困地区与中国的生态脆弱区以及自然灾害多发区具有高度的契合性，呈现了明显的地理分布特征。

在推进农村老年贫困精准治理中，应针对不同区域特点采取差异化、针对性强的农村老年贫困治理策略。因此，需从连片特困地区的实际状况出发，首先，要着重加大对连片特困地区的投入力度，将贫困治理资源主要投放于连片特困地区的公共基础设施建设、贫困人口素质提升、多元产业发展以及可持续性的生态保护等领域，提高农村老年贫困治理政策的针对性，重点向农村老年贫困群体倾斜，在贫困治理政策运行中为农村老年贫困人口争取更多的红利，输送实实在在的好处。同时，要充分发挥农村老年贫困治理资源的益贫性功能，所谓"好钢用在刀刃上"，不但要确保贫困治理资源投放精准，还要加强贫困治理资源运作的监督与管理，不断完善贫困治理监管机制，切实提高贫困治理资源的配置效率，避免贫困治理资源流失或浪费。其次，在连片特困地区，身体素质良好的农村老年贫困人口占有不少的比例，这部分人大多乐于通过自身的努力改善生活状况。因此，在推进农村老年贫困治理进程中，必须加大力度改善这部分贫困群体的基本生产生活条件，加大交通扶贫和水利扶贫力度，推动农村电网进村入户的改造与升级，协力开展村庄整体改造，以及加强农户居住环境治理等，为提升农村老年贫困人群的"造血"能力奠定条件。最后，加强连片特困地区的文化建设，提升文化软实力。既要积极引导农村群众转变思想观念，革除落后迂腐的生活习俗，又要充分利用农家小院、村部办公区、村部文化娱乐中心以及老年人活动中心等场所，加快贫困地区的文化阵地建设，为贫困地区输送精神食粮。

农村老年贫困人群按照不同的分类维度可划分不同的贫困群体。比如，按照贫困程度可将农村贫困老年划分为绝对贫困人群与相对贫困人群，从处于贫困状态的时间长度上可划分为突发性贫困与延续性贫困等。虽然人类的生活并不仅仅意味着生存，但对农村老年贫困群体而言，处于绝对贫困状态的农村老年人仍占据较大的比例，这些老年人群仍生活在贫困标准线下，挣扎在温饱线上，其基本需求无法得到满足，生存状况令人担忧，中国农村老年贫困治理仍面临严峻的形势。因此，根据贫困标准线精准识别农村老年贫困人口后，要积极调动社会力量，激发多主体协同参与农村老年贫困精准治理工作，尝试建立一对多或一对一等多种有效帮扶机制，使贫困治理多主体资源向农村老年贫困群体倾斜，合力改善农村老年贫困状况，增进农村贫困老年的获得感。同时，还要根据农村老年贫困人口的突发性贫困与延续性贫困状况，探索针对性、精准性和实效性的贫困治理对策，推动农村老年贫困治理实现"脱真贫""真脱贫"，不断为打赢脱贫攻坚战助力。

三、因农村老年类别施策

基于不同维度对农村老年贫困人口进行分类别施策，是提高农村老年贫困精准治理的重要措施，也契合新时代精准扶贫战略的内在要求。从农村老年贫困人口的身体健康状况看，根据 2010 年中国人口普查资料显示："农村 60 岁及以上的老年人合计为 1008 万人，其中身体健康的为 40.42%，身体基本健康的为 39.33%，身体不健康但生活能自理的占 16.94%，而身体不健康且生活不能自理的占了 3.32%"[①]。针对身体健康状况良好的农村贫困老年人，重点在于加大力度改善这类群体的基本生产生活条件，满足其基本生活需求。同时，完善农村贫困老年发展机制，增强农村贫困老年参与发展的主体意识，积极赋予农村贫困老年参与发展的

---

① 国务院人口普查办公室、国家统计局人口和就业统计司. 中国 2010 年人口普查资料 [EB/OL]. 中华人民共和国国家统计局. http://www.stats.gov.cn/tjsj/pcsj/rkpc/6rp/indexch.htm.

基本权利，充分满足身体状况良好的农村老年贫困人群的积极发展诉求，通过发展自身能力，从而提高农村贫困老年脱贫的可能性。此外，伴随着农村老年人生理机能的退化，这类特殊群体随时可能遭遇病痛而陷入贫困状态。因此，通过完善农村养老保险制度与完善新型农村合作医疗制度等，为农村老年构筑防范贫困的"兜底性"安全网。针对身体状况欠佳的农村贫困老年群体，不但要夯实农村兜底性社会福利制度，健全农村最低生活保障制度，还要完善农村基本公共服务制度，在农村基本养老保险与养老服务体系的建设中，尤其要向这部分老年人倾斜，给予更多的人文关怀。

从农村老年贫困人口的年龄分布特征看，不同年龄段的农村老年人的贫困发生率呈现差异性，贫困程度也有所不同。根据调查发现，高龄农村老年人的贫困发生率高于低龄农村老年人的贫困发生率，高龄农村老年人的贫困程度也更深。① 在规制农村老年贫困治理政策时，可将农村老年贫困治理政策划分为低龄农村老年贫困治理政策与高龄农村老年贫困治理政策。对于低龄有劳动能力和高龄有劳动能力的农村贫困老年人，遵循"改善条件、提高能力、创造机会"的原则，各地各相关部门积极为这些老年人提供可及性强的就业机会，如帮扶失能半失能老年人群，照看学生或孩子等，切实引导这些老年人通过增强内生能力实现脱贫，这种脱贫方式不仅可以减轻国家贫困治理压力，也有助于提升这些老年人的身心健康水平。对于低龄失能和高龄失能的农村老年人，各级政府与组织应不断完善农村养老服务，成立农村老年人帮扶小组，发挥村镇闲散人员的作用，大力发扬邻里邻居互帮互助的传统美德，给需要帮助的农村老年人送去温暖。此外，还要充分关注农村老年贫困群体中的特殊人群，如空巢老人、丧偶老人、失独老人等，由于受到社会转型与家庭结构变迁的影响，家庭养老功能逐渐衰减，农村老年贫困群体中的特殊人

---

① 高龄老年人是指年龄在80岁及以上的老年群体，农村老年人呈现高龄化态势。王小林、尚晓援、徐丽萍．中国老年人主观福利及贫困状态研究［J］．山东社会科学，2012（4）：22－28.

群成为贫中更贫、困中更困的老年群体。根据这些老年群体的特殊情况，实施分类别、精准化的农村老年贫困治理政策，提高农村贫困老年人的获得感与安全感，增进社会和谐。

四、因农村老年性别施策

在农村老年贫困人口中，女性老年贫困人口大大高于男性贫困人口。[①]由于长期以来存在的性别不平等与性别差异[②]，导致农村老年贫困女性化。农村地区存在着根深蒂固的重男轻女思想，惯常于认为男性投资期望值高于女性，因而通常将教育资源分配给男性。农村老年女性往往失去了受教育机会，而无法获得文化知识，或者有的接受了教育，但所受教育极其有限，这些是农村老年贫困女性化的主要因素之一。此外，王增文在调查时发现，接受教育水平较低的老年女性所面临的贫困风险与贫困状态持续的时间大大高于接受教育水平较高的老年人。[③]由于农村女性身体状况在整个生命周期中更容易遭受侵害，导致农村老年女性的患病率大大高于男性。伴随着农村老年女性年龄的增长，农村老年女性的患病率明显上升，这也是农村老年贫困女性化的又一重要特征。农村女性在政治权利中的弱势地位，普遍存在的职业性别歧视，农村女性资产权利的易受损性等都使得农村老年贫困问题呈现女性化的特征。

农村剩存贫困人口问题呈现复杂性与艰巨性，农村老年贫困治理理论与实践中依然存在性别盲点或缺失社会性别意识，特别是农村贫困老年人群分性别统计不完善，在农村老年福利制度供给、农村基本养老保险制度供给与农村养老服务制度供给等层面缺乏社会性别敏感的问题依然存在。这些不但影响了了解农村老年贫困人口状况的有效度与精准度，也使贫困

---

① 乔晓春、张恺悌、孙陆军. 中国老年贫困人口特征分析 [J]. 人口学刊，2006 (4)：3－8.

② 性别差异是基于生理性差异而带有社会意涵的差异类型。社会性别强调社会和文化对于两性角色的期待与规范，并通过各种社会场域与机制演化成两性所能拥有的资源与机会，最终形成两性之间的社会关系与地位。赵群、王云仙. 社会性别与妇女反贫困 [M]. 北京：社会科学文献出版社，2011：32.

③ 王增文. 农村老年女性贫困的决定因素分析 [J]. 中国人口科学，2010 (1)：75－83.

治理效果的评估缺失科学性。中国的贫困治理已经进入啃硬骨头、攻坚拔寨的冲刺期、关键期，必须创新贫困治理的思路与方法，重视农村老年贫困问题，在农村老年贫困精准治理实践中自觉融入社会性别意识。其一，重视农村女性老年贫困治理对国家脱贫攻坚的重要性，密切关注在权利获得、能力提升等层面因社会性别差异带来的农村老年结构性贫困问题，通过贫困治理的制度创新和政策改善逐步缓解农村贫困老年的女性化现象。其二，将社会性别意识融入农村老年贫困治理的主流决策和政策制定之中，不断健全农村老年贫困治理的制度保障，增强农村老年贫困治理制度供给的社会性别意识，提高女性老年贫困人口在贫困治理实践中的获得感。其三，农村老年贫困治理实践要重点关注多重交叉、易受损害的农村女性老年贫困人口，尤其是丧偶、失能又高龄的农村女性老年贫困群体，制定更切合他们需求的贫困治理政策和措施。其四，建立健全分性别的农村老年贫困监测指标以及分性别的农村老年贫困治理效果评估机制。将社会性别因素有机渗透到农村老年贫困治理的项目设计、效果评价以及监测反馈的体系中，完善农村老年贫困治理数据与资料的分性别管理，使农村老年贫困治理系统能更全面、更系统、更动态地反映农村两性老年贫困人口的收入水平和生活质量的变化状态。

综　论

　　贫困治理问题历来是世界各国的重要议题。从马克思主义经典作家在历史性与现实性的辩证统一中探索了制度性的反贫困，再到中国在脱贫攻坚与全面建设小康社会中精准扶贫方略的提出。从根源性探求，再到实践性化解。既有宏观贫困治理理论探索，也有微观贫困治理行为辨识。但无论贫困治理理论与实践如何精妙地结合，消除贫困、增进人民福祉、实现共同富裕，始终是人类贫困治理的一致导向。

　　中国在过去 40 多年中，贫困治理取得了举世瞩目的成就，但目前经济社会发展转型、人口老龄化加剧与贫困治理成效速降，致使普惠式贫困治理策略难以适应新时代新形势贫困治理需要，传统贫困治理模式遭遇瓶颈。中国共产党做出让贫困人口和贫困地区同全国一道进入全面小康社会的庄严承诺，提出确保到 2020 年我国现行标准下农村贫困人口实现脱贫的目标，任务艰巨，时间紧迫。现今所剩存的 3046 万贫困人口中农村老年贫困人口占比大、贫困程度深、贫困发生率高，成为难啃的"硬骨头"，打赢脱贫攻坚战必须攻克农村老年贫困问题。然而，历史与现实警醒我们，农村老年贫困问题及其治理状况历来是中国贫困治理中的贫困死角与贫困治理短板，这一点不得不正视。农村老年贫困治理呈现社会保障水平低下、老年福利供给不足以及贫困治理监管不到位等现状，"单中心"贫困治理模式与"层级式"贫困治理结构并驾齐驱，农村贫困治理不精准、农村老年贫困治理方式单一以及农村老年特殊群体的精准扶贫盲视交织并存。解决农村老年贫困治理难题，寻求有效化解策略刻不容缓。

对于农村老年贫困治理问题的探讨，学术界各抒己见。有学者认为城乡二元化经济结构、农村经济发展滞后、贫困治理资源匮乏与代际转移支付能力弱是农村老年贫困的主因，理应形成多方合力发展村镇经济，增加农村老年可能性收入来源，提高防治致贫返贫能力。长期性城乡二元化制度安排、不完善的农村福利体系以及亟待健全的农村贫困治理政策机制模式，是农村老年贫困的原生性因素。因此，也有人认为，既然它是政府制度政策机制缺陷的重要表现，为了提升农村老年贫困治理成效，促进贫困治理资源配置优化，切实增进农村老年贫困群体的获得感、安全感与幸福感，亟须政府增强顶层设计的前瞻性与战略性，加强贫困治理的制度化建设，优化农村老年贫困治理的制度政策机制模式，为提高农村老年贫困治理效率努力实现良性的制度周期。

在某种意义上，老年贫困治理体现的是多方利益间的制度博弈，尤其面临人口老龄化加剧、经济发展不同程度受阻、社会福利开支增多之势难以扭转的形势，在制度博弈中，是选择提高老年贫困治理的制度化水平，抑或削减老年贫困治理的支持力度？加强老年贫困治理是否影响到政治进程和政治制度？倘若如此，潜在的政治回应将如何影响老年贫困治理的未来变化？这一点对老年贫困治理至关重要。在某些具有代表性的发达国家与发展中家中，加强老年贫困治理总是会导致庇护主义，政治回应加强了老年贫困治理的自由裁量权并导致其进一步碎片化，然而目前很少有证据表明这种现象的广泛存在，并且所施行的严格化定期审查，使政治操纵难以实施。不同的政治价值偏好，彰显了世界各国在老年贫困治理中的"左右摇摆"。而在中国，加强农村老年贫困治理、增进农村贫困老年人的获得感、安全感与幸福感是社会主义的本质要求，是中国共产党践行根本宗旨的必然诉求，因为中国共产党人的初心和使命，就是为中国人民谋幸福，为中华民族谋复兴。当然，在现实中，中国遭遇农村老年贫困治理困境，如何突破贫困治理制度瓶颈与优化贫困治理资源配置，如何形成贫困治理协同机制与提高贫困治理成效，成为中国政府在脱贫攻坚进程中重点攻克的难题，也是我们从事贫困治理研究的使命。

中国共产党第十八次全国代表大会以来，中国把贫困治理纳入"四个全面""五位一体"战略布局，摆在更突出的位置。习近平总书记高度重视贫困治理工作，多次深入贫困地区调研，提出精准扶贫方略。精准扶贫方略有力彰显了中国共产党立党为公、执政为民的民本诉求，是及时回应经济新常态所做出的扶贫战略调整，开拓了当代马克思主义的新视界。精准扶贫贵在精准，首要的就是做到对象精准。农村老年贫困治理的重要性和紧迫性，毋庸置疑，农村贫困老年人群成为主要瞄准对象。农村老年贫困治理不但要从坚持问题导向、加强人文关怀、强化实践性，以及注重实际成效等层面贯穿马克思主义的重要立场，还要注重解决农村老年贫困治理中"扶持谁""谁去扶""扶什么""怎么扶"以及"低效化"的关键问题。

在马克思主义反贫困理论指导下开展农村老年贫困治理工作，实质上，就是强化贫困治理的供给侧结构性改革，这里的供给侧既包括制度供给与政策供给，还囊括机制模式供给。中国农村老年贫困治理的关键在于必须持续完善农村老年贫困治理的制度保障，夯实农村兜底性社会福利制度，逐步消解农村社会福利制度贫困；加速健全多层次分类别的农村基本养老制度，补齐农村老年贫困治理的短板；勇于打破体制藩篱，构筑农村医疗保险阻贫制度，增强农村医疗的针对性与可及性；还要完善农村老年群体的贫困救助制度，促进贫困救助资源的优化配置。还要建构科学高效的农村老年贫困治理瞄准机制，抓好打赢脱贫攻坚战的关键环节，完善农村老年贫困精准识别机制、需求双向响应机制、协同治理机制以及治理监管机制。在微观层面，函需对农村贫困老年分类施策，分别对因致贫返贫原因、因地因贫困类型、因农村老年类别与因农村老年性别进行分类治理，增强贫困治理靶向性，提高贫困治理精准性。当然，所有这些措施的关键在于落细落小落实，唯有这样，方能做到"脱真贫""真脱贫"。

当然，本书仍只是农村老年贫困治理研究的冰山一角。目前，对于农村老年贫困治理研究仍有待进一步深化细化系统化。如何建构农村贫困老年预警追踪的指标体系，如何充分发挥多方贫困治理主体的力量，如何实现多层次、分类别、高效化的农村老年贫困治理等，仍需要在实践中完善、在理论研究中充实。正如习近平总书记所强调的"实践创新和理论创新永无止境。"可见，实践在永不止步地发展，农村老年贫困问题也将随时间推移而变化，农村老年贫困治理依然也要与时俱进。

参考文献

一、马克思主义经典作家著作及重要文献

1. 《马克思恩格斯文集》（第 1—10 卷）［M］. 北京：人民出版社，2009 年.

2. 《马克思恩格斯选集》（第 1—4 卷）［M］. 北京：人民出版社，2012 年.

3. 《马克思恩格斯全集》（第 1、2、6、16、19、20、23、25、26、42、47 卷）［M］. 北京：人民出版社，2016 年.

4. 《资本论》（第 1—3 卷）［M］. 北京：人民出版社，2004 年.

5. 《列宁选集》（第 1—4 卷）［M］. 北京：人民出版社，2012 年.

6. 《列宁全集》（第 16、18 卷）［M］. 北京：人民出版社，1988 年.

7. 《列宁全集》（第 33 卷）［M］. 北京：人民出版社，1985 年.

8. 《列宁全集》（第 37、40 卷）［M］. 北京：人民出版社，1986 年.

9. 《毛泽东文集》（第 1 卷）［M］. 北京：人民出版社，1993 年.

10. 《毛泽东文集》（第 7 卷）［M］. 北京：人民出版社，1999 年.

11. 《毛泽东选集》（第 1 卷）［M］. 北京：人民出版社，1991 年.

12. 《毛泽东选集》（第 5 卷）［M］. 北京：人民出版社，1977 年.

13. 《毛泽东著作选读》（下卷）［M］. 北京：人民出版社，1986 年.

14. 《毛泽东在七大的报告和讲话集》［M］. 北京：中央文献出版社，

1995 年.

15.《周恩来选集》（下卷）［M］．北京：人民出版社，1984 年.

16.《邓小平文选》（第 1—5 卷）［M］．北京：人民出版社，1993 年.

17.《江泽民文选》（第 1—3 卷）［M］．北京：人民出版社，2006 年.

18.《胡锦涛文选》（第 1—3 卷）［M］．北京：人民出版社，2016 年.

19.《习近平总书记系列重要讲话读本》（2016 年）［M］．北京：学习出版社，2016 年.

20.《共和国走过的路——建国以来重要文献选编》（1953 – 1956）［G］．北京：中央文献出版社，1991 年.

21.《十四大以来重要文献选编》（下卷）［G］．北京：人民出版社，1999 年.

22.《十五大以来重要文献选编》（中卷）［G］．北京：人民出版社，2000 年.

23. 中共中央文献研究室．建国以来重要文献选编（第 10 册）［G］．北京：中央文献出版社，1994 年.

24. 习近平．摆脱贫困［M］．福州：福建人民出版社，2014 年.

25. 习近平．习近平谈治国理政［M］．北京：人民出版社，2014 年.

26. 习近平．之江新语［M］．杭州：浙江人民出版社，2014 年.

27. 习近平．在哲学社会科学工作座谈会上的讲话［M］．北京：人民出版社，2016 年.

28. 习近平．携手消除贫困　促进共同发展：在 2015 减贫与发展高层论坛的主旨演讲［M］．北京：人民出版社，2015 年.

29. 中共中央宣传部．习近平总书记系列重要讲话读本［M］．北京：学习出版社、人民出版社，2016 年.

30. 中共中央文献研究室．习近平关于全面依法治国论述摘篇［G］．北京：中央文献出版社，2015 年.

31. 中共中央文献研究室．习近平关于协调推进"四个全面"战略布局论述摘编［G］．北京：中央文献出版社，2015 年.

32. 中共中央文献研究室. 习近平关于全面深化改革论述摘篇［G］. 北京：中央文献出版社，2014 年.

33. 李克强. 政府工作报告：2016 年 3 月 5 日在第十二届全国人民代表大会第四次会议上［M］. 北京：人民出版社，2016 年.

34. 中共中央文献研究室. 深入学习实践科学发展观活动领导干部学习文件选编［G］. 北京：人民出版社，2008 年.

35. 中共中央文献研究室. 中国共产党第十八次全国代表大会文件汇编［G］. 北京：人民出版社，2012 年.

36. 习近平. 决胜全面建成小康社会 夺取新时代中国特色社会主义伟大胜利——在中国共产党第十九次全国代表大会上的报告［R］. 北京：人民出版社，2017 年.

37. 中华人民共和国国民经济和社会发展第十三个五年规划纲要［M］. 北京：人民出版社，2016 年.

38. 中共中央国务院关于打赢脱贫攻坚战的决定［M］. 北京：人民出版社，2015 年.

39. 中国农村扶贫开发纲要（2011—2020 年）［M］. 北京：人民出版社，2011 年.

40. 十八大报告学习编写组. 十八大报告学习辅导百问［M］. 北京：学习出版社，2012 年.

41. 中共中央. 中国共产党十八届五中全会报告全文［N］. 人民日报，2015 年 10 月 30 日，第 01 版.

42. 胡锦涛. 高举中国特色社会主义伟大旗帜为夺取全面建设小康社会新胜利而奋斗——在中国共产党第十七次全国代表大会上的报告［N］. 人民日报，2007 年 10 月 25 日，第 01 版.

二、中外学术著作

1. 李建平. 《资本论》第一卷辩证法探索［M］. 北京：社会科学文献出版社，2006 年.

2. 李建平、李建建．政治经济学（第5版）［M］．北京：高等教育出版社，2014年．

3. 苏振芳．人口老龄化与养老模式［M］．北京：社会科学文献出版社，2013年．

4. 苏振芳．空巢·老人·家庭·研究［M］．北京：团结出版社，2010年．

5. 苏振芳等．现代社会调查方法（第4版）［M］．上海：上海人民出版社，2014年．

6. 郑又贤．马克思主义基本原理读本（第3版）［M］．福州：鹭江出版社，2016年．

7. 陈永森．人的解放与自然的解放［M］．北京：学习出版社，2015年．

8. 陈桂蓉等．和谐社会与女性发展［M］．北京：社会科学文献出版社，2007年．

9. 吴宏洛．社会保障概论［M］．武汉：武汉大学出版社，2009年．

10. 吴宏洛．老年教育策论［M］．北京：社会科学文献出版社，2011年．

11. 吴宏洛．劳资关系新论［M］．北京：社会科学文献出版社，2011年．

12. 吴宏洛．社会保障基础［M］．北京：中央广播电视大学出版社，2013年．

13. 邸延生．历史的回眸：毛泽东与中国经济［M］．北京：新华出版社，2010年．

14. 国家行政学院编写组．中国精准脱贫攻坚十讲［M］．北京：人民出版社，2016年．

15. 国家统计局住户调查办公室．2016中国农村贫困监测报告［M］．北京：中国统计出版社，2016年．

16. 国家统计局住户调查办公室．2017中国农村贫困监测报告［M］．

北京：中国统计出版社，2017 年.

17. 陆汉文、黄承伟. 中国精准扶贫发展报告（2016）：精准扶贫战略与政策体系［M］. 北京：社会科学文献出版社，2016 年.

18. 徐勇. 反贫困在行动：中国农村扶贫调查与实践［M］. 北京：中国社会科学出版社，2015 年.

19. 王艳慧等. 基于 GIS 的多维贫困精准识别与评价［M］. 北京：科学出版社，2015 年.

20. 张琦等. 完善扶贫脱贫机制研究［M］. 北京：经济科学出版社，2015 年.

21. 向德平、黄承伟等. 中国反贫困发展报告（2012）［M］. 武汉：华中科技大学出版社，2013 年.

22. 华中师范大学、中国国际扶贫中心. 中国反贫困发展报告：社会扶贫专题（2014）［M］. 武汉：华中科技大学出版社，2014 年.

23. 武汉大学、中国国际扶贫中心、华中师范大学. 中国反贫困发展报告：市场主体参与扶贫专题（2015）［M］. 武汉：华中科技大学出版社，2015 年.

24. 武汉大学、中国国际扶贫中心. 中国反贫困发展报告（2016）：社会组织参与扶贫专题［M］. 武汉：华中科技大学出版社，2016 年.

25. 方迎风、张芬. 多维贫困视角下的区域性扶贫政策选择［M］. 武汉：武汉大学出版社，2015 年.

26. 左常升. 国际减贫理论与前沿问题（2015）［M］. 北京：中国农业出版社，2015 年.

27. 左常升. 国际减贫理论与前沿问题（2014）［M］. 北京：中国农业出版社，2014 年.

28. 李春光. 国际减贫理论与前沿问题（2011）［M］. 北京：中国农业出版社，2011 年.

29. 李新生. 四下基层与群众路线［M］. 福州：福建人民出版社，2014 年.

30. 王家华．决战 2020—拒绝贫困［M］．北京：中国民主法制出版社，2016 年．

31. 薛宝生．公共管理视阈中的发展与贫困免除［M］．北京：中国经济出版社，2006 年．

32. 李军．中国城市反贫困论纲［M］．北京：经济科学出版社，2004 年．

33. 安春英．非洲的贫困与反贫困问题研究［M］．北京：中国社会科学出版社，2010 年．

34. 王国良．中国扶贫政策：趋势与挑战［M］．北京：社会科学文献出版社，2005 年．

35. 范小建．完善国家扶贫战略和政策体系研究［M］．北京：中国财政经济出版社，2011 年．

36. 张建华等．贫困测量与政策评估：基于中国转型时期城镇贫困问题的研究［M］．北京：人民出版社，2010 年．

37. 赵俊超．扶贫开发理论与实践［M］．北京：中国财政经济出版社，2005 年．

38. 陈端计．构建社会主义和谐社会中的中国剩存贫困问题研究［M］．北京：人民出版社，2006 年．

39. 刘敏．社会资本与多元化贫困治理：来自逢街的研究［M］．北京：社会科学文献出版社，2013 年．

40.《山西推进精准扶贫政策研究》课题组．山西推进精准扶贫政策研究［M］．北京：中国社会出版社，2015 年．

41. 郑志龙．政府扶贫开发绩效评估研究［M］．北京：中国社会科学出版社，2012 年．

42. 陈琦、宋雯．连片特困地区贫困人群自我发展能力研究［M］．武汉：华中科技大学出版社，2014 年．

43. 袁媛．中国城市贫困的空间分异研究［M］．北京：科学出版社，2014 年．

44. 任世丹. 贫困问题的环境法应对［M］. 北京：中国检察出版社，2012 年.

45. 陈宇学. 改善收入分配促进社会公平正义［M］. 北京：中国言实出版社，2014 年.

46. 朱晓阳. 边缘与贫困：贫困群体研究反思［M］. 北京：社会科学文献出版社，2012 年.

47. 张帆. 现代性语境中的贫困与反贫困［M］. 北京：人民出版社，2009 年.

48. 张磊. 中国扶贫开发历程［M］. 北京：中国财经经济出版社，2007 年.

49. 郭劲光. 脆弱性贫困：问题反思、测度与拓展［M］. 北京：中国社会科学出版社，2011 年.

50. 姚建平. 中国转型期城市贫困与社会政策［M］. 上海：复旦大学出版社，2011 年.

51. 成福蕊. 社会救助与脱贫差异［M］. 北京：中国社会科学出版社，2012 年.

52. 王大超. 转型期中国城乡反贫困问题研究［M］. 北京：人民出版社，2004 年.

53. 云南省扶贫办外资项目管理中心中德合作项目办公室. 流动的贫困：中德合作——云南城市贫困研究报告［M］. 北京：中国社会科学出版社，2006 年.

54. 唐宜荣. 责任与行动：中国城市反贫困责任伦理问题研究［M］. 长沙：湖南人民出版社，2005 年.

55. 林顺利. 城市贫困的社会空间研究［M］. 北京：人民出版社，2015 年.

56. 中国城镇贫困研究课题组. 城镇贫困：中国发展的新挑战［M］. 北京：经济科学出版社，2003 年.

57. 陈云. "失组织"城市贫民的生存行动［M］. 北京：社会科学文

献出版社，2013 年.

58. 唐均．中国城市居民贫困线研究［M］．上海：上海社会科学出版社，1998 年.

59. 赵群、王云仙．社会性别与妇女反贫困［M］．北京：社会科学文献出版社，2011 年.

60. 张映芹．制度理性与福利公正：基于国民幸福视角的分析［M］．北京：中国社会科学出版社，2011 年.

61. 王丽平．中国社会福利与社会救助问题研究［M］．北京：人民日报出版社，2013 年.

62. 张奇林．社会救助与社会福利［M］．北京：人民出版社，2012 年.

63. 詹心丽．妇女/性别研究［M］．厦门：厦门大学出版社，2014 年.

64. 邬沧萍、姜向群．老年学概论［M］．北京：中国人民大学出版社，2006 年.

65. 邬沧萍、杜鹏．人口老龄化过程中的中国老年人［M］．上海：华东师范大学出版社，1996 年.

66. 李慧英．社会性别与公共政策［M］．北京：当代中国出版社，2002 年.

67. 张奇林．美国医疗保障制度研究［M］．北京：人民出版社，2005 年.

68. 王小林．贫困测量：理论与方法［M］．北京：社会科学文献出版社，2012 年.

69. 吴海涛、丁士军．贫困动态性：理论与实践［M］．武汉：武汉大学出版社，2013 年.

70. 蔡典雄等．中国生态扶贫战略研究［M］．李玮译，北京：科学出版社，2015 年.

71. 吴大华等．反贫困：社会可持续与环境可持续：生态文明与反贫困论坛（2014）［M］．北京：社会科学文献出版社，2015 年.

72. 李瑞华．贫困与反贫困的经济学研究：以内蒙古为例［M］．北京：中央编译出版社，2013年.

73. 宋志辉．印度农村反贫困［M］．成都：巴蜀书社，2011年.

74. 张佳生．十六世纪英国的贫困问题与民间济贫［M］．北京：中国社会科学出版社，2012年.

75. 丁建定．英国济贫法制度史［M］．北京：人民出版社，2014年.

76. 丁建定．英国社会保障制度史［M］．北京：人民出版社，2015年.

77. 汪树民．超级大国的弱势群体：战后美国贫困问题透视［M］．上海：学林出版社，2011年.

78. 朱凤岐等．中国反贫困研究［M］．北京：中国计划出版社，1996年.

79. 刘奇．贫困不是穷人的错［M］．北京：生活·读书·新知三联书记，2015年.

80. 刘玉亭．转型期中国城市贫困的社会空间［M］．北京：科学出版社，2005年.

81. 樊怀玉、郭志仪等．贫困论：贫困与反贫困的理论与实践［M］．北京：民族出版社，2002年.

82. 刘海英．大扶贫：公益组织的实践与建议［M］．北京：社会科学文献出版社，2011年.

83. 谭诗斌．现代贫困学导论［M］．武汉：湖北人民出版社，2012年.

84. 罗国杰．传统伦理与现代社会［M］．北京：中国人民大学出版社，2012年.

85. ［英国］托马斯·莫尔（More T.）．乌托邦［M］．戴镏龄译，北京：商务印书馆，1982年.

86. ［英国］马尔萨斯．人口原理［M］．朱泱、胡企林、朱和中译，北京：商务印书馆，1992年.

87. ［印度］阿玛蒂亚·森．贫困与饥荒——论权利与剥夺［M］．王宇、王文玉译，北京：商务印书馆，2001 年．

88. ［印度］阿玛蒂亚·森．以自由看待发展［M］．任赜、于真译，北京：中国人民大学出版社，2002 年．

89. ［英国］安格斯·麦迪森．世界经济千年统计［M］．伍晓鹰、施发启译，北京：北京大学出版社，2009 年．

90. ［印度］班纳吉、［法国］迪弗洛．贫穷的本质：我们为什么摆脱不了贫穷［M］．景芳译，北京：中信出版社，2013 年．

91. ［瑞典］冈纳·缪尔达尔．世界贫困的挑战——世界反贫困大纲［M］．北京经济学院出版社，1991 年．

92. ［美国］史蒂芬·M. 博杜安．世界历史上的贫困［M］．杜鹃译，北京：商务印书馆，2015 年．

93. ［美国］杰弗里·萨克斯（Sachs, J.）．贫穷的终结——我们时代的经济可能［M］．邹光译，上海：上海人民出版社，2007 年．

94. ［美国］迪恩·卡尔兰（Karlan, D.）、［美国］阿佩尔（Appel, J.）．不流于美好愿望：新经济学如何帮助解决全球贫困问题［M］．傅瑞蓉译，北京：商务印书馆，2014 年．

95. ［美国］约翰·肯尼斯·加尔布雷斯．贫穷的本质［M］．倪云松译，北京：东方出版社，2014 年．

96. ［美国］纳拉扬（Narayan, D.）等．呼唤变革［M］．姚莉等译，北京：中国人民大学出版社，2002 年．

97. ［美国］纳拉扬（Narayan, D.）等．谁倾听我们的声音［M］．付岩梅等译，程漱兰校，北京：中国人民大学出版社，2001 年．

98. ［英国］亚当·斯密（Adam Smith）．国富论［M］．陈星译，北京：北京联合出版公司，2013 年．

99. ［美国］戴维·S. 兰德斯（David S Landes）．国富国穷［M］．门洪华译，北京：新华出版社，2010 年．

100. ［美国］马丁·瑞沃林．贫困的比较［M］．赵俊超译，北京：

北京大学出版社，2005年.

101. ［美国］亨利·乔治（George H.）.进步与贫困［M］.吴良健、王翼龙译，北京：商务印书馆，2012年.

102. ［美国］弗兰克·帕金.马克斯·韦伯［M］.刘东、谢维和译，成都：四川人民出版社，1987年.

103. ［英国］约翰·格雷.人类幸福论［M］.张草纫译，北京：商务印书馆，1984年.

104. ［美国］M.P.托达罗.第三世界的经济发展［M］.于同申译，北京：中国人民大学出版社，1988年.

105. ［美国］奥肯.平行与效率——重大的抉择［M］.王奔洲等译，北京：华夏出版社，1987年.

106. ［美国］戴维·波谱诺.社会学［M］.李强等译，北京：中国人民大学出版社，1999年.

107. ［美国］道格拉斯·诺思.制度、制度变迁与经济绩效［M］.上海：上海三联书店，1994年.

108. ［英国］约翰·洛克.政府论（下卷）［M］.叶启芳等译，北京：商务印书馆，1964年.

109. ［法国］托马斯·皮凯蒂.21世纪资本论［M］.北京：中信出版社，2014年.

110. ［奥地利］熊彼特.经济发展理论［M］.北京：北京出版社，2008年.

111. ［英国］亚当·斯密.国富论——国民财富的性质和起因的研究［M］.谢祖钧译，长沙：中南大学出版社，2003年.

112. ［古希腊］亚里士多德.政治学［M］.吴寿彭译，北京：商务印书馆，1965年.

113. ［美国］马克·斯考森、肯那·泰勒.经济学的困惑与悖论［M］.北京：华夏出版社，2001年.

114. ［印度］库苏姆·奈尔.贫困的印度农村［M］.姚念赓、裴因、杨瑞林译，北京：世界知识出版社，1965 年.

115. ［印度］威奈·莱、［美国］威廉·L·西蒙. 思考印度［M］. 宣晓风、汤风云译，上海：上海大学出版社，2010 年.

116. ［美国］弗·斯皮卡蒂. 美国社会问题［M］. 刘泰星等译，北京：中国社会科学出版社，1986 年.

117. ［美国］赫伯特. 斯坦. 美国总统经济史——从罗斯福到克林顿［M］. 金清等译，长春：吉林人民出版社，1997 年.

118. ［美国］霍华德·津恩. 美国人民的历史［M］. 许先春等译，上海：上海人民出版社，2000 年.

119. ［美国］加尔文. D. 林顿. 美国两百年大事记［M］. 谢延光等译，上海：上海译文出版社，1984 年.

120. ［美国］约翰. N. 德勒巴克、约翰. V. C. 奈. 新制度经济学前沿（第 2 辑）［M］. 张宇燕等译，北京：经济科学出版社，2003 年.

121. ［英国］贝弗里奇. 贝弗里奇报告［M］. 劳动和社会保障部社会保险研究所译，北京：中国劳动社会保障出版社，2004 年.

122. ［英国］霍华德·格伦内斯特. 英国社会政策论文集［M］. 苗正民译，北京：商务印书馆，2003 年.

123. ［英国］阿伦·斯克德. 战后英国政治史［M］. 王子珍译，北京：世界知识出版社，1985 年.

124. ［印度］鲁达尔·达特、K. P. M. 孙达拉姆. 印度经济［M］. 新德里：那加出版社，1995 年.

125. ［西班牙］哈维尔·桑蒂索. 拉丁美洲经济政策的务实性［M］. 高静等译，北京：世界知识出版社，2009 年.

126. ［英国］阿萨·布里格斯（Asa Briggs）. 英国社会史［M］. 陈叔平等译，北京：商务印书馆，2015 年.

127. ［美国］亨利·乔治（George. H.）. 进步与贫困［M］. 吴良健、王翼龙译，北京：商务印书馆，2010 年.

128. ［美国］玛丽亚·康西安（Maria Cancian）、［美国］谢尔登·丹齐革（Sheldon Danziger）. 改变贫困，改变反贫困政策［M］. 刘杰等译，北京：中国社会科学出版社，2014 年.

129. ［日本］堤未果. 贫困大国美国［M］. 殷雨涵、谢志海译，北京：北京科学技术出版社，2010 年.

130. ［美国］马克·罗伯特·兰克（Mark Robert Rank）. 国富民穷：美国贫穷何以影响我们每个人［M］. 屈腾龙、朱丹译，重庆：重庆大学出版社，2014 年.

131. ［美国］安格斯·伯金. 伟大的说服：哈耶克、弗里德曼与重塑大萧条之后的自由市场［M］. 傅瑞蓉译，北京：华夏出版社，2014 年.

132. ［美国］肯尼斯·R. 胡佛（Kenneth R. Hoover）. 凯恩斯、拉斯基、哈耶克：改变世界的三个经济学家［M］. 启蒙编译所译，上海：上海社会科学院出版社，2013 年.

133. ［美国］迈克尔·谢若登. 资产与穷人：一项新的美国福利政策［M］. 北京：商务印书馆，2005 年.

134. ［奥地利］斯蒂芬·茨威格（Stefan Zweig）. 巴西：未来之国［M］. 樊星译，上海：上海文艺出版社，2013 年.

135. ［日本］速水佑次郎（Yujiro Hayami）、神门善久（Yoshihisa Godo）. 发展经济学：从贫困到富裕［M］. 北京：社会科学文献出版社，2009 年.

136. ［古希腊］柏拉图. 理想国［M］. 郭斌和、张竹明译，北京：商务印书馆，1997 年.

137. Mookherjee, Dilip：*The crisis in government accountability：essays on governance reforms and India´s economic performance*［M］. Oxford：Oxford University Press，2004.

138. Agarwala, Ramgopal；Kumar, Nagesh：*Reforms, labour markets and social security in India*［M］. Oxford：Oxford University Press，2004.

139. Kapila, Uma：*Indian economy since independence*［M］. New Delhi：Academic Foundation，2006.

140. Padma Ramachandran: *Education in India* ［M］. New Delhi: National Book Trust, India, 2005.

141. Drew Jean, Amartya Sen. *India: Economic Development and Social Opportunity* ［M］. Oxford: Oxford University Press, 2012.

142. Bailey N, Livingston M. *Population Turnover and Area Deprivation* ［M］. Bristol, The Policy Press, 2007.

143. Oecd, *The Battle against Exclusion* ［M］. Paris, 1998.

144. Barker, R. L. *The Social Work Dictionary* (4*th. ed.*) ［M］. Washington, D. C. : NASW Press, 1999.

145. Esping – Andersen, G. *Social foundations of post – industrial economies* ［M］. Oxford: University Press, 1999.

146. Rodney Lowe, *The Welfare Slate in Britain since* 1945 ［M］. New York, St. Martin's press Inc. 1999.

147. Amartya Sen, *Poveryt and Famines: An Essay on Entitlemengt and Deprivation* ［M］. Oxford University Press, 1981.

148. CEPAL, *Panorama Social de Arngrica latiaa* ［M］. Santiago de Chile, 2013.

149. Harold R. Kerbo, *Social Stratification and Inequality* ［M］. Third Edition Copyright. The McGraw – Hill Companies, Inc. Boston, 1996.

150. Joe R. Feagin, *Racial and Ethnic Relations* ［M］. Fourth Edition Copyright. Prentice – Hall, Inc. New Jersey. 1993.

151. Rowntree, B. S. *Poverty: A study of Town life* ［M］. London: Macmillan, 1901.

152. Townsend, Peter. *Poverty in the United Kingdom: A study of the Household Resource and Living Standard* ［M］. London: Allen Lane and Penguin Books, l979.

153. Constance F. Citro, Robert T. Michael. *Poverty Measuring: A New Approach* ［M］. Washington D. C: National Academy Press, 1995.

154. Sheldon H. Danziger, Robert H. Haveman. *Understanding Poverty* [M]. Cambridge, Mass：Harvard University Press，2002.

155. Harrell R. Rodgers. *American poverty in a new era of reform* [M]. M. E. Sharpe，2006.

156. William J. Wilson. *The truly disadvantaged：the inner city, the underclass, and public policy* [M]. Chicago：University of Chicago Press，1987.

157. John Iceland. *Poverty in America* [M]. Berkely：University of California Press，2006.

158. Diana M. DiNitto. *Social Welfare：Politics and Public Policy* [M]. Pearson Education Inc，2003.

159. Bruce S. Jansson. *The reluctant welfare state：American social welfare policies - past, present, and future* [M]. Belmont, CA Thomson Brooks/Cole，2005.

三、报刊期刊类

1. 郭荣丽、张洪艳. 老年人口反贫困问题之紧迫性探讨 [J]. 经济研究导刊，2012 年第 5 期.

2. 王三秀. 积极老龄化与中国老年贫困治理路径新探索 [J]. 江淮论坛，2016 年第 1 期.

3. 仇凤仙、杨文健. 建构与消解：农村老年贫困场域形塑机制分析——以皖北 D 村为例 [J]. 社会科学战线，2014 年第 4 期.

4. 吴敏. "精准扶贫"关键在人 [J]. 三晋时评，2016 年第 3 期.

5. 王琳、邬沧萍. 聚焦中国农村老年人贫困化问题 [J]. 社会主义研究，2006 年第 2 期.

6. 杨菊华、陈志光. 老年绝对经济贫困的影响因素：一个定量和定性分析 [J]. 人口研究，2010 年第 5 期.

7. 陈友华、苗国. 老年贫困与社会救助 [J]. 山东社会科学，2015

年第 7 期.

8. 杨菊华、姜向群、陈志光. 老年社会贫困影响因素的定量和定性分析 [J]. 人口学刊, 2010 年第 4 期.

9. 陈雷、江海霞. 临终贫困、生命质量与老年临终关怀发展策略 [J]. 国家行政学院学报, 2013 年第 4 期.

10. 王增文. 农村老年女性贫困的决定因素分析——基于 Cox 比例风险模型的研究视角 [J]. 中国人口科学, 2010 年第 1 期.

11. 仇凤仙. 农村贫困老人日常生活中的代际冲突分析——皖北李村调查研究 [J]. 中国农业大学学报（社会科学版）, 2014 年第 4 期.

12. 王晶、刘彦喆. 农村丧偶老年女性贫困原因的社会学分析 [J]. 东北师大学报（哲学社会科学版）, 2012 年第 1 期.

13. 龚志民、刘山、李时华. 欧盟老年贫困对中国养老金制度改革的启示 [J]. 环球瞭望, 2008 年第 5 期.

14. 王瑜、汪三贵. 人口老龄化与农村老年贫困问题——兼论人口流动的影响 [J]. 中国农业大学学报（社会科学版）, 2014 年第 1 期.

15. 杨菊华. 人口转变与老年贫困问题的理论思考 [J]. 中国人口科学, 2007 年第 5 期.

16. 黄伟伟、陆迁、赵敏娟. 社会资本对西部贫困地区农村老年人健康质量的影响路径——基于联立方程模型的中介效应检验 [J]. 人口与经济, 2015 年第 5 期.

17. 龙玉其. 养老保险制度与民族地区农村反贫困 [J]. 广西社会科学, 2015 年第 2 期.

18. 王晓毅. 以精准扶贫打破留守与贫困的因果链 [J]. 前沿理论, 2015 年第 30 期.

19. 王晶、刘彦喆. 影响农村丧偶老年女性贫困的家庭因素探析 [J]. 社会科学战线, 2012 年第 3 期.

20. 杨立雄. 中国老年贫困人口规模研究 [J]. 人口学刊, 2011 年第 4 期.

21. 乔晓春、张恺、孙陆军. 中国老年贫困人口特征分析［J］. 人口学刊，2006 年第 4 期.

22. 王小林、尚晓援、徐丽萍. 中国老年人主观福利及贫困状态研究［J］. 山东社会科学，2012 年第 4 期.

23. 王生云. 中国农村长期贫困程度、特征与影响因素［J］. 经济问题，2011 年第 11 期.

24. 王金营、杨茜. 中国贫围地区农村老年人家庭贫困——富裕度研究［J］. 人口学刊，2014 年第 2 期.

25. 仇凤仙. 消解与重构：欠发达区域农村贫困老人生活状态分析——以安徽省 S 县 D 村调查为例［J］. 南方人口，2010 年第 6 期.

26. 文雯. 城市低保与家庭减贫——基于 CHIPS 数据的实证分析［J］. 人口与经济，2015 年第 2 期.

27. 陈永杰、李伟俊. 城市老年贫困人口与养老保险制度——以广州城镇老年居民养老保险制度为例［J］. 学术研究，2012 年第 4 期.

28. 汪三贵. 中国特色反贫困之路与政策取向［J］. 毛泽东邓小平理论研究，2010 年第 4 期.

29. 吕晨光. 发展中国家贫困问题研究——基于环境与人口增长的视角［J］. 经济问题探索，2013 年第 12 期.

30. 张靖. 国内外关于城镇贫困治理的主要经验及其启示［J］. 国际经济观察，2012 年第 4 期.

31. 罗庆、李小建. 国外农村贫困地理研究进展［J］. 经济地理，2014 年第 6 期.

32. 祝建华. 缓解贫困代际传递的低保家庭子女补贴制度设计［J］. 江汉学术，2013 年第 3 期.

33. 黄国庆. 国外"水库型"区域反贫困经验对三峡库区扶贫的启示［J］. 学术论坛，2011 年第 3 期.

34. 董丽晶. 国外城市贫民窟改造及其对中国的启示［J］. 国际经济观察，2010 年第 11 期.

35. 邓瑶. 藉国外扶贫开发政策之力推进中国扶贫工作跨越式发展 [J]. 学术探讨, 2011 年第 6 期.

36. 白睿、乔东平、徐月宾. 城市贫困老年人的政策支持——基于北京市西城区的案例研究 [J]. 北京社会科学, 2013 年第 2 期.

37. 孙洁、孙守纪. 非缴费型养老金计划及其减贫效果比较研究——美国和加拿大的比较分析 [J]. 学习与实践, 2013 年第 8 期.

38. 王小龙、唐龙. 家庭养老、老年贫困与农村社会养老保险的角色定位 [J]. 人文杂志, 2012 年第 2 期.

39. 刘欣. 近 40 年来国内妇女贫困研究综述 [J]. 妇女研究论丛, 2015 年第 1 期.

40. 凌文豪. 农村失能老人生活照料困境及出路——基于中国社会福利政策研究 [J]. 安徽农业科学, 2011 年第 36 期.

41. 栾文敬、赵英丽. 贫困老年人的心理健康及其影响因素分析 [J]. 江苏大学学报（社会科学版）, 2013 年第 4 期.

42. 朱火云. 贫困老人生活保障权及实现路径 [J]. 中国社会保障, 2015 年第 1 期.

43. 周丕东、詹瑜等. 贵州乌蒙山区农村扶贫开发对策研究 [J]. 贵州民族研究, 2012 年第 2 期.

44. 冯斌. 贫困人口问题治理思路探析——以四川省茂县为例 [J]. 北京大学学报（哲学社会科学版）, 2012 年第 3 期.

45. 程杰. 社会保障对城乡老年人的贫困削减效应 [J]. 社会保障研究, 2012 年第 3 期.

46. 柯卉兵、周荣超. 社会保障计划在减轻老年贫困中的作用 [J]. 中国社会保障, 2014 年第 8 期.

47. 曹艳春. 中国农村贫困老人生活保障力度与经济适应性地区比较分析 [J]. 西北人口, 2010 年第 3 期.

48. 解垩. 中国老年家庭的经济脆弱性与贫困 [J]. 人口与发展, 2014 年第 2 期.

49. 孙文中．创新中国农村扶贫模式的路径选择——基于新发展主义的视角〔J〕．广东社会科学，2013 年第 6 期．

50. 张秋．从"制度贫困"到"制度统筹"：城乡统筹发展的路径选择〔J〕．中州学刊，2013 年第 6 期．

51. 彭新万、程贤敏．脆弱性与农村长期贫困的形成及其破解〔J〕．江西社会科学，2015 年第 9 期．

52. 韩广富、王芳．当代中国农村扶贫开发的组织动员机制〔J〕．理论月刊，2012 年第 1 期．

53. 韩广富、李万荣．当代中国农村扶贫开发瞄准目标的调整〔J〕．社会科学战线，2012 年第 10 期．

54. 郭占锋．当前西部农村贫困的特征与扶贫路径转向——以秦岭山区 5 个贫困村的调查为例〔J〕．农村经济，2014 年第 3 期．

55. 李力、欧涉远、李霞．对农村贫困线及贫困发生率的反思——基于国家统计局和民政部的数据〔J〕．宏观经济研究，2012 年第 8 期．

56. 黄科．对中国农村扶贫政策的回顾与思考〔J〕．中国经贸导刊，2010 年第 4 期．

57. 黄海燕．对中国农村反贫困的思考〔J〕．人民论坛，2010 年第 9 期．

58. 张全红．对中国农村贫困线和贫困人口的再测算〔J〕．农村经济，2010 年第 2 期．

59. 吴海涛、侯宇、曾燕芳．多维贫困视角下农村家庭性别贫困度量〔J〕．统计与决策，2013 年第 20 期．

60. 丁军、陈标平．构建可持续扶贫模式治理农村返贫顽疾〔J〕．社会科学，2010 年第 1 期．

61. 邹薇、方迎风．关于中国贫困的动态多维度研究〔J〕．中国人口科学，2011 年第 6 期．

62. 侯石安、谢玲．贵州农村贫困程度及其影响因素分析——基于 2001 – 2012 年贵州农村 FGT 贫困指数的多维测度〔J〕．贵州社会科学，

2014 年第 7 期.

63. 刘荣章、陈志峰、翁伯琦. 海西背景下福建省农村扶贫开发的挑战与对策 [J]. 东南学术, 2012 年第 3 期.

64. 马良灿. 缓解农村贫困问题的思考 [J]. 经济研究参考, 2013 年第 36 期.

65. 柯元、杨和明. 基于公平与效率视角的中国农村反贫困战略评析与展望 [J]. 求实, 2012 年第 10 期.

66. 郑宝华、蒋京梅. 建立需求响应机制提高扶贫的精准度 [J]. 云南社会科学, 2015 年第 6 期.

67. 罗楚亮. 经济增长、收入差距与农村贫困 [J]. 经济研究, 2012 年第 2 期.

68. 刘升. 精英俘获与扶贫资源资本化研究——基于河北南村的个案研究 [J]. 南京农业大学学报（社会科学版）, 2015 年第 5 期.

69. 彭刚、李霞. 决战极端贫困：中国的共享发展之路 [J]. 学术前沿, 2016 年第 2 期（上）.

70. 王三秀. 可持续生计视角下中国农村低保与扶贫开发的有机衔接 [J]. 宁夏社会科学, 2010 年第 4 期.

71. 许凌志. 论新时期广西大石山区贫困农村扶贫开发理念的转变 [J]. 学术论坛, 2013 年第 8 期.

72. 刘流. 民族地区农村扶贫瞄准问题研究——基于贵州省民族地区乡级扶贫瞄准绩效的分析 [J]. 贵州民族研究, 2010 年第 4 期.

73. 李茂林. 民族地区贫困农村的反贫困策略 [J]. 经济导刊, 2010 年第 2 期.

74. 黄瑞芹. 民族贫困地区农村最低生活保障目标瞄准效率研究——基于两个贫困民族自治县的农户调查 [J]. 江汉论坛, 2013 年第 3 期.

75. 李小勇. 能力贫困视域下中国农村开发式扶贫的困境与超越 [J]. 理论导刊, 2013 年第 2 期.

76. 周铮毅、应瑞瑶、徐志刚、孙顶强. 农村家庭贫困的代际传导路径：来自江苏省的经验证据［J］. 人口与发展，2015 年第 3 期.

77. 李鹍. 农村精准扶贫：理论意蕴、实践路径与经验探寻——以湖北恩施龙凤镇扶贫实践为例［J］. 理论导刊，2015 年第 6 期.

78. 罗楚亮. 农村贫困的动态变化［J］. 经济研究，2010 年第 5 期.

79. 罗俊松. 农村贫困地区扶贫模式如何完善［J］. 人民论坛，2013 年第 3 期.

80. 蒲川、游岚、张维斌. 农村贫困人口的医疗保障问题研究——以新农合和医疗救助制度的衔接为视角［J］. 农村经济，2010 年第 3 期.

81. 黄承伟、周晶、程水林. 农村贫困治理中民间组织的发展及制约因素分析——以秦巴山片区 4 家草根民间组织的调查为例［J］. 农村经济，2015 年第 10 期.

82. 高帅、毕洁颖. 农村人口动态多维贫困：状态持续与转变［J］. 中国人口·资源与环境，2016 年第 2 期.

83. 王晶、刘彦喆. 农村丧偶老年女性贫困原因的社会学分析［J］. 东北师大学报（哲学社会科学版），2012 年第 1 期.

84. 李倩、张开云. 农村亚贫困群体目标定位探析［J］. 浙江社会科学，2015 年第 10 期.

85. 李艳军. 农村最低生活保障目标瞄准研究——基于代理财富审查（PMT）的方法［J］. 经济问题，2013 年第 2 期.

86. 易红梅、张林秀. 农村最低生活保障政策在实施过程中的瞄准分析［J］. 中国人口·资源与环境，2011 年第 6 期.

87. 韩华为、徐月宾. 农村最低生活保障制度的瞄准效果研究——来自河南、陕西省的调查［J］. 中国人口科学，2013 年第 4 期.

88. 刘娟. 贫困标准上调与扶贫开发思路调整［J］. 理论探索，2010 年第 1 期.

89. 韦璞. 贫困地区农村老年人社会支持网初探［J］. 人口与发展，2010 年第 2 期.

90. 杨龙、汪三贵. 贫困地区农户的多维贫困测量与分解——基于

2010 年中国农村贫困监测的农户数据［J］．人口学刊，2015 年第 2 期．

91. 刘小珉．青海省农村贫困及反贫困——基于农村低保反贫困的视角［J］．青海民族研究，2015 年第 4 期．

92. 罗正文、薛东前．陕西省农村贫困的动态变化研究［J］．干旱区资源与环境，2015 年第 6 期．

93. 周文、李晓红．社会资本对反贫困的影响研究：多元范式的形成与发展［J］．教学与研究，2012 年第 1 期．

94. 谭贤楚．"输血"与"造血"的协同——中国农村扶贫模式的演进趋势［J］．甘肃社会科学，2011 年第 3 期．

95. 解垩．私人转移支付与农村反贫困［J］．中国人口科学，2010 年第 5 期．

96. 陈前恒．体制创新：农村扶贫的关键［J］．人民论坛，2011 年第 11 期．

97. 付志鸿、陈标平．统筹城乡视阈下的中国农村反贫困战略转向［J］．求实，2013 年第 4 期．

98. 黄承伟、沈洋．完善中国新型农村扶贫开发战略的思考——论"三维资本"协同下的反贫困机制［J］．甘肃社会科学，2013 年第 3 期．

99. 张新文．中国农村反贫困战略中的社会政策创新探讨［J］．南京社会科学，2010 年第 6 期．

100. 陈潇阳．中国农村扶贫对象动态甄别机制的构建路径［J］．河北大学学报（哲学社会科学版），2014 年 1 月．

101. 肖云、严茉．中国农村贫困人口对扶贫政策满意度影响因素研究［J］．贵州社会科学，2012 年第 5 期．

102. 魏淑艳、田华文．中国农村贫困形势与扶贫政策未来取向分析［J］．社会科学战线，2014 年第 3 期．

103. 刘渊．西部偏远山区农村贫困对象瞄准问题探究［J］．农村经济，2015 年第 1 期．

104. 吴芳、尹德志．系统论视角下的中国农村贫困问题解读［J］．世界农业，2015 年第 2 期.

105. 阿布都外力·依米提. 新疆农村贫困问题及其最低生活保障制度 [J]. 中国人口·资源与环境，2010 年第 8 期.

106. 苏树厚、徐刘芬. 新时期中国农村贫困标准的重新审视 [J]. 中国特色社会主义研究，2010 年第 3 期.

107. 陈新、沈扬扬. 新时期中国农村贫困状况与政府反贫困政策效果评估——以天津市农村为案例的分析 [J]. 南开经济研究，2014 年第 3 期.

108. 陈俊. 新世纪以来中国农村扶贫开发面临的困境 [J]. 学术界，2012 年第 9 期.

109. 方黎明. 新型农村合作医疗和农村医疗救助制度对农村贫困居民就医经济负担的影响 [J]. 中国农村观察，2013 年第 2 期.

110. 刘振杰. 以发展的新思维促进农村贫困治理 [J]. 人口与发展，2014 年第 2 期.

111. 朱玲. 应对极端贫困和边缘化：来自中国农村的经验 [J]. 经济学动态，2011 年第 7 期.

112. 韩广富. 中国共产党农村扶贫开发工作史纲的逻辑构建 [J]. 理论学刊，2012 年第 6 期.

113. 黄小荣. 中国农村反贫困的制度社会学思考 [J]. 湖北社会科学，2014 年第 6 期.

114. 杨国涛、尚永娟、张会萍. 中国农村贫困标准的估计及其讨论 [J]. 农村经济，2010 年第 11 期.

115. 王萍萍、徐鑫、郝彦宏. 中国农村贫困标准问题研究 [J]. 调研世界，2015 年第 8 期.

116. 张立冬. 中国农村贫困代际传递实证研究 [J]. 中国人口·资源与环境，2013 年第 6 期.

117. 洪兴建、邓倩. 中国农村贫困的动态研究 [J]. 统计研究，2013 年第 5 期.

118. 张蕴萍. 中国农村贫困形成机理的内外因素探析 [J]. 山东社会科学，2011 年第 8 期.

119. 范永忠、范龙昌. 中国农村贫困与反贫困制度研究 [J]. 改革与战略，2011 年第 10 期.

120. 陈宗胜、沈扬扬、周云波. 中国农村贫困状况的绝对与相对变动——兼论相对贫困线的设定 [J]. 管理世界，2013 年第 1 期.

121. 刘娟. 扶贫新挑战与农村反贫困治理结构和机制创新 [J]. 探索，2012 年第 3 期.

122. 王俊文. 反贫困必然选择：农村贫困地区"信息扶贫"的关键解读 [J]. 江西社会科学，2010 年第 1 期.

123. 曾路遥. 加快推进农村扶贫开发进程的思考 [J]. 农村经济，2012 年第 5 期.

124. 鲁钊阳. 民族地区农村金融发展的反贫困效应研究 [J]. 农村经济，2016 年第 1 期.

125. 王爱君. 农村改革政策与妇女贫困——一种社会性别主流化视角 [J]. 中南财经政法大学学报，2013 年第 3 期.

126. 丁志国、谭伶俐、赵晶. 农村金融对减少贫困的作用研究 [J]. 农业经济问题，2011 年第 11 期.

127. 李棉管. 贫困村灾后重建中的扶贫开发模式"整村推进"与"单项突破"的村庄比较 [J]. 人文杂志，2010 年第 2 期.

128. 梁君思. 浅析中国农村贫困地区可持续减贫的生态价值取向 [J]. 农业经济，2010 年第 11 期.

129. 黄国勇、张敏、秦波. 社会发展、地理条件与边疆农村贫困 [J]. 中国人口·资源与环境，2014 年第 12 期.

130. 胡阳全. 社会工作介入民族地区农村社区贫困问题的思考 [J]. 云南民族大学学报（哲学社会科学版），2013 年第 4 期.

131. 东波. 社会工作理论与农村反人文贫困社会支持网络的建构 [J]. 学习与探索，2010 年第 4 期.

132. 张研、赵树宽、王浩. 社会主义新农村建设中农民贫困问题新议 [J]. 社会科学战线，2012 年第 2 期.

133. 叶初升、罗连发. 社会资本、扶贫政策与贫困家庭福利——基于贵州贫困地区农村家户调查的分层线性回归分析 [J]. 财经科学，2011 年第 7 期.

134. 马忠才、郝苏民. 外源式扶贫的局限：对民族地区扶贫实践的反思 [J]. 北方民族大学学报（哲学社会科学版），2012 年第 1 期.

135. 黄德霞. 中国农村财政扶贫资金的运行效率探讨 [J]. 农业经济，2015 年第 9 期.

136. 王贤斌. 中国农村扶贫开发面临的新形势与机制探讨 [J]. 农业现代化研究，2013 年第 4 期.

137. 伍建平. 中国农村扶贫新思路 [J]. 人民论坛，2011 年第 10 期.

138. 程颖慧. 中国农村扶贫资金投入和扶贫效果研究 [J]. 农业经济，2015 年第 9 期.

139. 叶普万、贾慧咏. 中国农村妇女贫困的现状、原因及解决对策 [J]. 理论学刊，2010 年第 9 期.

140. 李金叶、冯振华等. 中国农村贫困程度的测算与分析：基于基尼思想的一种新贫困强度率指数（GP）的构建 [J]. 经济经纬，2013 年第 6 期.

141. 周建华. 中国农村贫困人口人力资本投资分析 [J]. 财经问题研究，2011 年第 7 期.

142. 张晓妮、张雪梅等. 中国农村贫困线的测定——基于营养视角的方法 [J]. 农业经济问题，2014 年第 11 期.

143. 王俊文. 中国贫困地区农村女性人力资源开发问题探讨 [J]. 湖南社会科学，2013 年第 6 期.

144. 廖小东、曹文波. 西部地区农村贫困的现状、原因及对策研究以贵州省为例 [J]. 吉首大学学报（社会科学版），2010 年第 6 期.

145. 平娜. 西部民族地区农村反贫困的非经济学观察 [J]. 中央民族

大学学报（哲学社会科学版），2013 年第 4 期.

146. 荣莉. 西南连片特困区的农村扶贫模式创新与思考［J］. 中国农业资源与区划，2015 年第 5 期.

147. 马良灿. 项目制背景下农村扶贫工作及其限度［J］. 社会科学战线，2013 年第 4 期.

148. 林丽琼. 小额信贷扶贫的屏南模式及对农村信贷扶贫发展的启示［J］. 福建论坛（人文社会科学版），2010 年第 11 期.

149. 张庆红、阿迪力·努尔. 新疆南疆三地州农村多维贫困程度及特征分析［J］. 干旱区资源与环境，2015 第 11 期.

150. 杨晶. 新世纪以来中国农村反贫困政策回顾［J］. 商业经济研究，2015 年第 4 期.

151. 李全喜. 新形势下农村劳动力转移对农村反贫困的助推与挑战［J］. 农村经济，2014 年第 2 期.

152. 范辰辰、陈东. 新型农村社会养老保险的减贫增收效应——基于"中国健康与营养追踪调查"的实证检验［J］. 求是学刊，2014 年第 6 期.

153. 胡鸣铎. 政府部门与非政府部门贫困治理合作机制研究——以社会主义新农村为视角［J］. 河北经贸大学学报，2013 年第 4 期.

154. 章元、万广华、史清华. 中国农村的暂时性贫困是否真的更严重［J］. 世界经济，2012 年第 1 期.

155. 张全红、周强. 中国农村多维贫困的动态变化：1991－2011［J］. 财贸研究，2015 年第 6 期.

156. 刘艳华、徐勇. 中国农村多维贫困地理识别及类型划分［J］. 地理学报，2015 年第 6 期.

157. 张全红. 中国农村扶贫资金投入与贫困减少的经验分析［J］. 经济评论，2010 年第 2 期.

158. 陆宇嘉、杨俊、王燕. 中国农村减贫机制的区域差异——基于2000－2007 省际面板数据的实证研究［J］. 江西财经大学学报，2011 年第 1 期.

159. 陈忠言．中国农村开发式扶贫机制解析——以沪滇合作为例［J］．经济问题探索，2015 年第 2 期．

160. 周恩静、胡棋智．中国农村贫困居民收入流动性研究［J］．人口学刊，2011 年第 3 期．

161. 王生云．中国农村长期贫困程度、特征与影响因素［J］．经济问题，2011 年第 11 期．

162. 王金营、杨茜．中国贫困地区农村老年人家庭贫困——富裕度研究［J］．人口学刊，2014 年第 2 期．

163. 张全红、周强．转型时期中国贫困的动态多维度测量［J］．中南财经政法大学学报，2014 年第 1 期．

164. 刘振杰．资产社会政策视域下的农村贫困治理［J］．学术界，2012 年第 9 期．

165. 李鹍．论精准扶贫的理论意涵、实践经验与路径优化——基于对广东省和湖北恩施的调查比较［J］．山西农业大学学报（社会科学版），2015 年第 8 期．

166. 杨秀丽．精准扶贫的困境及法制化研究［J］．学习与探索，2016 年第 1 期．

167. 邓维杰．精准扶贫的难点、对策与路径选择［J］．农村经济，2014 年第 6 期．

168. 汪三贵、郭子豪．论中国的精准扶贫［J］．贵州社会科学，2015 年第 5 期．

169. 沈茂英．四川藏区精准扶贫面临的多维约束与化解策略［J］．农村经济，2015 年第 6 期．

170. 李鹍、叶兴建．农村精准扶贫：理论基础与实践情势探析——兼论复合型扶贫治理体系的建构［J］．福建行政学院学报，2015 年第 2 期．

171. 罗一华．试论江泽民同志的扶贫观［J］．毛泽东思想研究，2004 年第 3 期．

172. 张瑞敏、张晓婵．新中国成立初期毛泽东反贫困路径选择探析

［J］. 中南民族大学学报（人文社会科学版），2014 年第 5 期.

173. 谭和平. 邓小平的反贫困观 ［J］. 湖湘论坛，1999 年第 4 期.

174. 王孝哲. 邓小平的富民思想 ［J］. 青海师范大学学报（哲学社会科学版），2000 年第 2 期.

175. 孙迪亮. 邓小平的农村反贫困思想解析 ［J］. 湖北民族学院学报（哲学社会科学版），2004 年第 3 期.

176. 李含琳. 邓小平的贫困与反贫困思想探讨 ［J］. 农业经济问题，1997 年第 4 期.

177. 桑志达. 邓小平的信念：让中国人民富裕起来——兼论脱贫致富和贫富差距 ［J］. 毛泽东邓小平理论研究，1996 年第 6 期.

178. 华正学. 邓小平反贫困理论的科学体系探析 ［J］. 农业经济，2012 年第 1 期.

179. 康芳民. 邓小平反贫困思想探析 ［J］. 理论导刊，1997 年第 5 期.

180. 王良虎. 论邓小平的反贫困发展观 ［J］. 毛泽东思想研究，2005 年第 4 期.

181. 唐家柱、张志贵. 论邓小平反贫困战略的社会主义价值 ［J］. 江汉论坛，1997 年第 3 期.

182. 于光大、减轶妹. 浅谈邓小平的反贫困思想 ［J］. 黑龙江社会科学，2003 年第 4 期.

183. 赵天娥. 用邓小平的富民思想透视当前的贫富差距 ［J］. 当代世界与社会主义，2004 年第 2 期.

184. 李安增、孙迪亮. 江泽民农村扶贫思想的逻辑蕴涵及时代价值 ［J］. 党史研究与教学，2007 年第 4 期.

185. 杨名刚. 科技·制度·共富：农村扶贫治理的三重维度——江泽民同志扶贫思想的现实启示 ［J］. 毛泽东思想研究，2012 年第 5 期.

186. 李志平、杨江帆. 胡锦涛农村扶贫思想论析 ［J］. 山西农业大学学报（社会科学版），2014 年第 1 期.

187. 华正学. 胡锦涛同志对马克思主义反贫困理论中国化的新贡献 [J]. 毛泽东思想研究, 2012 年第 3 期.

188. 刘解龙. 经济新常态中的精准扶贫理论与机制创新 [J]. 湖南社会科学, 2015 年第 4 期.

189. 王辉. 试论习近平扶贫观 [J]. 人民论坛, 2015 年第 7 期.

190. 刘义圣、许彩玲. 习近平反贫困思想及对发展中国家的理论借鉴 [J]. 东南学术, 2016 年第 2 期.

191. 蒋永穆、周宇晗. 习近平扶贫思想述论 [J]. 理论学刊, 2015 年第 11 期.

192. 周民良、时保国. 精准扶贫新阶段治理贫困的思路 [J]. 前沿理论, 2015 年第 9 期.

193. 鲍爱国. 从同步富裕到共同富裕——试比较毛泽东邓小平的富裕观 [J]. 党史研究与教学, 1996 年第 3 期.

194. 郑丽箫. 毛泽东邓小平江泽民的反贫困战略思想比较 [J]. 江西社会科学, 2004 年第 8 期.

195. 熊晞. 党的三代领导集体对实现共同富裕的探索与创新 [J]. 中国特色社会主义研究, 2006 年第 3 期.

196. 王朝明. 马克思主义贫困理论的创新与发展 [J]. 当代经济研究, 2008 年第 2 期.

197. 阿班·毛力提汗. 中国共产党反贫困理论与实践 [J]. 毛泽东邓小平理论研究, 2006 年第 11 期.

198. 刘光辉、韩亚珠. 中国共产党人消除贫困的伟大创造——十一届三中全会以来反贫困的理论与实践 [J]. 晋阳学刊, 1999 年第 1 期.

199. 文建龙. 中央领导集体对新中国扶贫理论的贡献述评 [J]. 中共云南省委党校学报, 2013 年第 5 期.

200. 刘丽娜、李俊杰. 基于村级尺度的湖北武陵民族地区贫困现状及影响因素研究 [J]. 华中农业大学学报（社会科学版）, 2015 年第 2 期.

201. 杜毅. 破解"因病致贫、因病返贫"与合作医疗可持续发展研究——以重庆市某贫困县为例［J］. 经济研究导刊, 2015 年第 18 期.

202. 薛雁秋、林晨、陈彦华. 引导失独群体再创财富的意义和途径——基于江苏省失独群体返贫现象的研究［J］. 经济研究导刊, 2015 年第 15 期.

203. 郝从容. 古村镇"因护返贫"现象及减贫方略研究［J］. 农业经济, 2014 年第 4 期.

204. 汪磊、汪霞. 基于风险分析的西南喀斯特山地省区农村返贫问题研究——以贵州为例［J］. 贵州大学学报 (社会科学版), 2013 年第 3 期.

205. 孙敏、吴刚. 失地农民返贫现象与破解对策——基于大连失地农民的调查与分析［J］. 农业经济, 2016 年第 1 期.

206. 习明明、郭熙保. 贫困陷阱理论研究的最新进展［J］. 经济学动态, 2012 年第 3 期.

207. 王卓、黄钰. 灾后社区扶贫模式研究——以四川 5·12 地震灾区为例［J］. 农村经济, 2013 年第 1 期.

208. 胡鞍钢、童旭光. 中国减贫理论与实践——青海视角［J］. 清华大学学报 (哲学社会科学版), 2010 年第 4 期.

209. 肖翠仙. 广西城市生态贫困的区域比较分析［J］. 广西社会科学, 2012 年第 4 期.

210. 张大维. 集中连片少数民族困难社区的灾害与贫困关联研究——基于渝鄂湘黔交界处 149 个村的调查［J］. 内蒙古社会科学 (汉文版), 2011 年第 5 期.

211. 刘小鹏、苏胜亮. 集中连片特殊困难地区村域空间贫困测度指标体系研究［J］. 地理科学, 2014 年第 4 期.

212. 乔宇. 生态贫困视域下民族生态脆弱地区减贫研究——以武陵山片区为例［J］. 贵州民族研究, 2015 年第 2 期.

213. 杜明义、余忠淑. 生态资本视角下的生态脆弱区生态贫困治理——以四川藏区为例［J］. 理论月刊, 2013 年第 2 期.

214. 韩斌. 推进集中连片特困地区精准扶贫初析——以滇黔桂石漠化

片区为例〔J〕. 学术探索，2015 年第 6 期.

215. 张国培、庄天慧. 自然灾害对农户贫困脆弱性的影响——基于云南省 2009 年的实证分析〔J〕. 四川农业大学学报，2011 年第 1 期.

216. 苏振兴. 反贫困斗争与政府治理能力——巴西案例研究〔J〕. 拉丁美洲研究，2015 年第 1 期.

217. 邓俊森. 组织嵌入式农村小额信贷减贫〔J〕. 金融理论与实践，2014 年第 9 期.

218. 孙文中. 场域视阈下农村老年贫困问题分析——基于闽西地区 SM 村的个案调查〔J〕. 华中农业大学学报（社会科学版），2011 第 5 期.

219. 王翠琴、徐海峰. 农村老年贫困的类型与成因探析——基于鄂东白村的考察〔J〕. 华中农业大学学报（社会科学版），2016 年第 2 期.

220. 程建家. 农村老龄贫困群体社会心理"扶贫"探析——基于优化人口心理素质的反贫困视角〔J〕. 安徽农业大学学报（社会科学版），2011 年第 5 期.

221. 仇凤仙. 社会排斥与贫困：农村老人贫困——以安徽省泗县大李村调查为例〔J〕. 山东农业大学学报（社会科学版），2011 年第 1 期.

222. 徐静、徐永德. 生命历程理论视域下的老年贫困〔J〕. 社会学研究，2009 年第 6 期.

223. 李委沙. 消除农村老年人口贫困的路径探讨〔J〕. 江汉论坛，2008 年第 12 期.

224. 赵颖坤. 发展中国家妇女贫困问题探源〔J〕. 福建论坛（人文社会科学版），2007 年第 11 期.

225. 林毅夫. 解决农村贫困问题需要有新的战略思路〔J〕. 北京大学学报（哲学社会科学版），2002 年第 5 期.

226. 李会琴、侯林春、杨树旺. 国外旅游扶贫研究进展〔J〕. 人文地理，2015 年第 1 期.

227. 张倩、孟慧新. 气候变化影响下的社会脆弱性与贫困：国外研究综述〔J〕. 中国农业大学学报（社会科学版），2014 年第 2 期.

228. 宋德义、李立华. 国外旅游减贫研究述评——基于经济学理论研究和旅游减贫实践的视角 [J]. 地理与地理信息科学，2014 第 3 期.

229. 王作宝. 国外未成年人贫困测度及启示 [J]. 东北大学学报（社会科学版），2011 年第 1 期.

230. 董兴杰. 河北省贫困农村养老状况实证研究 [J]. 燕山大学学报（哲学社会科学版），2012 年第 3 期.

231. 陈玥、郑艳. 贫困农村老年人生活质量状况及改善对策——以昭通市彝良县两河乡为例 [J]. 云南农业大学学报，2012 年第 1 期.

232. 于红梅. 贫困农牧区社区养老服务现状与对策研究——以内蒙古为例 [J]. 云南民族大学学报（哲学社会科学版），2015 年第 4 期.

233. 王德文、张恺悌. 中国老年人口生活状况与贫困发生率估计 [J]. 中国人口科学，2005 年第 1 期.

234. 王昶、王三秀. 积极老龄化理念下老年精准扶贫的困境及应对路径 [J]. 探索，2016 年第 2 期.

235. 夏梦凡. 精准扶贫：现状、问题与路径选择——基于黄冈大别山革命老区案例分析 [J]. 经济研究导刊，2016 年第 3 期.

236. 贺东航、牛宗岭. 精准扶贫成效的区域比较研究 [J]. 中共福建省委党校学报，2015 年第 11 期.

237. 左停、杨雨鑫、钟玲. 精准扶贫：技术靶向、理论解析和现实挑战 [J]. 贵州社会科学，2015 年第 8 期.

238. 王宇、李博、左停. 精准扶贫的理论导向与实践逻辑——基于精细社会理论的视角 [J]. 贵州社会科学，2016 年第 5 期.

239. 李国治、朱晓芸. 农村精准扶贫的问题与对策 [J]. 黑河学刊，2016 年第 1 期.

240. 吴晓燕、赵普兵. 农村精准扶贫中的协商：内容与机制——基于四川省南部县 A 村的观察 [J]. 社会主义研究，2015 年第 6 期.

241. 吴雄周、丁建军. 精准扶贫：单维瞄准向多维瞄准的嬗变——兼析湘西州十八洞村扶贫调查 [J]. 湖南社会科学，2015 年第 6 期.

242. 江山．国外动态贫困研究的发展与述评［J］．兰州学刊，2009 年第 3 期．

243. 乔晓春、张恺悌、孙陆军．中国老年贫困人口特征分析［J］．人口学刊，2006 年第 4 期．

244. 高景柱．平等的资源主义分析路径的内在张力——罗纳德·德沃金的化解及其困境［J］．政治思想史，2012 年第 1 期．

245. 安春英．中非减贫领域经验及互鉴［J］．亚非纵横，2009 年第 6 期．

246. 王志刚、郭凤林、张憬．西方学者对詹姆斯·布坎南学术贡献的若干评价［J］．经济学动态，2013 年第 6 期．

247. 黄海燕．对中国农村反贫困的思考［J］．人民论坛，2010 年第 9 期．

248. 王志章、刘天元、贾煌．印度包容性增长的扶贫开发实践及启示［J］．西南大学学报（社会科学版），2015 年第 4 期．

249. 白维军．巴西农村养老金计划及其对中国的启示［J］．经济问题探索，2010 年第 7 期．

250. 宁泽逵、王征兵、宁筱凉．发展中国家老人劳动参与规律分析：基于巴西、印度的比较［J］．华东经济管理，2012 年第 5 期．

251. 宋志辉．印度农村反贫困的经验、教训与启示［J］．南亚研究季刊，2009 年第 1 期．

252. 吴香雪．福利供给责任与福利契约践行问题研究［J］．社会保障研究，2018 年第 1 期．

253. 卫小将．精准扶贫中群众的主体性塑造［J］．中国特色社会主义研究，2017 年第 5 期．

254. 张国磊、张新文．从博弈走向共谋：精准扶贫背景下新农合征缴困境的化解策略——基于桂南 B 镇的个案调研［J］．南京农业大学学报（社会科学版），2018 年第 3 期．

255. 贺雪峰．中国农村反贫困战略中的扶贫政策与社会保障政策

［J］. 武汉大学学报（哲学社会科学版），2018 年第 3 期.

256. 王治和、王丹、张强. 贫困对象精准识别的演化博弈分析［J］. 统计与决策，2018 年第 7 期.

四、学位论文

1. Sawant K V. *Elderly labor supply in a Rural*，*Less Developed Economy*：*an empirical study*［D］. Raleigh，Carolina：Ph. D. Dissertation，North Carolina State University，2009.

2. Zhou Xuping. *Feminization of Poverty in America Since the* 1960*s*［D］. Shanghai. Ma. D，. Dissertation，Shanghai International Studies University.

3. 许军涛. 贫困治理中的合作经济组织参与研究——以 H 省农民专业合作社为例［D］. 华中师范大学博士论文，2015 年.

4. 罗连发. 社会资本与农村减贫研究［D］. 武汉大学博士论文，2012 年.

5. 王伟. 重大疾病对贫困的作用机制及其应对策略研究［D］. 南京大学博士论文，2013 年.

6. 张志国. 中国农村家庭贫困动态性及其影响因素研究［D］. 辽宁大学博士论文，2015 年.

7. 王志丹. 贫困村发展中的村民参与研究［D］. 华中师范大学博士论文，2012 年.

8. 曾志红. 中国农村扶贫资金效率研究［D］. 湖南农业大学博士论文，2013 年.

9. 何玲. 中国政府与国际社会在扶贫开发领域合作问题研究［D］. 吉林大学博士论文，2015 年.

10. 马小红. 家庭生命周期、结构变动与老年人贫困研究［D］. 中南大学硕士论文，2013 年.

11. 靳晓琪. 中国农村社区老年照顾问题研究［D］. 南京大学硕士论文，2013 年.

12. 闵雪．农村扶贫异化及其消解进路研究〔D〕．湖南师范大学硕士论文，2014 年．

13. 桂俊灵．农村反贫困政策的减贫影响研究〔D〕．华中师范大学硕士论文，2014 年．

14. 曹源源．中国农村贫困人口生存现状研究——以 S 县 D 乡为例〔D〕．河南大学硕士论文，2013 年．

15. 侯凤涛．中国农村多维贫困测度研究〔D〕．东北财经大学硕士论文，2013 年．

五、外文文献

1. De Carvalho Filho I E. *Old – age benefits and retirement decisions of rural elderly in Brazil*〔J〕．Journal of Development Economics，2008（1）．

2. Le Grand T K. *The determinants of men's retirement behavior in Brazil*〔J〕．The Journal of Development Studies，1995（2）．

3. Kazmin，Amy. *Debt trap leads to despair for rural poor*〔J〕．Financial Times，2010（10）．

4. P. Townsend，"*Poverty in United Kingdom：A survey of Household Resources and Stan – dards of Living*"〔J〕．Penguin，1979．

5. Conrad Phillip Kottak，*Assault on Paradise：Social Change in a Brazilian*〔J〕．McGrawHill Inc，1992．

6. Flynn，Peter. *Brazil：The Politic of Crisis*〔J〕．Third World Quarterly，1999（2）．

7. Burton，*Guy：An End to Poverty in Brazil? An Assessment of the Lula and Rousseff Go – vernments' Poverty Reduction and Elimination Strategies*〔J〕．Journal of Policy Practi – ce，2013（3）．

8. Hall，Anthony. *The Last Shall Be First：Political Dimension of conditional cash Transfers in Brazil*〔J〕．Journal of Policy Practice，

2012 (1－2).

9. Valerien, 0. P. *Diversity and Regional Economic Growth*：*Evidence from U. S. Counties* [J]. Journal of Economic Development，2013 (3).

10. Philipp，A. and B. Markus. *Cultural Diversity and Economic Growth*：*Evidence from the U. S. during the Ageof Mass Migration* [J]. European Economic Review，2013，64 (11).

11. Dollar，D. ，and A. Kraay. *Growth Is Good for the Poor* [J]. Journal of Economic Grow－th，2002 (3) .

12. Besley，T. ，and S. Coate. *On the Public Choice Critique of Welfare Economics* [J]. Public Choice，2003 (3).

13. Kanbur，R. *Economic Policy*，*Distribution and Poverty*：*The Nature of Disagreements* [J]. World Development，2001 (6).

14. Mack，E. ，T. H. Grubesic，and E. *Kessler. Indices of Industrial Diversity and Regional Economic Composition* [J]. Growth and Change，2007，38 (3).

15. Sharon Parrott，Arloc Sherman. *TANF′s results are more mixed than is often underst－and* [J]. Journal of Policy Analysis and Management. Spring 2007 (2).

16. Rodgers Harrell，Lee Payne. *State Poverty Rates*：*Do the New Welfare Policies Make a Difference?* [J]. The Review of Policy Research. 2006 (3).

17. Francois Bourguignon. *The Measurement of Multidimensional Poverty* [J]. The Journal of Economic Inequality，2003 (1).

18. Nada Eissa，Hilary W. Hoynes. *Behavioral Responses to Taxed*：*Lessons from the EIT－Cand Labor Supply* [J]. Tax Policy and the Economy，2006 (20).

19. Jandhyala B. G. *Inclusive Growth and Education*：*On the Approach to the Eleventh P*1－*an* [J]. Economic and Political Weekly，2007 (38).

20. Deininger K, S. Jin. *Land reforms, poverty reduction, and economic growth: eviden−ce from India* [J]. Journal of development studies, 2009 (4).

21. Ramaswamy, K. V. *Capacity intensity, productivity and returns to scale in modern sma−llindustries* [J]. Indian Economic Review, 2009 (2).

22. James H Spencer. *People, Places, and Policy: A Politically Relevant Framework for Efforts to Reduce Concentrated Poverty* [J]. The Policy Studies Journal, 2004 (4).

23. Nick Bailey, Mark Livingston. *Selective Migration and Neighbourhood Deprivation: Evidence from 2001 Census Migration Data for England and Scotland* [J]. Urban Studies, 2008 (4).

24. Paul Lawless. *Area−based Urban Intervention: Rationale and Outcomes: The New Deal for Communities Programme in England* [J]. Urban Studies, 2006 (43).

25. Adema, W., *Social Assistance Policy Development and the Provision of a Decent Lev−el of Income in Selected OECD Countries* [J]. DECD Publishing: OECD Social Employment and Migration Working Papers, 2006 (38).

26. Dorsett R., Heady C., *The take−up of Means−Tested Benefits by Working Families with Children* [J]. Fiscal Studies, 1991 (4).

27. Bramley G., Lancarster S., Gordon D. *Benefit Take−up and the Geography of Poverty in Scotland* [J]. Regional Studies, 2000 (6).

28. Atkinson, John, *The New Deal for young unemployed people: a summary of progress* [J]. Brighton, U. K.: Institute for Employment Studies, 1999 (35).

29. Greep., Johnson P. and Reed, H., *Entering Work and the British Tax and Benefit Syst−em* [J]. London: Institute for Fiscal Studies, 1999.

30. Card, David and Philip K. Robins, *Do Financial Incentives Encourage Welfare Recip−ients To Work* [J]. Research in Labor Economics, 1998 (17).

31. S. F Leung. *The Dynamic Effects of Social Security on Individual Consumption*：*Wea – lth and Welfare*［J］. Journal of Public Economic Theory，2002（10）.

32. Pearce. Diana，*The Feminization of Poverty*：*Women，Work and welfare*［J］. Urban and S – ocial Change Review，11，1978.

33. Rajesh Kumar Shastri. *Micro finance and poverty reduction in India*（*A comparative s – Tudy with Asian Countries*）［J］. African Journal of Business Management，2009（3）.

34. Rajesh Kumar，*Corruption in Agricultural Reforms*［J］. Hindustan Times，2006（4）.

35. Vijayan Das Gupta，*Lessons of Rural Reforms in Indi*a［J］. Indian Times，2001（3）.

36. Kaizo Iwakami Beltrao，*Sonoe Srgahara Pinhero Rural population and social security in Brazil*：*An analysis with emphasis on constitutional changes*［J］. International Social Security Review. 2004（4）.

六、网站类

1. 中华人民共和国国家统计局网站：http：//www. stats. gov. cn/

2. 中国政府网. 中央人民政府门户网站：http：//www. gov. cn/

3. 国务院扶贫办：http：//www. cpad. gov. cn/

4. 国土资源部门户网站：http：//data. mlr. gov. cn/

5. 中华人民共和国民政部网站：http：//www. mca. gov. cn/

6. 北京大学新闻中心网：http：//pkunews. pku. edu. cn/

7. 人力资源与社会保障部：http：//www. mohrss. gov. cn/

8. 性别研究文库：http：//www. genderstudy. cn/

9. 中国网：http：//www. china. com. cn/

10. 中国国家调查数据库：http：//www. cnsda. org/

11. 新华网：http：//www. xinhuanet. com/

12. 全国老龄办官网：http：//www. cncaprc. gov. cn/

13. 中国老年社会追踪调查：http：//class. ruc. edu. cn/

14. 中国人民大学 中国调查与数据中心：http：//nsrc. ruc. edu. cn/